スポーツ学のすすめ

Link Together Sport, Nature and Human.

びわこ成蹊スポーツ大学 編
Biwako Seikei Sport College

大修館書店

編著者一覧（五十音順）

編集委員

びわこ成蹊スポーツ大学

飯田　　稔*	高橋　佳三（第2部-3章）
大久保　衞	中村　亜紀（第2部-1章）
小松崎　敏（第1部-2章）	林　　綾子（第1部-3章）
佐々木直基（第2部-2章）	的地　　修（第2部-4章）
佐藤　　馨（第1部-1章）	若吉　浩二

＊編集委員長

執筆者

青木　豊明	髙橋　正行
新井　　博	高柳　真人
飯田　　稔	佃　　文子
植田　　実	豊田　則成
江刺　幸政	鳥羽　賢二
海老島　均	長瀬　整司
大久保　衞	中薗　伸二
小笠原悦子	中野　友博
金森　雅夫	中村　亜紀
金田　安正	林　　綾子
黒澤　　毅	藤松　典子
小松崎　敏	松岡　宏高
佐々木直基	松田　　保
佐藤　　馨	的地　　修
志賀　　充	村田　正夫
柴田　俊和	望月　　聡
渋谷　俊浩	森川みえこ
白木　孝尚	山口　　満
新宅　幸憲	若吉　浩二
菅井　京子	Steve Jugovic
高橋　佳三	

刊行にあたって

　世界の各地でさまざまなスポーツイベントが行われ，テレビや新聞，雑誌，インターネットといったメディアを通して新しい情報が毎日飛び込んでくる。その日の天候と同じように，スポーツの話題が挨拶がわりに使われることも日常生活で珍しいことではなくなった。

　本書が発刊される2008年は，北京オリンピック開催の年にあたる。競技種目の出場枠を巡って国内外の動向が連日メディアを賑わしている。国内だけに限ってみても，陸上女子マラソンの高橋尚子選手の突然の失速と代表落ち，そして競泳でのスピード社製レーザー・レーサー水着の着用の問題など，オリンピックを控え，スポーツのドラマがすでに始まっている。さらなる数々のドラマが北京オリンピックで繰り広げられ，全世界が一喜一憂することになるだろう。その一方で，2016年のオリンピック開催に立候補している東京の行方も気にかかる。

　本書は，主として，びわこ成蹊スポーツ大学の「スポーツ学入門」のテキストとして，学生がスポーツに対する基礎的な理解を深めるために企画・出版された。そこで，本大学について簡単に紹介することをお許しいただきたい。びわこ成蹊スポーツ大学は，2003年4月，わが国で最初の，そして唯一のスポーツ大学という名称を持つ大学として創設された。この名称に込めた理念は，「わが国の閉鎖的な体育思考から脱却した，国際的に通用する新しいスポーツ文化を創造する」ことにある。スポーツは，体育よりも国際性，学術性，多様性，創造性が要求される。こうした理念のもと，「新しいスポーツ文化の創造のための教育研究に努め，人々のスポーツ要求と健康要求を開発・支援することのできる豊かな教養と高度な専門性を有する人材を育成する」ことを本学の目的にしている。ここでいうスポーツ要求とは，スポーツを「行う」だけでなく，「見る」「支える」「知る」といった多様な行為や活動が含まれている。

　今日，より多くの人々がスポーツを行ったり，スポーツを見て楽しんだりするようになり，スポーツが人々の健康や豊かな社会づくり，さらには人々の幸福につながっているという認識が高まりつつある。すなわち，ま

だまだ十分とはいえないが，スポーツの価値が社会的に広く認められるようになってきたといえるだろう。スポーツの価値が社会的に認知されるにつれて，スポーツ関連の職業が急速に拡大し，今や重要な職種の一つとして注目されるようになった。それにともなって，スポーツにたずさわる専門職業人の養成が急務とされ，新たなスポーツ系の大学・学部・学科の設置が加速している。全国体育系大学学長・学部長会資料（2008年）によれば，22大学・学部が加入していて，そのうち約3割の7大学・学部が2003年度以降に設置された新設のものであった。また，これらの大学・学部の学生総定員数は，27,448人（体育大学協議会資料，2008年）であり，定員超過学生数を考えると，少なくとも30,000人の学生が体育・スポーツを専攻していることになる。さらに，未加入の新設大学・学部や学科・コース，そして国公立大学の教育学部体育科を加えると相当な数にのぼるであろう。

　また，これに関連して，スポーツのビジネス面における台頭が注目されている。「スポーツマネジメント」および「スポーツビジネス」という名称をもつ学科・コースは，2008年現在43あり，いずれも2000年以降に開設されている。さらに，これらの学科やコースは，体育・スポーツ系大学だけでなく，一般の大学，とくに経済学部や経営学部の中に開設されていることがその特徴である。

　このように，わが国のスポーツ系大学は，学問的にも職業的にも多くの可能性を有しながら，社会の変化に対応し，どのような方向性を志向してゆくのか，解決すべき課題は多く残されている。

　本書が，学生だけなく，学校現場の体育教師や地域のスポーツ指導者，スポーツ行政・産業関係者，将来スポーツ系大学への進学を希望している高校生といったスポーツについてもっと広く深く知りたいと思っている多くの方々にお役立ていただければ幸いである。

びわこ成蹊スポーツ大学
学長　飯田　稔

目次　スポーツ学のすすめ
CONTENTS

編著者紹介　　　　　　　　　　　　　　　　　　　　　　　　　　　　　*ii*

刊行にあたって　　　　　　　　　　　　　　　　　　　　　　　　　　*iii*

序　章　スポーツ学への招待　　　　　　　　　　　　　　　　　　　　*1*

第I部　市民のためのスポーツ学　　　　　　　　　　　　　　　　　7

1章　地域社会とスポーツ
- ①公衆衛生の現場　　　　　　　　　*8*
- ②スポーツの歴史　　　　　　　　　*13*
- ③地域スポーツの現在　　　　　　　*18*
- ④オーストラリアにおけるスポーツ環境　*23*
- ⑤障害者とスポーツ　　　　　　　　*25*
- ⑥高齢者のスポーツ　　　　　　　　*30*
- ⑦子どものスポーツ　　　　　　　　*34*
- ⑧女性のスポーツ　　　　　　　　　*39*
- ⑨発育発達とスポーツ　　　　　　　*44*

2章　学校とスポーツ
- ①体育授業とスポーツ　　　　　　　*48*
- ②体育教師と運動指導　　　　　　　*52*
- ③体育授業を振り返る　　　　　　　*55*
- ④教育実習を通して身につける体育教師の授業力　*58*

⑤保健の授業で何を学ぶか		*61*
⑥学校体育と体つくり運動		*64*
⑦学校体育と器械運動		*65*
⑧学校体育と陸上競技		*66*
⑨学校体育と水泳		*67*
⑩学校体育と球技		*68*
⑪学校体育と武道		*69*
⑫学校体育とダンス		*70*
⑬保健体育教員に求められる教育学		*72*
⑭保健体育教員に求められる心理学		*74*

3章 野外スポーツと自然・人
①野外スポーツとその可能性　*76*
②自然の中へ冒険にでかけよう　*81*
③自然を学びにでかけよう　*86*

第II部　選手・コーチのためのスポーツ学　*91*

1章 トレーニングと健康
①スポーツ内科の役割　*92*
②スポーツ整形外科の役割　*96*
③スポーツの生理学　*101*
④スポーツと栄養　*106*
⑤スポーツ環境とパフォーマンス　*111*
⑥アスレティックリハビリテーション　*115*
⑦フィットネスと健康　*119*

2章　スポーツとコーチング

①コーチとコーチング	*124*
②陸上競技のコーチング 01	*129*
③陸上競技のコーチング 02	*134*
④水泳競技のコーチング	*139*
⑤テニスのコーチング	*144*
⑥サッカーのコーチング	*149*
⑦バレーボールのコーチング	*154*
⑧バスケットボールのコーチング	*159*
⑨柔道のコーチング	*164*
⑩野球のコーチング	*169*

3章　スポーツと情報戦略

①スポーツにおける情報戦略の役割	*174*
②動作分析とスポーツバイオメカニクス	*179*
③技術分析における情報の活用	*184*
④戦術分析における情報の活用	*188*
⑤スポーツとこころ	*192*

4章　スポーツとビジネス

①スポーツとメディア	*196*
②スポーツマネジメント	*200*
③スポーツマーケティング	*205*
④企業スポーツとビジネス	*210*

あとがき　　*215*

序章　スポーツ学への招待

TARGET

スポーツを研究対象とした諸学問の名称として，かつて「体育科学」や「スポーツ科学」が用いられてきた。しかし，それらは自然科学領域の進歩にともない，指し示す領域が狭いものに変容した。そこでスポーツ科学はもちろん，スポーツに関わる思想や哲学，歴史や社会学，さらにはスポーツ現場の「経験知」をも含めた「スポーツ学」を提唱したい。

KEYWORD　スポーツ学　スポーツ科学　体育科学　経験知

1　スポーツ学を学ぶにあたって

本書は，本学スポーツ学部の1年次生必修の「スポーツ学入門」の参考書として企画された。「スポーツ学入門」の講義は，一つのテーマについて掘り下げるというものではなく各教員が入れ替わり立ち替わりすることで学生諸君にとっては必ずしも好評とはいえない。しかし，これこそ「スポーツ学」の広い学びの領域を示すものであり，学生諸君には数多くの分野から自分の興味や特性，将来の希望にあった分野をぜひ見つけて欲しいという願いが込められている。

ただ「スポーツ学入門」という限り，「スポーツ学」とは何かを明らかにしておく必要がある。実は，これがそう簡単なことではない。「スポーツ学」という呼び名自体を認めないという立場ももちろんあってもいいのである。学問の名称や術語を研究するターミノロジー(Terminology：術語学)の専門家なら「スポーツ科学」と「スポーツ学」との違いを明らかにすることができるかも知れない。しかし筆者は，第1部，第2部の各論で執筆にあたった多くの教員がそうであるように，その一部を構成しているに過ぎない。ただ自らが属する「スポーツ学」という学問の領域がどんなものであるのか，あるいは少なくともなぜそのような名称になったのかを現時点で理解しておく必要がある。何よりもそのことを学生諸君に説明できなければならない。

以下に展開する記述は，同僚よりいただいた示唆に富んだ意見，また直接聴く機会のあった講演や書籍，本学紀要創刊号に掲載された藤井氏の論文(以下，藤井論文という)をもとに筆者なりにまとめたものである。本章はしたがって「スポーツ学」が学問としてどう在るべきかを独自の見解をもとに根底から議論するような，学術的にも高いレベルのものではないことを正直に断わっておかなければならない。

2　スポーツ学とは何か

①――「スポーツ学」以前は何と呼ばれていたか

藤井論文によれば，本書の各論に記述されている内容，正確にはその大部分は，かつ

ては「体育科学」あるいは「スポーツ科学」と呼ばれていた。1960年代の大学における授業内容は，科学の中心である理学，工学，医学などの「自然科学」以外にも，法律学や社会学などは「社会科学」，文学，歴史学や哲学などは「人文科学」の3部門に分類されていた。要するにすべての学問領域は，「○○科学」という科学の1部門として位置づけられていた。

スポーツに関連する学問も例外ではなく，スポーツ生理学や生体力学(バイオメカニクス)などは自然科学領域に，スポーツに関する哲学や歴史学などはスポーツにおける人文科学部門に，スポーツ社会学などは社会科学部門に分類され，総合的には「体育科学」あるいは「スポーツ科学」と呼ばれていた。

②──その後，どのように変化したか

その後，自然科学は目覚しい発展を遂げた。さまざまな科学技術の開発により実験系の研究も大きな進歩をとげ，スポーツにおける自然科学系の学問もより専門化していった。

このような過程で，スポーツ科学の意味するところに変化が見られるようになる。すなわち「スポーツ科学」といえば，物質的な変化を，最先端の技術を駆使して検証するような研究，あるいはいわゆる実験室での研究分野を意味するようになっていった。

③──「スポーツ科学」では何が不都合か

先のような事態になると，「スポーツ科学」の領域には合いにくいいくつかの学問領域，例えばスポーツの歴史学や哲学のような，その性質上，数的データを取り扱うことの少ない，また実験などにも不向きな学問分野は「スポーツ科学」の枠から外れることが，なかば当然と考えられるようになっていった。すなわち「スポーツ科学」を専門とする研究者の考え自体に，また「スポーツ科学」以外の学問を専攻する研究者の考えに変化が生じてきたのである。

また，スポーツ界には「スポーツ科学」に代表される「実験系」以外にも，「実践系」ともいうべきスポーツ現場での活動がある。そこには「科学」としては説明しきれない「経験知」(経験による知恵)とでもいうべきものが存在していることも事実である。しかし，現在の「スポーツ科学」は，そのような「経験知」を「科学的でない」という理由で評価しようとしない傾向は否定できない。「スポーツ科学」は，もともとスポーツ現場のためにあったのであるが，現状の「スポーツ科学」は，必ずしもスポーツ現場との交流や情報交換は十分とはいえないのである。

同じ理由から，数的データや実験系とは馴染まないスポーツの研究は，狭い意味の「スポーツ科学」からは分野外のものとして認識されるようになった。要するにスポーツを総合的に研究する上では重要な役割のある「スポーツ科学」以外のさまざまな学問が，それまで属していた「スポーツ科学」に引き続き属することが認められにくい状況が生まれてきたのである。

④──それでは，なぜ「スポーツ学」か

このようにスポーツにかかわるすべての諸学問を総合した名称としては，「スポーツ

科学」が不適でとなった結果，他の名称を探す必要が生じたのである。しかも，この間にはスポーツの肯定的要素と否定的要素，いわば光と影の部分を含めて大きな変化もあった。要するに現在のスポーツが持つ，過去とは比較にならないほど複雑で巨大な領域を，より総合的に研究する学問分野の名称が必要となったのである。

以上の結果として提案されたのが「スポーツ学」である。現在，わが国では唯一本学がスポーツ大学という名称を名乗っているが，その当初案の一つは「スポーツ科学大学」であった。しかし，議論の末に最終的にはスポーツ大学(Sport College)とスポーツ学部(Faculty of Sport Study)が選択されたのである。この間の経緯の一部については藤井論文に触れられている。

3 「スポーツ学入門」で学ぶこと

それではスポーツ学では何を学ぶことができるのだろうか。それは，一言でいえばスポーツにかかわるすべての事象が対象であり，スポーツ学の対象とも重なる。江刺の言葉を借りれば「多面的に展開されている「スポーツ」に関する諸効果(心理的・生理的・社会的等々の)やそれにかかわる諸条件，また，将来への影響を明らかにする」ことである。

①——対象としてのスポーツの領域

ある人は，その語源からスポーツは「遊び」「気晴らし」であり，したがってわが国の伝統的な武道のような精神鍛錬の目的を持ち込むのはそもそもスポーツではないというかも知れない。また高校野球に教育的要素を持ち込むのはいけないという意見すら散見される。

スポーツと聞いて大多数の人々が真っ先に思い浮かべるのは，近代スポーツであろう。テレビや新聞のニュースでいうスポーツとは，五輪競技やプロ野球，Ｊリーグなどの競技スポーツである。知られているように近代スポーツは産業革命以後に英国で原型が整えられ，やがて世界に広がったものである。しかし地球上には，近代スポーツといわれている種目以外に，数限りない種目が存在することも事実である。しかも，それらをスポーツとしてとらえた場合の価値，文化としての価値はかけがえのないものである。

したがって，少なくとも本書でのスポーツの考え方は，近代スポーツだけをいうのではなく，またいわゆる競技スポーツだけでもなく，競わないスポーツ，例えば健康スポーツを含めるのはいうまでもない。そのうえで生活や伝統に根ざしたスポーツの文化的側面を認める立場である。また，スポーツするのはあくまでも身体であり，スポーツを学ぶうえで身体観はその基本になければならない。

②——第Ⅰ部「市民のためのスポーツ学」，第Ⅱ部「選手・コーチのためのスポーツ学」から

本書，第Ⅰ部で展開される「市民のためのスポーツ学」にとって，もっとも大きな問題の一つは少子高齢化社会である。中高年者には，健康のためのスポーツが推奨されている。メタボリックシンドロームという言葉は，それを聞かない日がないくらい有名な

言葉になった。街中のトレーニング・ジムやプールでは，多くの，とりわけ中高年者たちがスポーツに取り組んでいる。これらの問題点や効果について，大規模な統計調査などが行われるが，それは公衆衛生学という医学の領域でもある(p.8)。

　また，少子化ゆえに子どもたちの健やかな成長のための子どものスポーツが，地域で，また学校での体育の在り方として示されている(p.48)。学校でスポーツ指導にあたる保健体育の教師は，本学の在学生の多くが憧れる仕事の一つである。またキャンプや登山，大自然を舞台に繰り広げられる野外スポーツ活動は，少年少女たちの心身の発育には欠かせないスポーツである(p.76)。さらにスポーツにとって障害者や女性という視点も重要である。

　これらのスポーツ活動を保証するハード，ソフトの両面で，総合型地域スポーツクラブ構想が，地域を巻き込んだ運動として展開されてはいるが，わが国の文化として根付くことを期待したい (p.18)。

　また，第Ⅱ部「選手・コーチのためのスポーツ学」では，例えば皆さんの一人がある種目で全国大会に出場した時点を想定してみたとしても多くの事柄が関係することが分かる。まず，なぜこのスポーツをすることを選択したのか。子どもたちにもっとも人気のある職業は，依然として「プロのスポーツ選手」である。これは日々のスポーツに関する情報，劇画や漫画，ドラマの影響かも知れない。これらはスポーツのジャーナリズムに関係するかも知れない(p.196)。また，よく考えると種目選択の前に，そのスポーツ種目自体がこの世の中に存在していなければならなかったのである。あらゆるスポーツ種目には，その発祥にまつわる歴史がある(p.13)。

　また，皆さんが全国大会に出場できるようになったのは，多分チームスポーツなら選手個々の競技力が高くチームワークが素晴らしかったからである。優れたチームのためには優れた指導者が必要である。スポーツ現場での指導技術やその理論が，コーチングという名で見直されている(p.124)。さらに強くなったのはトレーニングの方法が正しかったのかも知れない。これにはトレーニング科学の進歩が深く関係している(p.91)。またスポーツ生理学や運動学，あるいは生体力学(バイオメカニクス)も深く関わっている。最近は，テレビなど一般のメディアでも，例えば松井秀喜選手の打球がなぜ飛ぶのかを，そのバットスイングの速度の計測から説明したりしている。これらはスポーツ学の中でももっとも進歩の著しい分野でスポーツ科学の中心でもある。

　ただスポーツするからだには怪我や故障は付き物でもある。故障をしたら，スポーツ医学のお世話にならなければならない。これは筆者の専門分野であるが，運動器と呼ばれる臓器，すなわち骨や関節，筋の故障の治療は整形外科が担当する(p.96)。仮に手術でも受けた場合は，そのリハビリテーションが問題となる。いわゆるアスレティックリハビリテーションと呼ばれている過程である(p.115)。その他，市民のためのスポーツ学でも触れた中高年者のメタボリックシンドローム対策はスポーツ医学の中でも特に内科部門が関係する(p.92)。さらに試合本番になれば，身体のコンディショニングに加えて心の準備も重要である。そのためにはスポーツ心理学のお世話になるかも知れない(p.192)。また，大会会場に目を向けると建物以外にサーフェスと呼ばれている陸上の走路や人工芝がある。それらの物理的性質や身体への影響はスポーツ学の対象になる(p.111)。多くのスポーツ用品も含めて，これらはスポーツ工学の分野である。

さらに，大会運営にはお金がかかる。市や県などの行政による補助，これは税金である。ボランティアを含めて人の配置は重要である。いかにうまく大会運営をするかは，現在のスポーツを成立させるうえで欠かせないものとなっている。これにはスポーツ学の中でももっとも人気のある分野の一つであるスポーツマネジメントが関係する（p.200）。また大会の報道についても，何をどのように伝えるか，新聞やテレビ報道など，スポーツ学の対象には枚挙にいとまはない。

　仮にその大会が，オリンピックやサッカーワールドカップなどの巨大スポーツイベントともなれば莫大な運営予算が必要になるとともに，大きな経済効果を生み出すことも知られている。特にオリンピックは，政治の影響を色濃く受けてきたことも歴史的な事実として認識しておかなければならない。

③——「スポーツ学」の今後の課題

　スポーツ全体から見れば，限られた数の本学の教員が担当した分野をみただけでも，数多くのスポーツ学の対象が浮かび上がってくる。本学のスポーツ学部は2学科で構成されているが，そもそも生涯スポーツや競技スポーツというくくり自体が，何かしら窮屈な印象すら与える。いうまでもなく，本書で取り上げたスポーツ学の対象は，その一部でしかないことをあらためて強調しておきたい。

　スポーツ医科学の分野をみただけでも，いたちごっこにも例えられるドーピングの問題，遺伝子工学の進歩など，今後ともスポーツ科学が大きな影響をうけることは必至である。スポーツ学としてどのような回答が用意できるであろうか。

　他方，スポーツ文化に関連する課題では，現代思想，宗教や文学，芸術とスポーツの問題など際限はない。その他，筆者の個人的な嗜好が許されるなら，スポーツと芸能も取り上げて欲しい課題である。例えば大衆芸能では，かつての人気漫才であったエンタツ・アチャコの「早慶戦」や「食堂野球 対 風呂野球（職業野球 対 プロ野球）」などもスポーツ学の研究対象となってほしいと願っている。

　藤井論文の言葉を借りれば，「競争性」「商業性」そして「科学性」に傾斜し過ぎたスポーツを「娯楽性」「文化性」そして何より「人間性」に溢れたものとして捉えなおす「スポーツ学」の確立が望まれている。

4　スポーツ学を学ぶ者への期待

　以上，総論としての「スポーツ学」について述べた。繰り返しになるが，これはあくまで現時点での見解にすぎない。しかしスポーツ学を提唱した限り，少なくとも本書の執筆者個々は，ともに学んだ学生諸君とともに「スポーツ学とは何か」を将来にわたって問い続けなければならない。

　本学の開学にあたり「今，なぜスポーツ大学か」というシンポジウムが，日本サッカー協会の川淵三郎氏や竹田恒和JOC会長を招いて行われた。そこでは，スポーツにおける地域との共生，世界との共生，自然との共生があらためて提唱された。本学の設立理念は21世紀のスポーツ文化の創造であり，それに役立つ人材の養成である。そのために本学の学生諸君は，第一に「スポーツが好き」で，「スポーツを学びたいという強

い意思」をもっていて，さらに「スポーツで自己実現したい」と考えている若者であってほしい。ちなみに表に示したのは，本学のアドミッションポリシーである。スポーツを学び実践するにあたっても，人や自然を含めた他者との共生が基本である。そのためには，誰よりも広く大きな立場でスポーツを学んでほしい。

「未来を予測する最良の方法は，自ら未来を創造することである（P. E. ドラッガー）」という言葉を胸に刻み，「スポーツ学」の確立のために共に第一歩を踏み出そう。本学に入学してきた若い学生諸君の大いなる未来に期待したい。

●表　びわこ成蹊スポーツ大学のアドミッションポリシー※

1. 本学園の建学の精神※※に共感し，
2. スポーツを愛し，スポーツする人々を敬い，
3. スポーツを広く深く学び，また実践することを希望し，
4. そのためには，自らは限りない努力をいとわず，また他者を理解することに努め，
5. こうして培われた真のスポーツの技と知恵を社会に発信し，実現することを通じて，

わが国および世界に貢献できる人間になりたいと考えている人，
本学は，以上のような学生が入学してくれることを望んでいます。

※　アドミッションポリシーとは，本学の受験生にもとめる意欲，適性，経験および能力などについて大学側の考えをまとめた基本的な方針のこと。
※※　本学園の建学の精神とは，『桃李不言下自成蹊』（史記）に由来し，校名にもある「成蹊」である。桃（もも）や李（すもも）は人格のある人の例えで，徳のある人には，それを慕って人々が集まってくるという意味。

参考文献

・江刺幸政，古川雅里子「スポーツ学」の探求と「学校スポーツコース」『びわこ成蹊スポーツ大学研究紀要』vol.5．pp37-51．2008．
・藤井英嘉，稲垣正浩『スポーツ科学からスポーツ学へ』叢文社，2006．
・藤井英嘉「「スポーツ学」考　―ターミノロジー（術語学）の視点―」『びわこ成蹊スポーツ大学研究紀要』vol.1，pp7-28．2004．
・松井良明『近代スポーツの誕生』講談社，2000．
・稲垣正浩『身体論―スポーツ学的アプローチ』叢文社，2007．
・虫明亜呂無「知られざるオリンピック，「スポーツ」はだれのものだったか」『昭和スポーツ史』pp.281-285．毎日新聞社，1976．
・びわこ成蹊スポーツ大学記録．開学記念シンポジウム，2003．
・びわこ成蹊スポーツ大学，「2004年度大学案内」2003．

（大久保　衞）

第I部 市民のためのスポーツ学

1章　地域社会とスポーツ

2章　学校とスポーツ

3章　野外スポーツと自然・人

第1章 地域社会とスポーツ

1 公衆衛生の現場

なぜスポーツや運動をすると健康になるのか。より健康になるにはどうすればよいのか。病気を予防するためにはどのような運動が必要なのか。このようなテーマを追求するのが公衆衛生（予防医学）である。もっと健康になりたければ，公衆衛生学を学ぶのがもっとも近道と言えるだろう。

KEYWORD 疫学　予防医学　HDL-コレステロール　ヘルスプロモーション

1 公衆衛生の誕生

今から150年前の19世紀半ば，イギリス・ロンドンで熱帯地方にしか見られない感染症であるコレラが大流行した。人々はコレラによる発熱と激しい下痢による脱水症に苦しめられ，多くの市民が死亡した。なぜコレラの爆発的な流行が起こったのだろうか。

それは，インドでコレラに感染した患者の便などの汚物が，市民の飲料水である水道に混入したためであると判明した。当時ロンドンには，清潔を保ち衛生状態を維持するための下水道がなく，そのことが病気の流行の引き金となったとされた。この反省にたって近代の都市には上水道・下水道が建設されたのである。さらに，食事の前やトイレの後に手を洗う清潔の思想を根本的に教える学問が誕生した。病気が流行した時，その原因を追究する統計学上の方法論を「疫学(Epidemiology)」と言い，インフルエンザワクチンや禁煙などによって病気を予防する方法を明らかにする学問をイギリスでは「公衆衛生学(Public Health)」，ドイツでは「衛生学(Hygene)」と呼ぶ。公衆衛生学は，「予防医学」とも言われ，熱中症，高山病の原因となる環境温度，気圧との関連を研究し，病気を予防するにはどうすればよいかを教えてくれる。公衆衛生とは，予防医学，環境衛生学，感染症学などのライフサイエンスの総称で，エイズウイルス，スギ花粉などの生物環境，運動や栄養素などの生活環境と人間の影響を学ぶ学問体系で，環境生態・制御系に入る。スポーツ学の中で，公衆衛生学と密接に関係するのは，学校保健学，野外教育，スポーツ生理学，スポーツ栄養学，そしてスポーツの安全管理学といった領域である。

2 運動の必要性

スポーツ・運動をするとなぜ健康になるのだろうか。

第1のエビデンス(evidence：証拠，事実)は，適度なスポーツ・運度をするとHDLコレステロール(善玉コレステロール)が増加し，血管を作り，動脈硬化を防ぐとされているこ

とである。高齢者を対象にした水泳教室で，プールで水中運動を週2回，6か月間続けてもらった結果，HDL コレステロールが上昇した。それまで，HDL コレステロールは百歳老人や元気老人には多いことが知られていたが，食品からの摂取では単純に増えないことが大きな問題であった。しかし，この研究・調査によって，運動習慣を身につけることは健康によいことが科学的に証明された。

また，第2のエビデンスとしては，すい臓から分泌されて，糖分を分解する内分泌ホルモン（インスリン）が効果を発揮することである。スポーツや運動をすると糖尿病の予防やメタボリックシンドローム（内臓肥満症）の予防に効果があることが証明された。図1は，糖尿病・高血圧・高脂血症の原因の1つが肥満であり，その要因は高脂肪食・運動不足であることを示している。肥満になると，インスリン感受性ホルモン（アディポネクチン）の分泌が不足し，インスリンの分泌が悪くなる。そのことで，糖尿病が引き起こされるのである。運動によって肥満を解消すれば，インスリンが正常に分泌され，糖尿病が改善される。

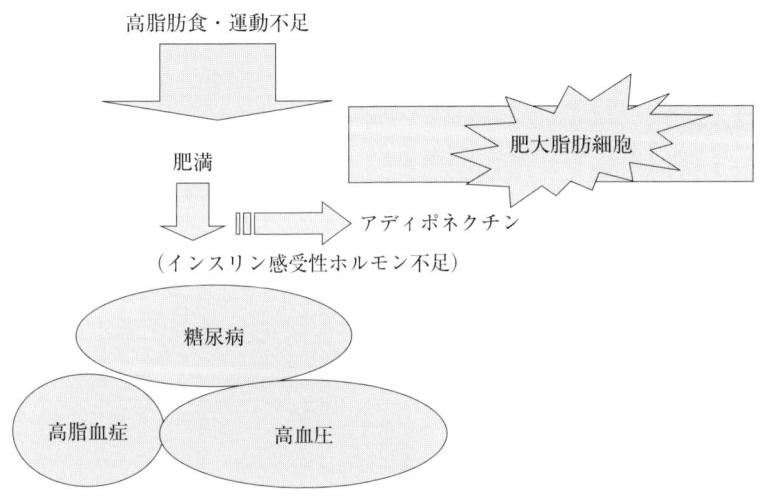

●図1 生活習慣（エネルギー過剰）が引き起こすさまざまな疾患

このように健康を保ち，健康を維持する（ウエルネス），健康を増進する（ヘルスプロモーション）ことに，スポーツや運動は3度の食事と同じくらい必要不可欠なものである。

3 公衆衛生の知識が求められる現場

スポーツの現場で働く者（ビジネスアスリート）には，さまざまな能力が要求される。例えば，スポーツクラブ会員であるA氏（肥満症）が「痩せたいのでスポーツを教えてほしい」と尋ねられたらどのように対応したらよいだろうか。

肥満のメカニズムから運動だけで痩せるには大きな困難がともなう。探偵小説の主人公・名探偵ポアロは，英国・ロンドンの大都会に住む。彼は肥満のあまり，医師から旅行に行って休息をとるように指示された。ポアロは海岸沿いで緑豊かな観光地ホテルに着いて，食事療法やスチームサウナ，そして散歩を余儀なくされた。散歩やボートを楽しんでいる時に，事件に出くわすというのがストーリーの始まりである。これからわか

るように，健康の維持(ウエルネス)には運動・栄養・休養3つが重要である。スポーツの現場で働く者には健康に関する統合的指導が必要であり，病気の予防に対する統合的専門指導ができなければならない。このような指導現場が公衆衛生の現場であり，このため，フィットネスセンターには血圧計，体重計，体脂肪計といった機器が設置され，「健康教室」「スリム教室」「若返り教室」「腰痛体操教室」「転倒予防教室」「介護予防教室」などが公衆衛生の専門家によって開催されるのである。滋賀県内においても，老化をなんとか防ぎ，転倒を予防しようとする健康講座(図2)や地域での高齢者運動教室で，ウォーキングや健康体操を指導する教室などが行われている。また，ドイツのバイエルン地方では森林療法が行われ，高齢者が森の中を腰部に負担の少ないノルディックウォークなどのプログラムが実施されている(図3)。

4 スポーツ指導の現場で役立つ公衆衛生のポイント

指導現場で肥満症や高血圧症などの個人の運動プログラムを作成する際，病気のメカニズム(図4)を予防の視点から学ぶことが重要である。つまり，生体メカニズムの中でスポーツや運動をすることが糖尿病予防にどのくらいの効果を与えるのかを個人に合わせて予測できることが求められる。このことによって，カルシウムや鉄分，ビタミンを適宜摂取する指導ができるようになる。さらに，事故防止の観点から，環境温度などの環境因子への生体影響を調べ，熱中症予防のための水分補給の原則を理解することも求められる。

今後は，スポーツや運動をヘルスプロモーションに役立てるために，運動指導ができるだけでは十分ではない。運動指導の限界を知り，正しい生活習慣の指導ができることが重要になる。例えば，米国・カリフォルニア州では，ブレスロウ教授による大規模な生活習慣に関するアンケート調査が行われ，長寿や健康な生活習慣は7つあることが分かった(Breslow, 1965)。それは，(1)適正体重，(2)禁煙，(3)適正飲酒，(4)十分な睡眠，(5)おやつなど多量の間食をしない，(6)朝食を食べ規則てきな食習慣がある，そして，(7)毎日1万歩程度の運動習慣という7つであった。この研究からも分かるとおり，スポーツ・運動を生活の中に取り入れてこそ，ヘルスプロモーションに役立つのである。

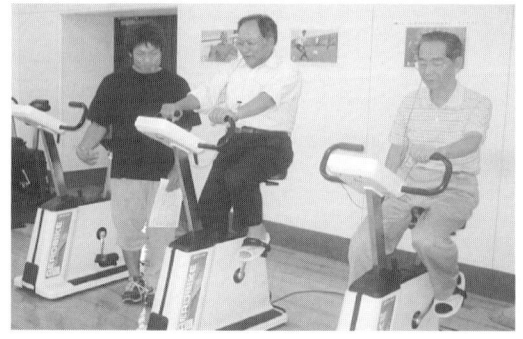

●図2　中高齢者の持久力増強を目的とした健康講座

●図3　ドイツの森林ウォーキング療法

日本では，肥満指導や運動療法によって病気を予防する専門の資格として「健康運動指導士」がある。この資格を取得するためには，疫学，予防医学，衛生法規など公衆衛生に関する科目を履修しなくてはならない。病気を予防し，ヘルスプロモーションの進め方を学ぶことは運動指導の際に必要で，今後フィットネスクラブで重要度を増すだろう。

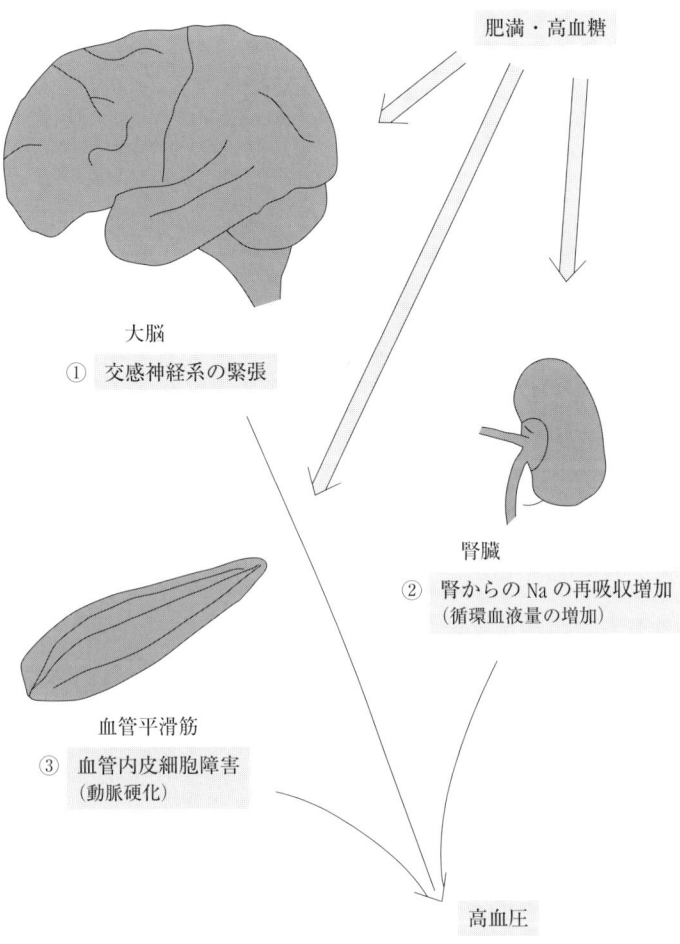

●図4　肥満・糖尿病(高血糖)における高血圧の成因
肥満・糖尿病では高血糖となり，①交感神経系の緊張，②循環血液量の増加，③細胞障害による動脈硬化によって高血圧を引き起こす。

Questions

設問1．　公衆衛生の現場はどのようなことをするところかを述べなさい。
設問2．　公衆衛生とはどのようなものか。また，密接な学問体系にはどのようなものかを述べなさい。
設問3．　7つの生活習慣とはどのようなものかを述べなさい。

Column ●運動と免疫

　ストレス，感染症に勝つ力を「免疫」と言う。ピクニックなどのレクリエーション活動，登山など自然と触れ合うことによって，感染に対する免疫能力（自然免疫）が身につくと言われている。このように病気の予防と野外教育とは密接な関係がある。図は，運動すると免疫能力が向上することを示している。小児気管支ぜんそく児は，登山などの野外活動によって免疫細胞や免疫グロブリンが適切に放出されるため，野外スポーツは病気の予防によいとされる。このように自然の触れ合いが重要であり，ホモサピエンス（人類）は，動物であり自然の中を動くことによって健康を維持し続けているのである。

　ギリシャ時代のアリストテレスも"Life is motion"（生きていることは動いていることだ）と言っているように……。

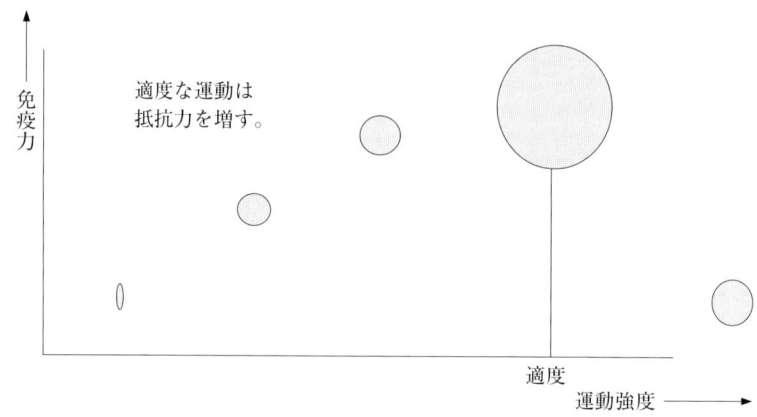

●図　運動強度と免疫力の関係

（金森　雅夫）

2 スポーツの歴史

スポーツのすべての事柄が，各々の歴史をもっている。スポーツをする人たちやスポーツが好きな人たちが，対象とするスポーツの歴史（スポーツ史）を知るだけで，新たなスポーツへの対応や世界観を持つようになる。ここでは，皆さんのよく知っているスキーを例に挙げて，スポーツ史の全体像を簡単に紹介する。

KEYWORD　　スポーツ　歴史

1 スポーツ史とは

スポーツ史とは，一体どのような学問のことであろう。

小学校から高校まで学んできた世界史や日本史と同じようなイメージを，多くの人が持つかもしれない。しかし，『新修体育大辞典』(不昧堂書店，1976)では，スポーツ史とは「遊技・スポーツ・舞踏・身体教育などにおける身体運動の歴史的な形態と意味を，社会的・文化的・経済的などのさまざまな視点から，資料の収集や批判・解釈や型の形成，そして時代区分などの歴史学の理論と方法を応用しながら研究し叙述することに従事するスポーツ科学の一領域」と定義している。この紹介はスポーツ史について極めて理論的に短く言い当てているのだが，さすがに一般の人には難しい。そこで，ここでは『最新スポーツ大事典』(大修館書店，1987)における記述を参考に，スポーツ史とは「スポーツ，およびスポーツにかかわる諸現象を歴史的に研究する学問領域」というように考えることにしたい。

2 スポーツ史の研究対象

これらの定義から，スポーツ史が一つの学問分野であることは分かるけれども，一体何を研究する学問分野なのであろうと悩む人もいるだろう。「スポーツ，およびスポーツにかかわる諸現象を研究する」と紹介されているが，これだけではわかりにくい。そのため，ここでは皆さんのよく知るスポーツであるスキーを例にして述べてみる。

スキーについて歴史的に著す場合，まず最低，スキーヤー(する人)，ゲレンデ(スキー場)，スキー用具(スキー板，ストックなど)について研究することが必要となる。しかし，多くの場合，それだけでは研究する側が考えたスキーに関するさまざまな歴史を描くことは，到底できない。したがって，研究者の意識に合わせたスキーに関連するより多様な事柄や現象を研究の対象とすることになる。

3 | スポーツ史における研究領域の考え方

研究の対象が分かれば，次に対象を導き出そうとする内容によっておのずとスポーツ史の領域が決まってくる。スキーを研究の対象とした場合，研究者がスキー技術の変遷に関心があれば「技術史」といった領域になる。また，研究者がスキー板の形状の歴史的変化に関心があれば「用具史」といった領域になる。さらに研究者がスキーの競技ルールに関心があれば「ルール史」といった領域になる。まさに，研究者の問題意識によって研究の領域はさまざまに違ってくる。

このように多様な研究領域があるのだが，「一般研究領域」と「個別研究領域」とに大別することができる。以下では，それらについて少し詳しく述べてみることにする。

4 | 一般研究領域とは

一般研究領域とは，スポーツの諸現象について総合的にとらえようとする領域のことである。そこには，通史，時代史，地域史といったものがある。以下でそれらを簡単に紹介しよう。

①——通史

通史とは，スポーツについて一時代または一地域に限らず，全時代・全地域にわたり書きあらわした総合的な歴史のことを意味する。例えば，古代，中世，近代，現代などの時代を通して，スポーツやその諸現象を明らかにした大きなスケールの歴史である。スキーで言えば，スキーの歴史は約5000年前にさかのぼる。北欧や中央アジアには，その頃から人間がスキーを行っていたことを証拠づける岩に掘られた岩絵が残っている。その後，スキーは古代，中世と雪上での狩りや移動の手段として生活の中で利用されてきた。しかし，近代に入り，スキーはノルウェーを中心にスポーツとして楽しまれるようになり，世界中に普及した。1924年の第1回冬季オリンピックの開催以降，一層競技化が進み，今日のような冬季を代表する近代スポーツとして発展したのである。

②——時代史

時代史とは，通史が長い期間を対象とするのに対して，ある特定の時代を対象にスポーツやその諸現象を明らかにしたものである。時代を区分する方法は，さまざまな対象によって異なる。通史に比べて，対象の期間は短いがその時期の特徴を際立たせることが可能となる。例えば，近代のスキーに焦点を当てた時代史の場合，古代・中世においては移動の手段であったものが，近代においてスキーはスポーツとなり，さらに北欧から世界中に広まった。その点で，近代のスキーは他の時代に比べて，スポーツ化したことや世界中に普及したことにおいて特徴的であり，多くの研究が行われている。

③——地域史

地域史とは，特定した範囲の地域を対象にして，スポーツやその諸現象を明らかにしたものである。地域を限定するのは，研究者の意図によって異なっている。広くヨー

ロッパやアジアといったものから，狭い地域を対象とする場合までさまざまである。そこからは，特徴的な当該地域の歴史認識が明らかにされる。

5 個別研究領域とは

個別研究領域には，スポーツの種目史，技術史，思想史，用語史，産業史といった領域がある。以下でそれらを簡単に紹介しよう。

①──種目史

種目史とは，たくさんあるスポーツ種類の中で一つのスポーツに焦点を当てて研究したものである。例えば，冬季スポーツには，スキー(滑降，ジャンプ，ディスタンス，複合)，スケート，カーリング，ボブスレー，アイススケート，アイスホッケー，バイアスロンなどあるが，あえてスキーに絞って研究することが種目史としてのスキー史と言えよう。

②──技術史

技術史とは，特にスポーツの技術に焦点をあてた研究である。例えば，スキーの技術史であれば，19世紀ノルウェーのソンドル・ノルトハイム(1825-1897)によって，ノルウェー式のスキー技術が作られた。そのスキー技術は，テレマークやクリスチャニアと言った左右のスキーを前後させる制動技術を特徴とした滑りである。以後，オーストリアでは1897年にマチアス・ツダルスキー(1856-1940)が，傾斜のきついアルプスでの滑降のために「アルペンスキー技術」を作り上げている。この技術は，一本のストックを使い，プルークと呼ばれる左右のスキーをハの字に開いた制動技術を特徴とする滑りであった。さらに，1910年頃オーストリアのハンネス・シュナイダー(1890-1955)が，それまでの技術を総合して「アールベルグスキー技術」を開発した。このスキー技術はシュテムボーゲン，シュテムクリスチャニアといった滑らかな回転技術を特徴とした滑りである。以後も，フランス式やオーストリア式と呼ばれスキー技術の開発が行われ，今日に至っている。

③──用語史

用語史とは，スポーツに関する用語について研究したものである。例えば，ノルウェー式スキー技術の中にある「テレマーク」や「クリスチャニア」といった技術は，テレマーク地方やクリスチャニア地方にちんで付けられた名称であった。また，オーストリアでスキー家ツダルスキーによって作られたスキー技術の名前は，リリエンフェルトの地名にちんで「リリエンフェルトスキー技術」と命名されている。また，ビルゲリー大尉がノルウェー式スキー技術とリリエンフェルト式スキー技術を合わせて作った技術は，ビルゲリーにちなんで「ビルゲリー式スキー技術」と呼ばれた。さらに，アールベルグ地方で活躍していたスキー家ハンネス・シュナイダーが，リリエンフェルトスキー技術とビルゲリー式スキー技術を合わせた技術として，「アールベルグスキー技術」を完成させている。

④――産業史

　産業史とは，スポーツに関係した産業が産業界の一分野として発展してきた歴史について触れた研究である．スポーツ人口の増加とともに，スポーツ用品・用具が商品として重要な価値を持つようになり，スポーツ産業は産業界の中で確固とした位置を築くようになった．例えば，スキー産業と呼ばれるスキー用具の製造・販売に関する内容が歴史的に触れられた場合，スキー産業史となるわけである．

⑤――思想史

　思想史とは，スポーツに関して大きな功績を残した，あるいは影響を与えた人物による思想について研究したものと言える．例えば，日本にスキーを導入したオーストリアの軍人テオドール・フォン・レルヒ少佐のスキーに対する考え方や，日本で軍人だけでなく市民にもスキーを広げるきっかけを作った長岡外史高田師団長のスキーに対する考え方などである．

参考文献
・岸野雄三『体育史』大修館書店，1973．
・稲垣正浩・谷釜了正『スポーツ史講義』大修館書店，1995．

Questions

設問1．　スポーツの歴史にはどのような歴史の書き方があるか述べなさい．
設問2．　自分の興味ある個別史は，何か述べなさい．
設問3．　関心のあるスポーツの歴史を自分で調べてみよう．

Column ●スキーの日本伝来

　古くから日本にも，雪上を木ぎれに乗って滑る子どもの遊びがあった．しかし，長い間継承されたわけでもなく，また一定の流儀を持つものでもなく，簡単な遊びの域を出るものではなかった．明治時代になりヨーロッパでスキーが普及すると，外国文化に関心を持つ数人の日本人が外国からスキーを取り入れた．しかし残念ながら，彼らは滑り方が分からなかったことから楽しむことができず，定着するまでに至らなかった．

　バルカン半島が第一次世界大戦の火種になろうとする明治43年，オーストリアの軍人レルヒ少佐がロシア軍に影響を与える日本軍の様子を視察する目的で来日した．もともと祖国で優れたスキー家であったレルヒは，軍務の傍ら日本でもスキーをすることを望み，雪国の師団に配属されることを希望した．また，一方で明治35年の八甲田山中での陸軍の大遭難事件以後，日本軍もスキー研究の必要に迫られていた．そのため，日本軍はスキー研究のきっかけのために，来日したレルヒによるスキー講習会の開催を望んでいた．日本側とレルヒ側の希望が一致したことから，翌明治44年1月にレルヒの高田第13師団への配属と1月12日からのスキー講習の開催が実現したのである．

　レルヒは，明治44年1月12日から3月まで高田師団の広場や近くの野山を使って，将校たちにスキーの講習を実施した．そこでは，祖国で学んだアルペンスキー技術と呼ばれる技術〔1本杖（ストック）を使い，両足をハの字に開いたプルーク姿勢を基本とした〕を紹介した．また，その技術を使ったスキー競技会，スキーツアー，軍隊スキーも紹介したのである．翌年には旭川の師団に移り，そこでも同様のスキー技術を将校たちに紹介している．

　その後，レルヒのスキー指導を受けた将校や民間人たちが，それぞれ各地でスキークラブを作りスキーの普及を図った．大正時代の半ば頃には全国的に普及したのである．

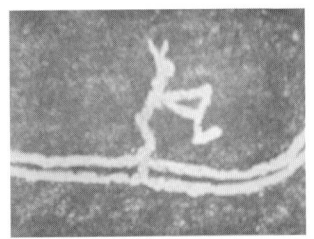
●図　ノルウェーで発見された世界最古の人がスキーをする岩絵

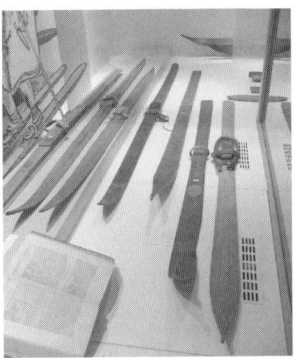
●図　スキーを紹介した最古の本や古いスキーを展示したミュンヘンのスキー博物館

●図　テオドール・フォン・レルヒ少佐（1905年当時）

（新井　博）

3 地域スポーツの現在

地域におけるスポーツが重要視されている社会的背景と,総合型地域スポーツクラブ構想の問題点および可能性について考える。また,グローバル化社会の中で「地域スポーツ」の持つ意義を議論する。

KEYWORD　地域スポーツ　総合型地域スポーツクラブ　グローバル化社会　コミュニティ

1 なぜ今"地域スポーツ"なのか

　数々のスポーツの発祥地と言われるヨーロッパでは,スポーツは地域コミュニティを母体とする地域クラブで行われてきた。ヨーロッパの人々にとっては,スポーツは地域で行われるものというのは自明の理である。しかし,わが国の状況を見てみると,明治時代に輸入された多くのスポーツが,主に学校の教育活動,また企業の福利厚生や後年には企業のPR活動の一環として行われてきた。スポーツは地域で行われるものではなかったわけである。しかし,昭和24年には社会教育法において体育およびレクリエーション活動が奨励され,同36年にはわが国初の「スポーツ振興法」が制定された。この流れを受けて,さまざまな都道府県,市町村の行政機関が「社会体育」という名の下,地域のスポーツ振興に一役買ってきた。つまり,地域においては,行政の施策という目的で,地域住民の健康増進やコミュニティの繋がり強化という大義名分の下,「体育」という手段としてのスポーツが存在してきたわけである。

　とは言うものの,日本には地域に住民の自主的なスポーツ活動がまったくなかったわけではない。現在でも多くの小学生たちが地域でスポーツ活動を行ううえで中心的役割を果たしている「スポーツ少年団」は,40年間以上の歴史を持ち,現在では3万6千の団体で93万人の少年少女たちがさまざまなスポーツ種目を行っている。また,都道府県や市町村の公共スポーツ施設では,さまざまな団体やクラブが場所を確保するために常に競合している状況がある。例えば,草野球チームに代表されるような,一般人を対象とした地域の「クラブ」は満ち溢れている。世界でもっともラグビークラブの数が多いのが日本だと言われているほど,実は地域でのスポーツ活動は盛んなのである。しかし,なぜそれが国際的競技力や国民的人気に比例していないのだろうか。

　その背景として「クラブ」として各競技団体に登録されているのが,クラブというより単一チームという内容の集団であることが指摘されている。日本の現在の地域スポーツ環境において,ホームグラウンドやクラブハウスを持つヨーロッパ型の地域スポーツクラブと同様な活動を展開しているクラブはほんの一握りに過ぎない。中学や高校の部活動のOB・OG仲間たちが試合に出るのを目的にクラブとして登録していたり,町の愛

好家たちが限られた範囲で私的にグループを作って活動している「クラブ」が多いのが実情である。

　このような状況の下で，わが国に本格的なヨーロッパ型の地域スポーツクラブをつくろうという議論が1990年代になって強まってきた。1993年にスタートしたサッカーのJリーグは日本サッカー協会の百年構想の下，地域に根づいたクラブづくりという目標で，傘下のチームに企業の持ち物でない地域のクラブとしての機能を求めた。今までの日本のプロスポーツにない，興行目的だけでない地域との結びつきというJリーグの理念は，地域スポーツクラブに対する認識に大きな変化を与えた。さらに同時期の長引く不況により，多くの企業がスポーツチームの活動を停止した。日本選手権で7連覇をした名門，新日鐵釜石ラグビー部や数々の日本代表選手を輩出した日立バレーボール部の廃部等によって，今までエリート・スポーツを支えてきた基盤が大きく揺らいできたのだった。またエリート・スポーツのもう一角を支えてきた学校スポーツ（運動部活動）も大きな曲がり角に来ていた。少子化の影響を受け，中・高等学校ではメンバーが集まらずに大会に出場できなかったり廃部に追いやられるクラブも多く出てきた。また教員の高齢化や指導者不足と行った管理側の問題も追い打ちをかけ，学校における課外活動の危機的状況が憂慮されている。

国名	スポーツクラブ数 (A)	会員総数 (B)	B/A	人口比 (%)
デンマーク	13,100	2,174,600	142	42.3
フィンランド	13,000	2,037,000	157	41.3
ドイツ	81,000	24,000,000	296	30.3
フランス	160,000	12,750,000	80	22.7
イギリス	150,000	6,500,000	43	11.3
日本	370,400	11,690,000	31	9.7

●表1　クラブ数・会員数・人口比率の国際比較
（笹川スポーツ財団『スポーツ白書2001年のスポーツ・フォア・オールに向けて』から海老島が作成。
なお，データは，欧州諸国は1995年，日本は1994年の調査による）

2　総合型地域スポーツクラブへの期待

　総合型地域スポーツクラブの構想は，地域のスポーツ環境にとって逆風が吹き荒れる中で生まれた。1994年スポーツ議員連盟プロジェクトチームが「スポーツ振興政策（スポーツの構造改革〜生活に潤い，メダルに挑戦）」を発表した。その中で誰もが参加できる地域スポーツクラブを，中学校区程度を単位として全国で1万箇所設置することがうたわれた。翌1995年から「総合型地域スポーツクラブ育成モデル事業」がスタートし，2000年には「スポーツ振興基本計画」が制定された。そこでは初心者からトップまでの隙間のないスポーツ環境を地域に構築することが強調され，総合型地域スポーツクラブづくりが本格化した。総合型地域スポーツクラブへの期待は集約すると次の3点である。

1）エリート・スポーツを支えてきた企業や教育機関から地域への場の転換
2）財源不足に悩む行政に頼らない住民による主体的なスポーツ環境の創出
3）地域住民の健康，地域の活性化などの課題のスポーツによる解決

2007年7月現在，創設済みあるいは創設中のクラブは合計で2,555カ所であり，当初目標の4分の1に過ぎない。ただ市区町村に少なくとも一つという目標で見てみると，全国で48.9％の市区町村において総合型地域スポーツクラブが設立済みまたは設立中であり，ほぼ半数の達成率を確保している。しかし，質の面ではさまざまな問題点が存在していると言える。日本体育協会の総合型地域スポーツクラブ育成推進事業中央企画班のメンバーでもある福島大学の黒須充教授は，この数値目標達成の背景に潜む問題は，以下のようなクラブの存在であることを指摘している。それは，自治体主導でクラブが立ち上がったものの，運営段階に入っても住民不在，行政任せのクラブ，他の市町村でもやっているからという横並び志向でスタートしたミッション不在のクラブ，補助金が切れたら有名無実化してしまうようなマネジメント不在のクラブである。とりわけ一番大きな問題は，「総合型地域スポーツクラブ」という名称だけが一人歩きし，行政がトップダウンに行っている施策に過ぎないような誤解を地域住民に与え，結局クラブづくりの理念が伝わってことであろう。

　とはいっても，いままで細切れに，そしてバラバラに行われてきた日本のスポーツ行政を，クラブづくりという目標に集約しようとする構想は，大きな変化を生み出しつつあるのも事実である。同じ目標の下，これまで個別に活動してきた既存のスポーツ団体が，話し合いのテーブルにつけただけでも大きな進歩と評価する都道府県の体育協会関係者も多い。2004年からスタートした指定管理者制度など，市民が自主的に作り上げたクラブが公共施設の管理運営に参画できるなど制度的追い風もある。しかし長年真のスポーツが地域に存在してこなかったという背景から，本当に地域住民が「いつでも，どこでも，だれでも，いつまでも」あらゆるレベルのスポーツが楽しめる環境を一朝一夕に作り出すのは至難の業である。それでも総合型地域スポーツクラブづくりが，地域住民が望むスポーツ環境づくりの第一歩となることが期待されている。

3　グローバル社会における「地域スポーツ」の重要性

　日本がモデルとして目指すヨーロッパの地域スポーツクラブも時代の変化とともに変革期に立たされている。ヨーロッパでは，スポーツクラブは地域コミュニティを基盤に発展したと前述したが，スポーツの高度化，ビジネス化とともに，地域という枠を超えて拡大している。近年のグローバル化社会の影響を受け，地球規模で展開される市場原理の波に呑み込まれていく地域スポーツの姿もある。イングランドのサッカー・クラブ，マンチェスター・ユナイテッドは，1878年にマンチェスターの鉄道員が中心となって創設したニュートン・ヒース・フットボールクラブが母体になっている。工業都市であるマンチェスターの労働者のためのクラブであったのが，チームの強化，ビジネスの拡大とともに，多くの優秀な外国人を有する多国籍のオールスター軍団となっていった。米国・NFLタンパベイ・バッカニアーズのオーナーであるマルコム・グレーザーがクラブを買収したため，オーナーも現在外国人となった。チケットの暴騰，旅行会社によるチケットの買い占めなどにより，地元住民は観戦することさえ難しい状況だという。名前だけが地元マンチェスターとのつながりを標榜しているものの，クラブの存在は地元民から極めて遠いものとなりつつある。

スポーツ社会学者のジョセフ・マグワイアー(Joseph Maguire)は,「競技団体(クラブ)」「マス・メディア」「多国籍企業」の利権に絡んだ結びつきはますます強固なものになり,場合によってこの三者によってグローバル・ガバナンス(国際統治の枠組み)が形成され,地域,時には国家のコントロールさえ利かなくなっていることに警鐘を鳴らしている。そこには民意をまったく反映しないモンスター化したスポーツの姿がある。

　グローバル・ガバナンスに対抗するローカル・ガバナンス(地方自治)の必要性が叫ばれている。つまりグローバル主義に対抗する単位としての「地域」の見直しをする必要があるとの主張である。スポーツの世界で考えてみると,初心者からエリート競技者まで,「する」「みる」「ささえる」と多角的に,かつ手軽にスポーツを「実践する」環境をコミュニティに確立し,またそれを守っていくことである。これは地球上すべての人々がスポーツをする権利をしっかりと行使するためにも欠かせない条件である。

参考文献
・菊幸一ほか(編著)『現代スポーツのパースペクティブ』大修館書店, 2006.
・黒須充(編著)『総合型地域スポーツクラブの時代』創文企画, 2007.
・佐伯年詩雄(監修)『スポーツプロモーション論』明和出版, 2006.

Questions

設問1. 自分の住む地域にどのようなスポーツクラブがあればよいか？自分の理想とする地域スポーツクラブのイメージを描いてみよう。

設問2. グローバル化社会の中で,変わりゆく地域,そしてスポーツの姿について具体例をもとに考えてみよう。

Column ●日本にはなぜ芝生が根付かないのか？

　青々と広がる芝生の上で無邪気にボールを追いかけまわしている子どもたちを見ると，こんな遊びから自然と派生したのがスポーツの姿だと感じる。砂利交じりのグラウンドで楕円球を追った筆者にとって，ラグビーの思い出は「痛さ」とともに蘇る。「悪い環境でスポーツをすることはゲームを単調にし，選手の創造性をつぶす」と熱弁をふるうのは芝生化促進運動を繰り広げているNPOグリーンスポーツ鳥取のニール・スミス代表。「日本でスポーツが振興しないのは芝生の空き地やグラウンドが少ないから」と校庭や空き地の芝生化を推し進める。海外に行くと，トッププレベルの競技場でも雑草交じりの芝生なのに，日本では雑草一つ生えていない観賞用のような芝生が要求される。芝生は選手が傷まないための緩衝材である。芝を傷めないため，できるだけ使わない管理方法は本末転倒である。さらに，日本は元来気候的に芝生の育成に適さないとか，毎日練習するような環境では芝生は無理という論理が横行する。ラグビー，サッカーは芝生の上でするものという前提に立てば，練習方法を工夫したり，ある程度雑草交じりでも耐用性のある芝生を採用するなどの対応が可能なはず。芝生問題の根は深いのである。

●図　NPOグリーンスポーツ鳥取が管理するグリーンフィールド（鳥取県湖山町）を裸足で走る子ども

（海老島　均）

TARGET 4 オーストラリアにおけるスポーツ環境

2000年にシドニーオリンピックが行われたオーストラリアでは自然豊かな環境の下，日常生活にさまざまなスポーツが溶け込んでおり"スポーツ大国"呼ばれている。ここでは，オーストラリアのスポーツについて，その歴史や文化，政府・学校・民間が主導になったスポーツ教育やスポーツプロモーション活動について紹介する。

KEYWORD スポーツ オーストラリア

1 オーストラリアのスポーツ史と文化

多様な民族からなるオーストラリアの人口は2,100万人である。気候は多様な自然環境を育み，人口あたりのスポーツ参加率は世界でも有数の高さを誇っている。多くのスポーツは英国植民地の歴史とともに受け継がれ，1830年代よりボクシングや陸上，レスリング，ヨット，ボート，さまざまなタイプのラグビー，人気のあるクリケット，後にテニスや各競技会が行われた。このような多様なスポーツ種目から多くの偉大なアスリートが育ち，世界レベルでの成功を収めている。その成功は，英国と執拗に張り合ってきた，古くからの歴史に起因しているかもしれない。最近では，オーストラリア人の国民性は，"社会的に凝集性が高く，誇り高く，平等主義で，粘り強く，強い愛国意識をもっており，スポーツに大きく影響を受けている"といわれるほどである。このような競技スポーツでの活躍がある一方，海浜をパトロールするライフセービングのようなボランティア活動にも長い歴史があり，利他的な面も見られる。このようにオーストラリアは，多様なスポーツが日常的に行われている，まさに"スポーツ大国"である。

2 オーストラリアのスポーツ委員会とスポーツの本質

スポーツ産業の諮問機関であるオーストラリアスポーツ委員会(Australian Sports Commission：ASC)は，すべてのレベルのオーストラリアスポーツにおいて公正・尊敬・責任・安全の原理を支持するため"オーストラリアスポーツの真髄(Essence of Australian Sport)"を考案した。これは，思いやり，決断，正直さ，忠誠そして信頼といった美徳や個人的特性を発達させ，達成や楽しみ，友情，受容性，機会，チームワーク，健康をめざしている。

さらに，ASCは優れた選手のためのトレーニングセンターや州単位のトレーニングセンターを拠点により専門的なスポーツプログラムを作り出した。世界的に有名なオーストラリア国立スポーツ研究所(Australian Institute of Sport：AIS)は，エリート選手やチームを対象に専門的なトレーニングを行う政府機関である。そこでは，バイオメカニクス，

体力強化・コンディショニング，スポーツ科学，スポーツ医学といった最先端のスポーツ設備が整えられ，プログラムは26種目にわたり，さらにAISツアーやスポーツキャンプも提供している。日本の国立スポーツ科学センター(Japan Institute of Sports Sciences：JISS)は，この施設をモデルに2000年に作られ，日本におけるトップアスリートのサポート活動を行っている。

3 オーストラリアでのスポーツプロモーションの実際

オーストラリア政府は，さまざまなスポーツ活動や野外活動を推進している。最近では肥満の問題に取り組むものが多い。"Active Australia"キャンペーンでは，6歳から60歳までを対象に「すべての人は何かしらのレクリエーションにかかわるべき」と訴えている。2005年からはASCの主導のもと，アクティブ・アフタースクール・コミュニティ(Active After-School Communities：AASC)と呼ばれるプログラムを導入し，子どもの体力向上，肥満解消といった社会問題に対処する新しいプログラムづくりに取り組んでいる。これは，あまり活動的でない子どもに対し，楽しく，安全に構成された活動への参加を促すものであり，スポーツクラブなどの地域社会組織ともつながる活動である。スポーツ相のKate Ellis氏は「参加者の運動諸機能が向上し，新しい友だちをつくり，活動的であることを好む子どもたちが増えている」と述べ，その成果を評価している。

また，学校教育におけるスポーツ教育は，オーストラリアでは以前から非常に重要視されてきた。1980年代には「日常的な体育活動推進の必要性」を訴え，世界レベルでその流れを導いた。その後，1990年代にも，学校での体育・スポーツの最低実施回数を推奨し，現在では，"個人の成長と健康・体育(Personal Development Health and Physical Education classes)"という授業が週1回行われている。また高校では，放課後に多くのチームでボランティアのコーチが導入され，地域，州，そして国レベルでの競技会が盛んに行われている。

一方，民間のスポーツクラブは，社会の凝集性や協調性を高める役割があり，多様な規模のクラブがスポーツや音楽，娯楽施設を用いて行っている。主なものにはラグビーやローンボーリング，ゴルフのクラブなどがある。さらに，さまざまなスポーツ・レクリエーションに関するセンターやクラブが移民のコミュニティーによって設立された。著者もブリスベンにあるクロアチア移民のクラブでサッカーをしていた。このように，オーストラリアでは政府だけではなく，学校や民間が協力しながら日常的にスポーツに親しめる"アクティブ"な人づくりに取り組んでいる。

(Steve Jugovic)

参考サイト
・オーストラリア政府観光局　http://www.australia.com/
・オーストラリア国立スポーツ研究所　http://www.ausport.gov.au/ais/
・国立スポーツ科学センター　http://www.jiss.naash.go.jp/

障害者とスポーツ

障害者は，体の動かし方や理解の仕方など，それぞれ大きな違いがある。スポーツを指導する際，グループで指導しつつも，1人1人の違いに留意して，ていねいに対応する必要がある。「落ちこぼし」をしない指導力を身につけることが大切である。

KEYWORD 多様な展開　用具・ルールの工夫　指導上の留意点

1 障害者スポーツとは

第二次世界大戦後，ロンドン郊外にある王立ストーク・マンデビル（脊髄損傷専門）病院の病院長グットマンは，患者のリハビリテーションの一環としてスポーツを取り入れ，さらに競技大会の普及，発展に大きく貢献した。このような起源から，障害者スポーツは，長年リハビリテーションの成果を競う意味で発展してきた。しかし，一般社会から憐れみや同情の目でみられていた大会を脱し，オリンピックに伍した，卓越した競技を行おうという運動が1980年代後半に起こり，その後，急速に競技化が進み，競技スポーツが脚光を浴びるようになった。この頃から，マスコミも社会面ではなくスポーツ面で障害者スポーツを扱うようになった。

障害者スポーツは，リハビリテーションスポーツ，生涯スポーツ，競技スポーツと大別でき，領域は広い。しかし，本項では，スポーツ経験の少ない障害児・者への対応を中心に述べる。

2 障害者スポーツの領域

障害者というと，どのような人を思い浮かべるだろうか。車いすに乗った人や，白杖を持って歩いたり盲導犬と歩くような視覚障害者とか，手ぶりで会話をしている聴覚障害者を思い起こすかもしれない。その他，身近に脳卒中の後遺症で片まひの人がいるかもしれない。あるいは，日本テレビ系列でドラマ化された「光とともに…」を観て，自閉症の人のことを考えるかもしれない。障害者と一口にいっても，このように多種多様な障害をもつ人たちがいる。

スポーツを指導する際，このように多種多様な障害の種類や程度の違いを配慮する以外にも，障害の発生年齢や発生からの期間，スポーツ経歴，家族など，まわりの人たちの理解，また，どこで，どのような目的で行うかなどの条件によって，それぞれに応じた内容で展開していかなければならない。これらを整理すると次の表1のようになる。

障害別	年齢別	場所別	目的別	実施種目
肢体不自由 視覚障害 聴覚障害 内部障害 知的障害 精神障害 （発達障害）	幼児 児童 中途障害 高齢者	リハ病院 更生施設 職業訓練校 通常学校 特別支援学校 スポーツ施設	機能訓練志向 楽しみ志向 健康・体力づくり志向 競技志向	スポーツ種目 アウトドアスポーツ 体力トレーニング 運動遊び ダンス 健康法としての運動 セラピーとしての運動 レクリエーション・ゲーム

●表1　障害者にスポーツを指導する際に留意すべき要素

3 障害者が行うスポーツ

　障害者のスポーツには，一般に行われているスポーツの競技規則をほとんどそのまま，あるいは一部手なおしして行われているもの，またはまったく新しいルールで行われているものなど，いろいろとある。さらに，障害に合わせた特殊な用具や器材を開発することで行われている種目もある。どのような工夫がなされているかを，パラリンピック大会で行なわれている種目の中から紹介する。

①——ルールが一部手直しされた種目

　車いすテニスでは，ツーバウンドまでのボールを打ち返せばよいというルールだが，この点だけが通常のルールとは異なる。視覚障害者が行う柔道では，一度相手と両手で組み合って，それから手を離してはじめるが，それ以外は通常とまったく同じである。

②——ルールを工夫して行われている種目

　シッティング(座位)バレーボールは，下肢障害者が床に座って行う競技である。コートは10m×6mと小さく，ネットの高さは1mあまりで，ボールに触れる時，臀部を床から離してはならないといったルールがある(図1)。

●図1　ルールを工夫したスポーツ(下肢障害者のバレーボール)[写真提供：織部将人]

●図2　用具を工夫したスポーツ(下肢まひ者のチェアスキー)[写真提供：日本身体障害者スキー協会]

③──用具を工夫して行われているスポーツ

　冬季スポーツとして，車いす使用者はスキー板1枚の上に座席シートがあるチェアスキーに乗り，短いストックを操りながら回転や滑降競技を行う(図2)。

　下肢切断者はストックの変わりに，アウトリガーと呼ばれるクラッチ(前腕を固定できる杖)の先に短いスキー板がついているものを用いて滑る。

　ボッチャは，生まれつき運動機能などに障害がある脳性まひ者，中でも障害程度の重い人たちによって行われている。ペタンクとルールがほとんど同じで，皮製のボールを目標球に向けて投げ合い，近づけることを競う種目である。手に不自由があって，ボールを投げることができない場合，図3のようなランプス(スロープ)を使用して転がす。

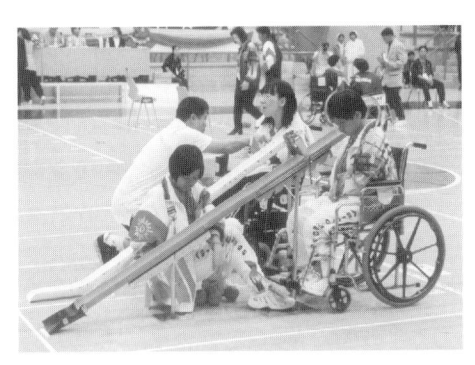

●図3　用具を工夫したスポーツ(上肢障害者が使用するランプス)

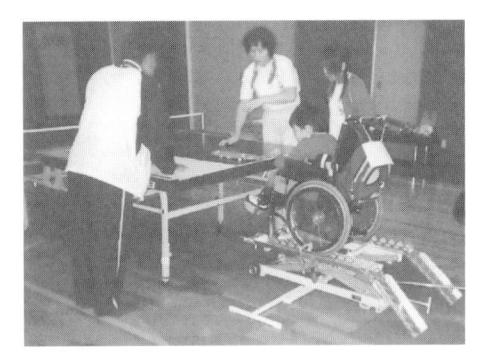

●図4　補助器材を工夫したスポーツ(卓球)

4 障害者にスポーツを指導するにあたって

　障害者のスポーツは，パラリンピック大会などの影響で，マスコミにも取り上げられ，多くの人たちに知られるようになった。しかし，それは一部の人たちの華やかな面であり，スポーツとはまったく縁のない生活を送っている障害者の方が圧倒的に多いのを忘れてはならない。ここでは，特にスポーツ経験の少ない人たちに対する指導上の留意点を示す。

①──スポーツを創る

　障害者がスポーツを行う際，例えば，腕がない人はサッカーしかできないのではないかと考えたり，手も足も自由に動かせないので，スポーツ活動なんてまったく無理だと考えてしまいがちである。しかし，どのような障害があろうとも，基本的には，用具やルールを工夫することで，あらゆるスポーツをすることが可能である。

　特に，対外試合ではなく，仲間とともに楽しく活動したいという場合，わざわざ既成のルールに従って行う必要はない。参加しているみんなで，誰が，何ができるかを検討したり，障害別や個人別にハンディをつけたり，コートの大きさやグループの人数を変えたりなどして，自分たちが楽しむためにもっとも適切なルールを話し合って創り，ゲームを行っていくことが大切である。

②――適切に課題を与える

　特に障害児に運動を行わせる場合，どうしても機能をよくしたいという考え方が優先し，対象児が興味を持っていないのにもかかわらず，一方的に課題をつくり，強制して行わせることがある。基本的には，いろいろな種類の遊具や運動器具を置いておき，対象児が興味を示し器具をもったとき，まさにその機を逃さず，その場面場面で課題をつくり，展開していく必要がある。

③――自信(笑顔)を引き出す

　運動経験の少ない障害児・者が自分から進んでやりはじめたとしても，失敗することが多い。失敗することで，やる気をなくしたり，不満をため込んでしまうことが多い。指導にあたっては，忍耐強く見守りながらも，手本を見せたり，手伝ったり，ヒントを与えたりと，励ましたり援助したりしながらていねいに接していかなければならない。

　わずかでも，成功したという経験が自己信頼感を作り出し，次の課題へと向かう力を生み出す。そのためには，できることを一つひとつ確実に積み上げていくことが重要である。

④――適切な方法での指導

　障害児・者にスポーツを指導する場合，ただマニュアルに従った，パターン化した指導をしていてはならない。個人個人をしっかりと見つめ，何が問題かを探った上で，適切な頃合いを見計り，吟味した方法で指導する必要がある。

　教える者と教えられる者との「応答的なやりとり」を行なう中から，障害児・者ができることを一つひとつ積み重ねていくようにしなければならない。

●図5　種目を工夫したスポーツ(大相撲)　どちらが勝つか？　障害があっても対等に勝負できる。

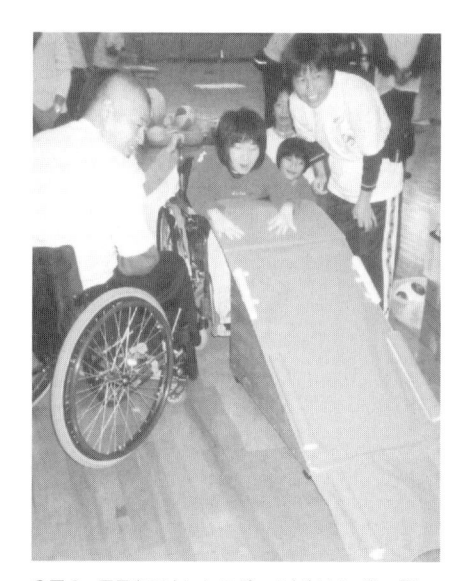

●図6　用具を工夫したスポーツ(ボウリング)　「やったー！」　この成功感が次のモチベーションになる。

参考文献
・矢部京之助ほか(編著)『アダプテッド・スポーツの科学』市村出版，2004．
・(財)日本障害者スポーツ協会(編)『障害者のスポーツ指導の手引き』(第2次改訂版)ぎょうせい，2004．
・佐伯胖(著)『「わかり方」の研究』小学館，2004．

Questions

設問1. 今までに見たことがある，あるいは知っている障害者スポーツを述べなさい。

設問2. スポーツ活動時に，チームの人数が足りなかったり，進んで参加したがらない人がいたり，極端に運動能力が劣る人がいたら，どのように対応してきたか，また，どのようにすればよかったかを述べなさい。

Column ●「障害のある人もない人も、みんなでスポーツ！」の実践

　スポーツ経験の少ない人や苦手な人，あるいは障害の重い人が気軽に取り組めるスポーツ種目の開発が望まれる。さらに今後，障害の違いを超えてできる種目，あるいは障害の有無にかかわらず，みんなが一緒にできるスポーツ種目の開発も望まれる。

　びわこ成蹊スポーツ大学では毎年，障害のある人もない人も，みんなで楽しく，いろいろなスポーツにチャレンジする「みんなのスポーツフェスティバル」を開催している。

　10～13のスポーツ種目が用意してあり，それぞれの種目には異なる取り組み方のコースがある。例えばボウリング（図6）の場合，スロープを使ってボールを転がす第1コース，第2コースは普通に転がすが，第3コースは難易度が高く，一度壁にあててからピンを倒さなければならない。このように，運動することに自信がない方や障害が重くてあまり活動ができない方，逆に元気でいろいろと挑戦したい方や家族，ボランティアなど，自分にあったコースに取り組むが，それぞれが手加減なく真剣に取り組まなければならないように仕組んである。

　障害が重度になればなるほど，運動することにはまったく関係がないと考える傾向がある。このような人たちにとって，わずかでも「できた！　成功した」という経験をもつことが大切である。障害が重度であればあるほど，失敗することが多い。だからこそ，成功した時の喜びは大きい。「ニコッ」とした笑顔を引き出せれば幸いで，一つでも多く成功できるようにと本文に掲載した写真のような課題を設定している。

　午後からは，運営側のボランティア・スタッフが種目に挑戦したが，障害のある人が自ら審判役をかってでて，午前中とは逆にボランティア・スタッフが叱咤激励されるなど，和気あいあいとした取り組みがみられた。

（金田　安正）

第1章 地域社会とスポーツ

TARGET 6 高齢者のスポーツ

高齢者のスポーツは，健康スポーツを土台にした運動実践によって，日々の活動量を確保し，体力を保持・増進するところから始まる。また，スポーツを楽しむことも，高齢者の生活の質の向上には肝要である。

KEYWORD 健康スポーツ　生涯スポーツ　高齢者の体力と運動実践　コミュニティ

1　健康スポーツの登場

　平成19年版『高齢社会白書』によると，日本人の平均寿命は，2005年現在男性78.56年，女性85.52年である。今後，男女とも引き続き延びて，2055年には男性83.67年，女性90.34となり，女性の平均寿命は90年を超えると見込まれている。

　それでは，健康かというと，がん，心疾患，脳血管疾患，糖尿病，肥満など，いわゆる文明病といわれる運動不足病，生活習慣病などが大きな問題になり，健康に対する危機意識がもっとも高い時代ともいわれている。肥満者の多くが，高血圧症，高脂血症，糖尿病等の生活習慣病を併せもち，これらの危険因子が重なるほど，心疾患，脳血管疾患を発症する危険性が明らかになってきている。2005年に，日本内科学会等の8つの学会が，内臓脂肪の蓄積に着目して，「メタボリックシンドローム(内臓脂肪症候群)」の考え方を取りまとめ，効果的に生活習慣病予防を行うことを提言した。2004年の『国民健康・栄養調査』によると，メタボリックシンドロームが強く疑われる者と予備群と考えられる者の合計は，総数で男性45.6％，女性16.7％となっている。

　このような健康に対する危機意識に支えられて登場したのが健康スポーツである。現代スポーツは，オリンピックムーブメントを中心にますます競技化の路線を歩み続けているが，こうした現代スポーツの一般的動向の中で，健康スポーツは，第2次世界大戦後に現れた新しい動向として注目され，発展してきた。例えば，アメリカのフィットネス運動，スウェーデンのトリム運動，ソビエトのゲー・テー・オー，西ドイツのゴールデンプラン，そして日本の体力づくり運動などである。わが国では，その後，1970年代のエアロビクス(有酸素性運動)ブームを経て，2000年からは，「21世紀における国民健康づくり運動(健康日本21)」が始められた。9分野70項目の目標を掲げ，成人や高齢者の日常の身体活動や運動習慣の目標に向けて，健康スポーツの推進努力がなされている。また，健康スポーツの登場と同じ時期，1960年以降に，生涯教育に発想の原点をもつ生涯スポーツの推進運動が展開され今日に至っている。

2 高齢者のスポーツ

　自立して健康に生活できる年齢である健康寿命について，前掲の『高齢者白書』では男性で72.3歳，女性で77.7歳となっており，世界でもっとも長い。健康寿命・平均寿命ともに世界最高水準で，高齢化が進行しているわが国において，老後の人生をどう過ごすかは誰もが考えなければならない問題である。

　65歳以上の高齢者の死因となった疾病については，2005年において，心疾患，脳血管疾患の2つの疾病で約3割を占め，また，高齢者が介護を要する状況となった理由の4人に1人は脳血管疾患であるといわれている。やはり，メタボリックシンドロームには要注意である。2004年の「国民健康・栄養調査」によると，メタボリックシンドロームが強く疑われる者と予備群と考えられる者の合計は，総数で男性45.6％，女性16.7％であったが，年齢階層が高くなるほど増加する傾向がみられる。したがって高齢者のメタボリックシンドローム対策が重要になってくる。また，日常の活動量自体が加齢とともに減少することも大きく影響すると考えられる。加齢に伴う活動量の減退は，体力低下をも引き起こしてしまうことになる。

　2006年度版の『図説　高齢者白書』によると，体力の保持・増進を図ることは，個人の健康状態を良好に保ち，疾病に罹る危険性を軽減するだけでなく，いわゆるQOLの向上にも貢献するとされている。また，高齢者が保持すべき体力の要素として，長時間運動をしても疲れない呼吸循環系機能，いわゆる「ねばり強さ」と，しっかりとした足どりで歩くための筋骨格系機能，いわゆる「力強さ」をあげている。さらに，近年，高齢者が転倒をきっかけに，介護を要する生活に陥ってしまうことが懸念されている。転倒により自立して生活を送れなくなることも高齢者にとっては重要な問題であり，転倒を回避するためには，「ねばり強さ」や「力強さ」が一定水準に保たれるのはもちろんのこと，日常生活のなかで受けるさまざまな刺激に適切に反応したり，安定した姿勢を保持するためのバランス能力といった神経系機能，「調整力」も重要な役割を果たす。また円滑な動作を行うためには，筋骨格系の可動範囲が広いこと，すなわち「柔軟性」がある程度保持されることも大切であるとされている。

　一般に，活動量は，日常生活の省力化により減少する。ところが高齢者の場合，省力化の先にあるものは，自立した生活を営めない，「要介護の生活」であるといわれている。これは，若いときと大きく異なる点である。そこで高齢者には，日常の活動量を増大させることによって，体力を維持・増進し，余裕をもって自立した生活を営むための能力を保持することが望まれる。高齢者のスポーツは，いわゆる健康スポーツを土台におくことがよいと考えられる。日々の生活の中に，体ほぐしの体操や，自分の体重を利用した簡単な筋力トレーニング，ストレッチなどの運動を取り入れ，身体を整え，日々の活動量をしっかりと確保することが重要である。日々の活動量は，その日の歩数にあらわれてくる。「健康日本21」では，目標値として男性6,700歩，女性5,900歩があげられている。健康スポーツを土台にした運動実践を通して，体力を保持・増進することによって，自信をもって，運動を行うこと自体の楽しさを知ること，また趣味のスポーツを無理なく続けていくことができる。スポーツを楽しむことも，高齢者の生活の質の向上には肝要である。

3 高齢者の運動実践とコミュニティづくり

　生まれ育った地域で自立して元気に生活することができることは，高齢者にとって理想的である。それを実現するためには，若い頃から健康に留意し，健康づくりに励み，高齢期になっても病気や介護状態にならないための予防に取り組むことが必要である。健康スポーツの実践も重要である。運動実践で日々の活動量を確保し，体力を保持・増進することができる。それによって，健康に対する不安も払拭することができ，自信をもってスポーツを楽しむことができる。スポーツは，高齢者の生活の質の向上にも役立つ。

　健康寿命の延伸を願って，本学の所在地である大津市でも，高齢者の自主グループの運動実践や，それをサポートする高齢者自身のリーダーや市民グループの活動が次第に活発になりつつある。これらの活動に資するために，本学，スポーツ開発・支援センターでは，高齢者運動実践のDVD「のびのび健康体操」を制作し，また高齢者運動実践リーダー養成のための公開講座なども実施してきた。公開講座では，ウォーキング（散歩）への導入のための歩行と，体重を利用した筋力トレーニング，そして仲間づくりの運動の3つを柱に，モデルケースとして次のような運動実践教室を紹介している。

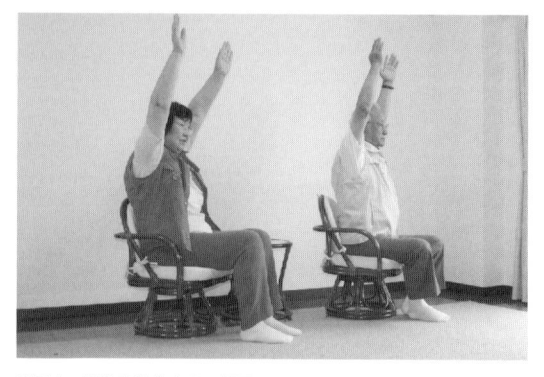

●図1　運動実践教室の一場面：ひとりでできる，みんなできる筋トレ（背中）

●図2　運動実践教室の一場面：後ろ歩き，みんなで歩けば恐くない

●運動実践教室の内容
　・当日の体調チェック　　　　・歩行（基本運動とバリエーション）
　・体ほぐし　　　　　　　　　・リラックス＆ストレッチ
　・仲間つくりゲームや体操　　・今週のトレーニング記録（歩数記録など）
　・筋力トレーニング　　　　　・情報交換

　運動実践を行う高齢者の自主グループが，地域包括支援センターなどをよりどころに，一緒に運動実践を行う仲間の輪を広げていくことができれば幸いである。それを支えるコミュニティづくりも今後の課題のひとつとなろう。

参考文献
・内閣府(編)『高齢社会白書　平成19年度版』ぎょうせい，2007．
・三浦文夫(編)『図説高齢者白書　2006年度版』全国社会福祉協議会，2007．

Questions

設問1．　健康スポーツとは，生涯スポーツとはなにかを述べなさい。
設問2．　高齢者の体力とその維持・増進法について述べなさい。
設問3．　高齢者の運動実践やスポーツの推進法とコミュニティづくりについての方策を考えてみよう。

Column ●新しい体操といわれて，はや100年

　20世紀の初め頃，ヨーロッパに起こった体操の改革運動以来，さかんに新しい体操の研究が進められ，体操はいろいろな方向へ大きな発展を遂げてきた。わが国においても，同様に新しい体操を求めて数々の先人の努力があった。

　このような状況の中で，近年特に体操の領域のとらえ方，体操の立場決定などの問題が改めて議論されるようになってきた。その議論から，体操は，「身体形成」と「運動形成」の課題を実現させるものであるということが確認されている。親しみやすい言葉でいうと「身体づくり」と「動きのトレーニング」といえるかと思われる。また，体操は現代社会の状況や現代人の要求などとの関わり合いの中で人間の生活の質の向上に貢献するものであるということも指摘されている。今日，体操は身体形成と運動形成という柱のもとに，全く多彩な様相を呈して幅広く行われている。

　その中でも，特にリズム体操に代表されるような分野の発展には目覚ましいものがある。それは全身的でリズミカルな運動を問題にして，身体形成だけでなく，運動形成を重視するような体操の分野である。リズム体操は，体操改革運動の頃にドイツのボーデ(R.Bode, 1881-1970)によって始められた。それまでの体操が，解剖，生理学的な立場から構成され，身体は部分部分に分けられて扱われていたのに対して，彼は人間を，全体がひとつの統一のとれた生命体として理解しようとした。そして生命体としての身体運動の特質は律動であるという立場から，有機的で，リズミカルで，自然な全身運動の体操体系を組み立てた。

　お米や野菜の有機栽培の価値を認めるようになってきた現代において，有機的で人間らしい運動を重視するこの新しい体操も，ようやく定着してきたように思われる。

（菅井　京子）

第1章 地域社会とスポーツ

7 TARGET 子どものスポーツ —運動・スポーツの学びはじめ—

高度なスポーツ技能の達成には，子どもの誕生から幼児期の姿勢形成が重要となる。それには育児にかかわる者が，適切な運動を処方して姿勢形成をサポートすることが不可欠となる。正しい姿勢は椎間板ヘルニアと腰痛などを予防し，安全なスポーツ活動を保障する。

KEYWORD　　脊柱　姿勢　運動習慣

1 動物と人間の子ども

①——野生動物の子ども

サバンナに生息する草食動物の子どもは，先天的な「逃走行動」により，出生すると間もなくして立ち上がり，歩きそして走り始める。それは，天敵である肉食動物の餌食から身を守るためである。

他方，肉食動物であるライオンの子どもは，天敵がいないために比較的緩やかに成長する。それは，子どもたちに草食動物を捕食する体力と技能を養う時間が必要であり，彼らは兄弟や仲間と集団で遊びながら成長するためである。その遊びの主な目的は，捕食訓練であり，体力と狩技術がともなえば，本格的な「捕食行動」に移るのである。

このように，弱肉強食の原則が支配するサバンナの野生動物には，死活にかかわる逃走行動「逃げる」と捕食行動「追う」などの運動能力が，種の生存を決定する要因となる。

②——競走馬の子ども

ダービーとは，サラブレッドによる3歳馬のレースであり，出走する競争馬には2,400mを2分30秒前後で疾走する強靭な筋力と高い持久力が要求される。それは，優秀な競走馬を交配し，生まれてきた仔馬を念入りに飼育しながら，科学的トレーニングと厳しい調教訓練を積み重ねてはじめて達成される。

ダービーが明けて4歳になるサラブレッドの勇姿は，飼育動物の中でも最高の「走る芸術品」と言えるだろう。このように，人間がサラブレッドを手厚く飼育し訓練を行えば，競走馬特有の体形となり，驚くべき運動能力を発揮する。

③——人間の子ども

さて，人間の場合はどうであろうか。人間の子どもは，他の哺乳類に比べ極めて未熟な状態で誕生する。また，歩き始めるまでには，個人差はあるが，親の手厚い保育を受けても10ヶ月前後は要する。さらに，激しい運動やスポーツ競技に耐え得る身体に成長するまでには，十数年以上も必要とする。

このような，人間と動物の成長格差は，いったい何を意味しているのだろうか。それは，人間の脳が他の動物に比べて大きいことが最大の原因である。およそ100万年前にホモ-エレクトゥスと称される原人が二足歩行を覚え，両手を器用に使う生活を始めた。それから20万年前，知性あるヒトといわれるホモ-サピエンスに進化し，ヒトは約3万年前人間となった。人間は言語，記号，道具などを発明しそれらの応用法の学習と開発を続けたため，脳容積は大きくなったと考えられている。そして，人間は今日に至り，多量の情報処理を可能にして，環境への適応能力を高めたのである。

　したがって，脊柱が未発達な乳幼児にはその大きくなった頭を支えきれず，立ち上がり歩けるまでには，段階的な成長過程を踏むことが不可欠となる。

2　子どもの成長

①——脊柱のはたらき

　車の車軸は，物理学を応用し工学の研究開発により合理的な形状に設計されている。したがって，高速走行および凸凹道での操作でも車体は安定した状態に保たれる。一方，その根幹である車軸に欠陥があれば，安定性を失うだけでなく，たちまち各部品に損傷が生じるのは必然的な現象である。

　人間の身体の仕組みも同じである。身体の根幹をなす脊柱は，人間の中枢部位である頭部を支えて安定した姿勢保持し，日常生活に必要な運動を制御する働きがある。また，脊柱は車軸とは違い，柔軟性に富み前後左右に屈伸および回転するなど複雑な運動を可能にする優れた構造になっている。さらに，脊柱には中枢神経が通り，身体の末端部位まで末梢神経を張り巡らせ，訓練を積めばつむほど精度の高い運動が遂行できる機能と特徴をもつのである。

②——脊柱の形成

　人間の脊柱は，頸椎，胸椎，腰椎，仙骨そして尾骨の32から34個の椎骨からなり，正・背面からの形状は垂直，側面からはS状フォームが正常である（図1）。

　それは，頭の重量を脊柱全体に分散させ椎体の一部位への過負荷を避けた直立二足歩行を可能にしているからである。いわば頭部は，風船のように吊り下った状態が理想である。また，脊柱は各椎骨の間にクッションの働きをする海綿体の椎間板により保護されている。

　それでは，脊柱のS状フォームはどのようにして形成されるのであろうか。図2に示すように，乳幼児は発育過程で寝返りを覚え，伏臥姿勢で腕を立て，頭を持ち上げる姿勢を繰り返す運動により，頭部の筋力を高め頸椎部位に前弯フォームを形成する。したがって，この時期には，おもちゃを用いたり，話しかけたり，色や音に反応させて関心を引き，頭を高く上げる運動に誘導するのが効果的である（図3）。

　また，この時期にはいはいを覚え，腕力や背筋を鍛える時期を迎えると，頸椎の形成は促進し，首のすわりが安定する。

　首がすわりと「お座り」を始め，胸椎の後弯フォームが形成される（図4）。しかし，長時間の座位姿勢は，まだ筋力が弱いため猫背になる危険性が増すことから，この時期

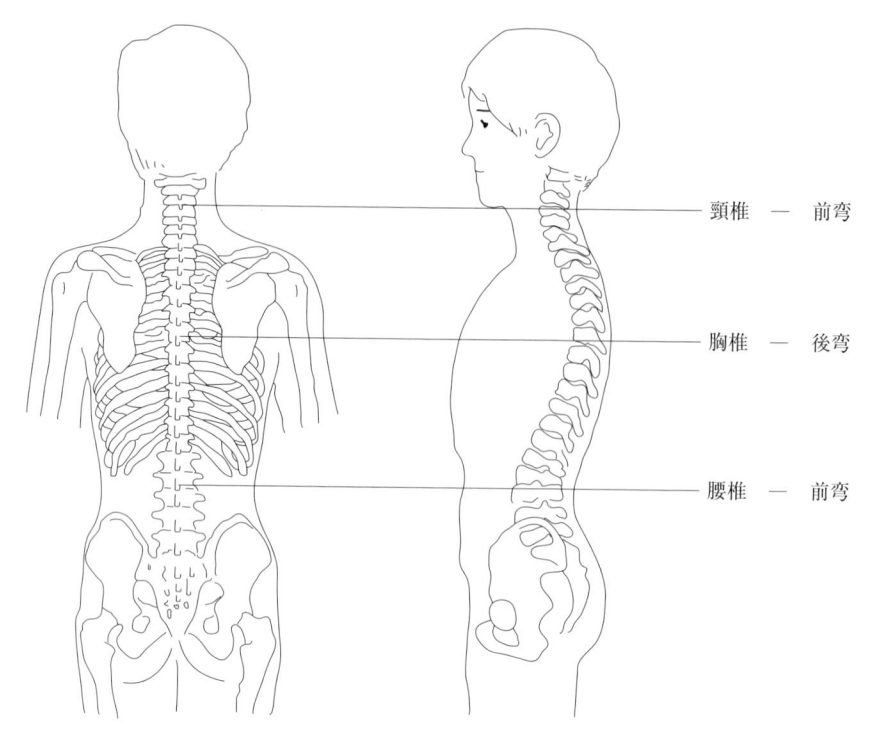

●図1　背面と側面から見た脊柱

頸椎 ― 前弯
胸椎 ― 後弯
腰椎 ― 前弯

はうつ伏せや仰向け姿勢の複合的な運動を含めて行うことが大切となる。

物につかまり立ち上がる時期は，腰椎の前弯フォームを形成し，初めて正常なS状フォームができあがる(図5)。

10ヵ月を過ぎる頃には伝い歩きを初め，最終的に一人歩きができるようになる。このように，人間の子どもの脊柱が正常なフォームに形成されるプロセスは，先の動物との比較から根本的に差異があることがわかる。

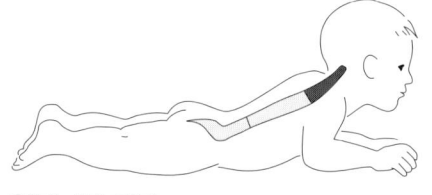

●図2　頸椎の形成

したがって，乳児期の成長過程において正常な脊柱の発育をサポートする意味から，多様な運動の応用は重要となる。それにより，車両の車軸が安全走行を保障するのと同様，脊柱は正しいフォームに形成され，正確で安全な運動操作条件を整備することになる。

3　運動あそびの必要性

神経系の発達は，2，3歳児から6，7歳までがピークである。つまり，運動神経は，子どもがいったん立ち上がると急速に発達する。また，歩き始めると運動量の増加により乳幼児脂肪は減少し，多種多様な基本運動(歩く，跳ぶ，走る，登る，滑る，くぐる，バランスするなど)は活発となり，神経の発達と同時に骨格と筋肉の強化も促進される。

●図3　乳幼児頸椎形成を促す運動の例

　子どもの感覚器官(特に，聴覚・視覚・触覚)は敏感に反応することから，これらの器官を刺激する方法で運動を楽しく飽きさせず行うことは，多様な基本運動の習熟度を高めながら正しい姿勢形成を促進する。このことは前述したサラブレッドの例のように，出生間もなくして適切なトレーニングと調教訓練により飼育することで美しい体形に変わり，高い運動能力を発揮することに類似している。

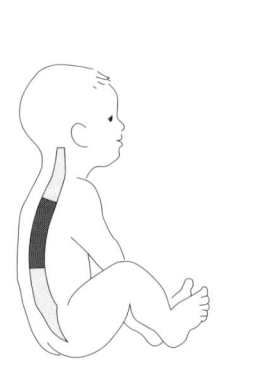

　人間の子どもの場合，「栄養」と「睡眠」および「運動あそびと」のバランスに配慮した生活習慣により骨格と筋力は強化され，スポーツ活動に適した姿勢形成が達成される。

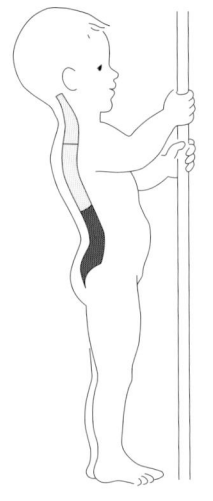

●図4　胸椎の形成　　●図5　腰椎の形成

4 「運動・スポーツあそび」は豊かな生活を保障する

　ライオンの親は，コミュニティーを形成して子どもたちにテリトリーの掟(おきて)を教え，子どもたちはそれを守り，仲間たちと遊びながら成長すると前述した。人間の子どもたちが集団生活をスタートする場合，地域の保育園・幼稚園および小学校の初等教育の場で，教育三目標(知育・徳育・体育)に基づき，社会・文化・教育的指導観点に配慮した「うた」「ことば」「かず」「ものづくり」および「運動・スポーツ」などの各種あそびを学ぶ。

　特筆すべきは，子どもたちが「運動・スポーツあそび」の中で頻繁に成功感および達成感を体験すればするほど，性格・人格形成に良好な影響を及ぼすことである。した

がって，乳幼児期にバランスよく「栄養・睡眠・運動」に配慮して健全に成長した子どもたちが，教育機関や地域社会で行われる「運動・スポーツあそび」に参加活動することは，その後の豊かな「スポーツライフ」を保障することになる。

参考文献
・宮下充正『子どもに「体力」をとりもどそう』杏林書院，2007.
・Kurt Meinel, Volk und Wissen, *Bewegungslehre*, Volkseigener Verlag, Berlin, 1976.
・Carola Bruning/Brigitte Mewes, *Haltungsschäden bei Kindern vermeiden*, TRIAS, 1991.

Questions

設問1．　脊柱の発達について述べなさい。
設問2．　運動とスポーツの学びはじめに，なぜ正しい姿勢が重要かを述べなさい。
設問3．　豊かな「スポーツライフ」は，どのようにして達成できるかを述べなさい。

Column ●市民スポーツのあるかたち

　ドイツ社会では積極的なボランティア活動支援により，「地域スポーツクラブ」を拠点とした「市民スポーツ」が活発に展開されている。日本もそれにならい，地域スポーツ振興の担い手となる「総合型地域スポーツクラブ」の普及を目指している。

　われわれは，その実態を調査するためドイツに研修旅行を敢行し，ニーダーザクセン州のメルヒェン街道に位置する小さな村のスポーツクラブを視察した。その小さな村の人口は，わずか800人ほどであるが，その地域スポーツクラブにはおよそ600人の会員が登録し，参加率は75％に達している。ある年，村議会において村営室内プールの老朽化と経費削減問題が審議され，プールの撤去が決議された。しかし，村民はその決定を不服とし審議のやりなおしを求めた結果，決定権はスポーツクラブに委譲されたのである。

　元来，スポーツクラブには多種多様な職業に就く会員が所属している。そのクラブでも会員が一致協力し，法的手続き，資材の調達，各種専門職人の労働提供などの奉仕活動に励み，プールを多目的体育館に改築したという童話のような実話である。結果的には，村議会が負担すべき多額の撤去費用は不要となり，スポーツクラブには新しい体育館がプレゼントされ，円満に解決されたのである。

　案内役の村長さんは，われわれに「村民パワーは，スポーツクラブにあり」と実感を込めて語られた言葉が印象的であった。

（長瀬　整司）

8 女性のスポーツ

2004年のオリンピックアテネ大会では女性選手の出場比率が4割に達し，今後ますます増加するといわれている。一方，一般女性のスポーツ環境を見ると，女子の体力低下等，スポーツ事情は厳しい状況にあり，競技スポーツでの活躍と生涯スポーツへの参加には大きな隔たりがある。

KEYWORD 女性　競技スポーツ　生涯スポーツ

1 躍進する女性の競技スポーツ

ここ数年，競技スポーツでの女性の活躍には目を見張るものがあり，「田村で金，谷で金，ママで金」で有名な柔道の谷亮子選手や現在の女子プロゴルフブームを牽引した宮里藍選手など，それまで男性中心のスポーツとして知られていた種目に女性が果敢に取り組む姿をわれわれはメディアを通じて頻繁に目にするようになった。しかし，こうした女性の活躍は歴史的に見ると近年の出来事であることをご存知だろうか。

近代オリンピックの第1回アテネ大会（1896年）では女性の参加率は0％であった。その後の第2回パリ大会（1900年）では1.8％，84年後の第23回ロサンゼルス大会（1984年）でようやく23％に達し，そこからまた20年の時を経た第28回アテネ大会（2004年）で44％の参加率にまで上った。女性と男性のオリンピックの参加率が約5割に達するのにおよそ100年という時間を要したが，女性の活躍という点でいえば，わずか数十年という時間である。

ところで女性の競技スポーツでの活躍といえば，これまで女性のスポーツとしては不向きとされた格技種目への進出にも注目すべきである。オリンピック種目でいえば，1964年東京大会での柔道，2000年シドニー大会でのテコンドー，2004年アテネ大会でのレスリングが正式種目として採用された。しかし一方で，オリンピックの格技種目であっても女性の参加を認めない種目も残っている。例えばボクシングがそうであるが，将来この種目への女性の参加も認められると筆者は考える。なぜならば，社会全体がそれを推進あるいは容認する方向に向かっているからである。日本の事例でいえば，2007年日本ボクシングコミッション（JBC）は，女性にプロボクシングへの門戸を開くことを決めた（朝日新聞，2007年11月7日付）。これは日本のプロボクシング統括機関が正式に女性のプロボクシングへの参加を認め，正規のプロテストを実施することを意味するものであり，こうした動きは今後ますます加速すると思われる。さらに女性選手の参加促進に必要な要素として，社会がその種目への参与をどれだけ受容するかが重要になるであろう。

また，女性選手の躍進は，それまでなかった女性種目への進出だけでなく，男性選手

●図1　2008年5月．女子のプロボクシングの試合が日本で初めて開催された。[写真提供：共同通信社]

との直接対決にまで広がっている。例えば，プロゴルフ選手のアニカ・ソレンスタム(スウェーデン)は，2003年にアメリカ男子プロゴルフツアーに女子選手として58年ぶりに出場したことが話題となった。当時の記事によれば(朝日新聞，2003年5月22日付)，彼女は男子プロゴルフツアーへの出場理由を次のように語っている。

「もっとうまくなろう，練習しようという自分の向上心，好奇心」。

この言葉から，ゴルフ選手として自分の極限を見極めたいという彼女の純粋な選手としての欲求を読み取ることができる。結局，アニカ・ソレンスタムはその歴史的ツアーで予選通過を果たすことができなかったが，彼女の活躍を見ようと大勢の観衆や報道陣が詰めかけ，その試合ぶりに関心が集まったことはいうまでもない。しかし，こうした挑戦も一方で批判的な立場が存在することを忘れてはならない。男子プロゴルフ選手のビジェイ・シン(フィジー)は，アニカ・ソレンスタムとの同組を拒否し，もしそうであれば試合を棄権すると発言した。その後，先の発言に対して自分の真意と報道とは違っていると弁明したが，このように男性と女性が直接競うことに対する社会的抵抗が依然あることも事実である。

これから女性の競技スポーツのあり方として，男性と対等にスポーツを競うことをめざすのか，あるいは男性だけに開かれた種目に女子種目を設けることをめざすのか，それとも両方をめざしていくのか，その真価が問われる時期にきているのではないだろうか。

2　日常生活の中の女性のスポーツ

①――変わるスポーツ振興計画

　文部科学省は，スポーツ振興法の規定に基づき，2000年9月に2001年から2010年までの10年計画で「子どもの体力向上」「地域のスポーツ環境整備」「国際競技力の向上」を柱にしたスポーツ振興基本計画を策定した。それから5年後の2006年に計画が改定されているが，この改定にあたり特に注目すべき点はスポーツ振興の対象者を具体的に書き加えたことである。図1にあるように，改定前の2001年にはスポーツ振興計画の対象を「国民一人一人」あるいは具体的記述のないまま表現しているが，改定後の2006年には「性別や年齢，障害の有無」あるいは「女性，高齢者，障害者」といった表現に変更している。つまり，一般の人々へのスポーツ振興を考えると，性別，年齢，障害の

【Ⅰ　総論　1. スポーツの意義】

〈改定前〉
スポーツは，現代社会に生きるすべての人々にとって欠くことのできないものとなっており，国民一人一人が自らスポーツを行なうことにより心身ともに健康で活力ある生活を形成するよう努めることが期待される。

⇒

〈改定後〉
スポーツは，現代社会に生きるすべての人々にとって欠くことのできないものとなっており，性別や年齢，障害の有無にかかわらず国民一人一人が自らスポーツを行なうことにより心身ともに健康で活力ある生活を形成するよう努めることが期待される。

【Ⅱ　スポーツ振興施策の展開方策　2. 生涯スポーツ社会の実現に向けた，地域におけるスポーツ環境の整備充実方策　ア　総合型地域スポーツクラブ育成環境の整備】

〈改定前〉
各都道府県における総合型地域スポーツクラブの育成事業や広域スポーツセンターの育成事業を支援する。

⇒

〈改定後〉
地域における競技力の向上，女性，高齢者，障害者等がスポーツに参加しやすい環境づくり，企業との連携等の取り組みを行なう総合型地域スポーツクラブを，スポーツ団体等と連携し，広域スポーツセンターを通じて支援する。

●図1　『スポーツ振興基本計画』(文部科学省，2000．2006改定)にみる女性スポーツへの取り組み

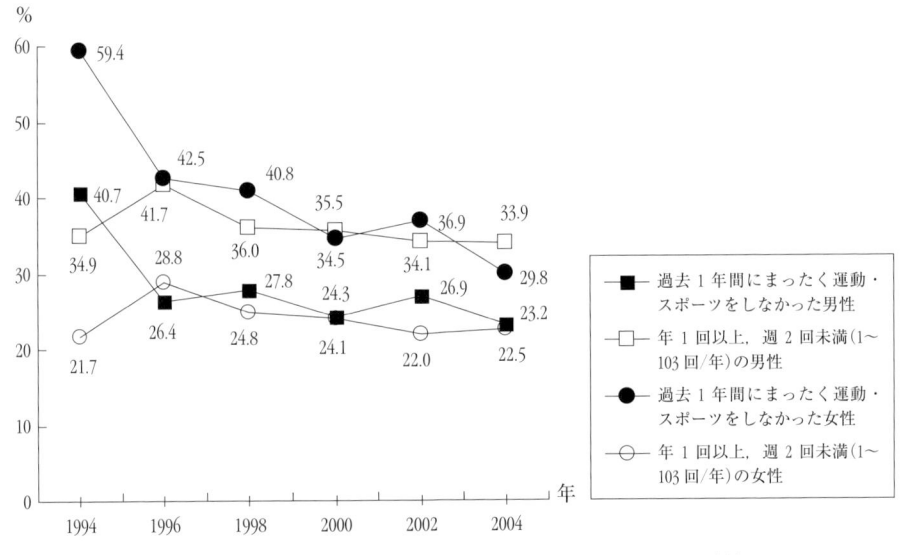

●図2　男女別スポーツの実施状況（笹川スポーツ財団『スポーツ白書』2006．p.27より引用・改変）

有無といった個々の背景を考慮することがスポーツを促進すると政府がようやく気づいたのである。特に女性スポーツの点からいえば，こうした記述により，社会が女性のスポーツ振興に関心を寄せ，注目し，結果として女性のスポーツ環境に変化をもたらす機会になると考える。

②──**女性の生涯スポーツを促進する方策**

　男女別のスポーツ活動状況(図2)を見ると，「年1回以上，週2回未満」と答えた人は，男性の方が全体的に約10％多く，「過去1年間にまったく運動・スポーツをしなかった」と答えた人は，女性の方が全体的に約10～20％多いことが分かった。この結果は，男性

と比べて女性のスポーツ参加が進んでおらず，文部科学省の「スポーツ振興基本計画」から見ても検討すべき課題といえる。

　また，内閣府が行っている「体力・スポーツに関する調査」(2006年)によれば，「この1年間に運動やスポーツをしなかった」と回答した者にその理由を聞いたところ，男性，女性ともに「仕事(家事・育児)が忙しくて時間がないから」と答えた者が約50％を占めていた。この理由を詳細に見ると，家事・育児による時間のなさを訴えているのは圧倒的に女性である。つまり女性の場合，特に既婚者であれば仕事の有無にかかわらず，家事や育児は彼女らが担っていることが多いからである。

　筆者は女性を対象にしたスポーツ活動調査(1993年)において，スポーツに関心はあるが実施していない女性とスポーツを実施している女性とで比較を行った。その結果，スポーツを行っている女性にはフルタイムあるいはパートタイムで仕事をしている女性が多く，一方，スポーツ活動を行っていない女性には専業主婦の割合が多いことが分かった(表1)。時間的な拘束力だけで考えれば，専業主婦よりもフルタイムあるいはパートタイム労働の女性の方が拘束時間は長く，余暇時間の確保は難しいように見える。しかし，実際には余暇時間を自分で確保することが容易と思われる専業主婦の方がスポーツを行っておらず，このことから実質的な時間の確保よりも，女性自身が積極的に余暇時間を確保しようとする意識が重要であるとの結論に達した。

●表1　女性のスポーツ実施の有無と職業形態

	専業主婦	フルタイム労働	パートタイム労働
スポーツを実施している女性 （103人）	21.4%	42.7%	35.9%
スポーツを実施していない女性 （217人）	35.5%	36.4%	28.1%

$p<.05$

　女性のスポーツ活動を促進するためには，まず，家事・育児の問題をすべての女性に当てはめて理解するよりも，実際にスポーツに取り組んでいる女性の社会的背景や意識，またスポーツに取り組めない女性の社会的背景や意識を比較し，そこにある決定的な差を明らかにすることが必要であろう。

参考文献
・井谷恵子，田原淳子，来田享子(編)『目でみる女性スポーツ白書』大修館書店，2001.
・笹川スポーツ財団(編)『スポーツ白書—スポーツの新たな価値の発見—』2006.

Questions

設問1. 今後，女性が進出しそうな，あるいは進出すべきスポーツ種目は何か。種目名とその理由を述べなさい。

設問2. 一般女性のスポーツ活動を推進するためには，社会がどのような支援しなければならないか。また，男性はどのような支援をする必要があるのかを述べなさい。

Column ●女性スポーツの世界動向―スポーツの中でゆれる性別―

　IOC（国際オリンピック委員会）は，2004年のアテネ大会から性転換選手にもオリンピック出場資格を認める声明を発表した。出場条件は，(1)性転換手術を受ける，(2)法的に新しい性になる，(3)適切なホルモン治療をうけ，手術後2年を経過する，というものである。以上の条件を満たせば，男女どちらの性に転換した選手についてもオリンピック出場が認められるのである。しかし，この決定を下すまでにIOCの中で意見が二転三転した。

　2003年，IOC医事部長であるシャマシュ氏を含む専門家たちは，手術後，一定期間を経過する等の条件が整えば，性転換選手の参加を認める方針を提示した。それを受けてIOCは性転換選手のオリンピック出場を認める新規則の整備を行った（朝日新聞，2003年11月15日付）。実はその後，IOCはオリンピックへの性転換選手の出場規定を見送る声明を出している。当時の記事（朝日新聞，2004年3月1日付）によれば，その理由として「男性から女性に転換した選手が優位にならないか」というものであった。IOCのロゲ会長は「医学的知識を要するので，理解しにくいのは無理もない。丁寧に説明し，選手，世論の不安を取り除きたい」と述べているが，この発言からもIOCの混乱ぶりが見て取れる。その後さらに検討が続けられ，結果として2004年の声明に至った。

　この一連の流れから露見することは，これまで生物学的性別によって明確に区分されていると誰もが信じて疑わなかったオリンピック参加の前提が，実はそれ自体が変わることによっていとも簡単に曖昧なものに変化するということを社会が認識する契機になったといえる。

（佐藤　馨）

第1章 地域社会とスポーツ

TARGET 9 発育発達とスポーツ―姿勢教育からみた子どもの身体―

発育は「組織・器官の増大」，発達は「機能面からみた質的および量的成熟過程」と考えられる。発育発達における研究対象は幅広く，幼児期から高齢期までのすべてのライフステージにおける身体だが，ここでは幼児期における姿勢教育，特に立位姿勢に注目し，身体の発育発達，さらにはスポーツの役割について考えていきたい。

KEYWORD 幼児期　運動発達　立位姿勢

1 発育発達と姿勢教育

スポーツを通した身体運動を実践すると，何がどのように変化するのだろうか。

一般的に，幼児期に活発に身体運動を実践すれば神経系の働きがよくなり，体力が向上する。一方，高齢期に継続的に身体運動を実践すれば神経系・筋力系の機能低下を防ぐことができると言われている。とくに，幼児期の運動発達や立位姿勢の獲得は，生涯にわたっての積極的な健康や体力問題に大きな影響を及ぼすものと考えられるほど，重要なことである。しかし，現代社会の子どもに対しては，立位姿勢の獲得といった姿勢教育が遠ざかりつつあり，その方向性が見えにくい。生涯の健康を考えた時，姿勢教育の退行は，最近の学力低下と同等に問題視されるべき重要な生活課題であろう。

姿勢とは文字通り「すがたのいきおい」のことであり，そのことを教育するということは心身の状態や体力と密接な関係を有し，子どもを変容させる可能性を秘めている。発育発達の延長線上には，高齢者のライフステージにおいても背筋が伸び，基礎代謝が高く，自律した生活を維持できる身体機能を保持することを目標としている。スポーツを通した身体運動によって，立位姿勢の安定性に大きな違いが生じる。スポーツをすればきちんと立つができ，そのことが生涯の健康に大きな影響を与えるだろう。

ここでは，発育発達段階にある幼児期に注目し，運動発達と立位姿勢の測定における興味深い知見を紹介したい。

2 立位姿勢の神経支配

立位姿勢を保持するためには，身体の神経支配を有効に働かせる必要がある。姿勢保持の神経支配には主に反射系が働き，脊髄や小脳からの情報を〈神経―筋―骨格系〉へと伝達する。具体的な反射系の働きを知る手がかりとしては，身体の重心動揺が用いられる。重心動揺とは，反射系の運動の表出されたものであり，脊髄反射では筋の伸張反射から観察できるものである。図1は，立位姿勢における重心動揺の測定風景を示したものである。1辺が45 cmの三角形のフォースプレート上に「気をつけの姿勢」を30秒

間保持させる。その時の重心動揺を調べる(図2)。立位姿勢での重心動揺距離や重心動揺面積の減少は，立位姿勢制御機能が高まったこと，すなわち静的平衡性がよくなったことを示すものである。

われわれの調査の結果，立位姿勢における重心動揺と運動発達との関連性では，重心動揺が微少で安定保持可能な幼児は運動発達の機能が優れていたことが分かった。このことから，幼児の身体運動を通した筋神経系の発達が運動感覚情報に影響を与え，静的平衡性を高めることが推察される。

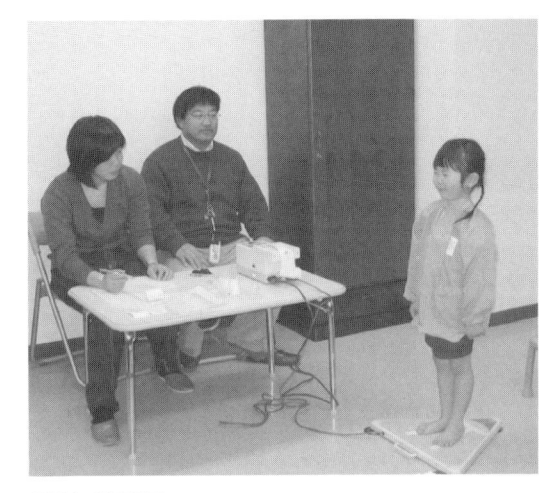

●図1　測定風景

ID	101
NAME	T.N
AGE	5
HEIGHT	112.8 cm
WEIGHT	18.0 kg
TIME	30 sec
[MEMO]	
LNG	118.75 cm
Env. Area	12.91 cm^2
Rec. Area	35.92 cm^2

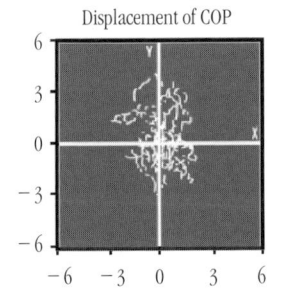

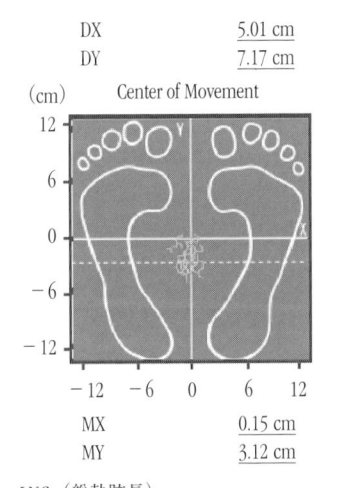

DX	5.01 cm
DY	7.17 cm

MX	0.15 cm
MY	3.12 cm

LNG（総軌跡長）
Env. Area（外周面積）
Rec. Area（短形面積）
MX（左右方向の動揺の平均値）
MY（前後方向の動揺の平均値）

重心の位置は，フォースプレート上の中心点からの変位を指標とした。

●図2　重心動揺図の一例
右図は身体重心(center of mass)の動揺の様子，左図は身体重心のバランスを維持するために絶えず微少に動く足底圧中心(center of pressure)の様子を示している。

3　立位姿勢の重心動揺と足底面の関連性

われわれが立つということは，重力に抗して立位姿勢を保持することを意味する。それは，視覚からの情報や筋の深部受容感覚からの情報が小脳に入力され，大脳で統合された情報として骨格筋に伝達されることによって成り立っている。さらに，体性感覚，

特に足底面の皮膚感覚や足関節の深部感覚などのフィードバック情報も重要と考えられる。足底面は，単なる身体の支持面だけではなく，立位姿勢の平衡性を保持するための機能的に働くものと推察される。具体的な足底面の機能的役割と重心動揺の関連性を知る手がかりとしては，平沢による足底面の分析方法が用いられる（図3）。

れわれの調査の結果，足底面と運動発達の関連性についてみると，25m走の優れた幼児は，土踏まず面積が大きく発育していた。つまり，土踏まず面積の発達している幼児は，活発な運動刺激により，足底面の中足指節関節や足底面での前部面積の発育がアーチの形成を促進しているものと推測される。

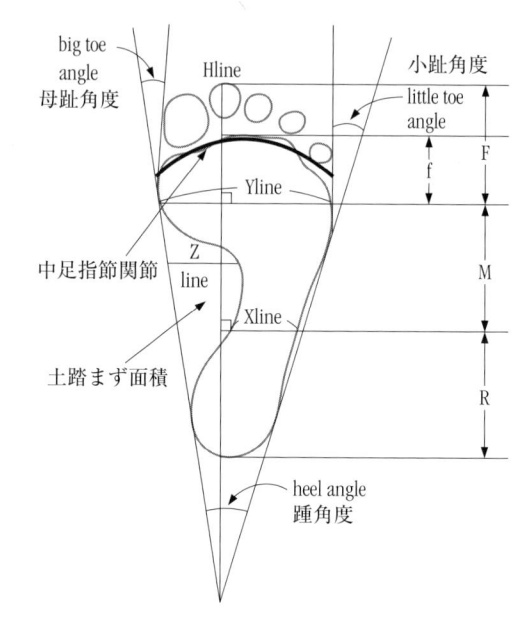

●図3　足底面の分析方法

このように，幼児の発育発達の観点から，立位姿勢における静的平衡性について着目すると，スポーツを通した運動刺激が大きな影響を与えていることが分かるだろう。スポーツに携わる人間として，スポーツ固有の技術や体力に興味を持つだけではなく，各ライフステージと発育発達の関係からスポーツを考える視点を持つことも大切なことである。

参考文献
・Shintaku, H Fujinaga and K Yabe K, Performance of dynamic motor tasks in 5-year-old children with different levels of static standing balance. I.J.Fitness 3, Issue 1, pp.61-67, 2007.
・臼井永男ほか「長作小学校児童の直立能力について」『姿勢研究』. pn.J.Hum.posture. 3 (2) pp.65-71，1983.
・矢部京之助「姿勢と発達」『体育の科学』Vol44, pp.31-36, 1994.

Questions

設問1．人間の一生について，発育発達段階という視点から述べなさい。
設問2．発育発達と身体運動の関連性について述べなさい。
設問3．スポーツの指導者として発育期の子ども達に何を伝えるべきか述べなさい。

Column ●裸足(はだし)の効果

　私は，裸足が好きである。幼い頃に着物を着たり，下駄を履いたりしたからだろうか。

　とくに幼児期に，裸足を体験した子どもとそうでない子どもが，立位姿勢保持と足底形態と安定性の関係についての比較・分析した。裸足を体験することは，足底形態の発達に役立ち，重心動揺の観点からも立位姿勢保持バランスがよくなること，抗疲労性が高まり，重心動揺が微少になることが分かった。足底部の皮膚感覚情報の役割とその機能からみると，踵部と足底前部の中足部が支持点となり，足底前部の内側部および外側部において調整的役割を果たしている。裸足によって，足底面の体性感覚が有効に働き，皮膚反射効果が優れ，不意な外乱によって足底面が変化した際のつまずき修正反応として貢献している可能性が考えられている。将来の教育現場において，子ども達が芝生の園庭や校庭において，素足（裸足）で身体運動を楽しんでもらいたいものである。

●裸足で遊ぶ子どもたち

（新宅　幸憲）

第2章 学校とスポーツ

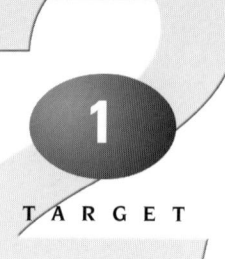

TARGET 1 体育授業とスポーツ

体育授業では，しばしばスポーツ活動が実施される。スポーツはあくまで素材であって，丸ごとのスポーツを体育授業で実施することはきわめて希(まれ)である。児童生徒に学習させたい事柄，つまり学習内容にフィットするよう，スポーツを教材化することが重要である。

KEYWORD　素材　教材　学習内容

1 それでもリンゴを勧めますか？

"An apple a day keeps a doctor away." という言葉がある。「一日にリンゴを一つ食べれば，医者の世話になることなく，健康的な生活を送ることができる」という例えであり，リンゴのもつ栄養価を上手に盛り込んだ表現である。確かに，リンゴには食物繊維が豊富にあることから整腸作用を期待できるし，また近年ではリンゴポリフェノールという成分も見つかっており，脂肪の蓄積を抑える効果があるともいわれている。

このような話を聞けば，「リンゴは体によいからどんどん食べましょう！」とリンゴを勧める人がいるのも頷ける。その勧めを素直に受け止めて「それならば，これからどんどん食べることにしましょう」とリンゴを買いに行ける人は，日頃から自身の健康に配慮していて，そして何よりも，リンゴの効果やそのおいしさを過去に味わったことがある人ではないだろうか。

その一方で，まだ一度もリンゴを食べたことがない，あるいはリンゴはあまり好きではない，という人も存在する。そのような人々に「リンゴを食べましょう」「リンゴを食べなさい」と勧めたり強要したりすることは当然のことだが避けなければならない。彼らが「食べてみようかな」とか「食べなきゃ」という自発的な行動を起こすようになるためには，提供する側にいったいどのようなことが必要になるのだろうか。

「リンゴは健康にいいらしい」というけれども，まだ食べたこともないし，どうやって食べるのかわからない。さて，どうしたものか……

2 体育授業と丸ごとそのままのスポーツ

前節の文章中にある「リンゴ」という単語を「運動やスポーツ」に置き換えてみるとどうなるか考えてみよう。

人間が健康的な生活を送るためには，適度な運動は不可欠である。本書を手にする人の多くは，運動やスポーツのおいしさ，つまり心理的・身体的な効果を経験してきた人であろう。「運動しましょう」「スポーツしましょう」「運動やスポーツは楽しいです」と

感じることができるし，自信をもって他人に勧めることもできる。しかし，いざ教師として「体育授業」を行うとなった時には，運動やスポーツの経験に乏しい学習者や，何らかの原因によって苦手意識を持ってしまっている学習者の存在に，十分に配慮しなければならない。運動やスポーツに対してまったく抵抗がないという人は，スポーツそのものを存分に楽しむことができるだろう。しかし，学年段階が低かったり，運動経験が乏しいという児童・生徒のことを考えた時「いきなりスポーツをさせてそのおいしさを味わえるだろうか？」と疑問を持たなければならない。45〜50分間の体育授業において，オールコート 11 対 11 のサッカーを行うということは，幼い子どもたちに，真っ赤なリンゴを丸ごとポンと手渡しするようなものである。その時，子どもから「これ食べられるの？」「どうやって食べるの？」「おいしいの？」と尋ねられるだろう。同様に，体育授業においてスポーツを「丸ごとそのまま」提示することは，技能水準が向上し学習段階がよほど進まない限り，まずあり得ないことであることを理解しなければならない。

●図1　まるごとそのままのリンゴを食べるの？

3 食べてもらうための努力
—素材と教材の違い—

　丸ごとのスポーツは，健康的で充実した生活を営むための基礎となる，いわば新鮮な素材である。しかし，まず食べてもらわないことには，せっかくの素材であってもそのおいしさや効果を味わってもらうことはできない。リンゴに話を戻してみると，新鮮な丸ごとリンゴをそのままかじって食べられる人もいるが，リンゴ嫌いの人や赤ちゃん，幼い子ども達には，同じようにかじるような食べ方は不可能である。

　また，赤いリンゴではなく，青リンゴをもってくれば，食わず嫌いやリンゴ嫌いの人々の興味を引くことができるかも知れないと考えたとしよう。あるいは，子どもたちはまだ幼いからと，大きなリンゴではなく小さな姫リンゴを用意することもできるだろう。しかし，どちらのリンゴの提供の仕方も，見た目は多少変わってはいるものの，結局は丸のリンゴのままなのである。

　体育授業でサッカーをする時，オールコート 11 対 11 で行われるフルゲームではなく，コートを半分，つまり 50％の大きさとして 7 対 7 でゲームをしたり，体育館でフットサルを行ったりすることがある。しかし，これらは姫リンゴや青リンゴと同様，まだ素材レベルでしかなく，初心者や技能水準が低い子どもたちが食べ始めるものとしては難しい。スポーツという素材を，学習対象者に合わせてかみ砕き，あるいは手間をかけて，食べやすくして提供する必要がある。これが「教材づくり」の考え方の基本である。

4 なぜリンゴを食べるのか
—学習内容のはなし—

　「素材」を「教材化」するにあたって，考慮しなければならない重要な視点がある。それは，「なぜサッカーをさせるのか」「サッカーの授業でいったい何を学習，習得させ

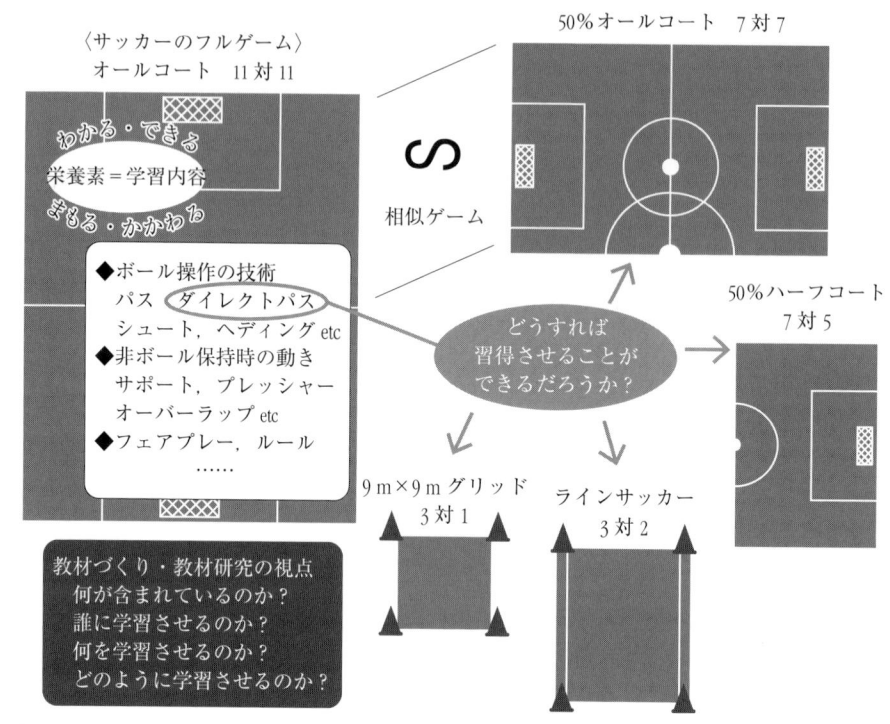

●図2　教材づくり・教材研究の視点

るのか」ということである。リンゴの例でいえば，「なぜリンゴを食べてもらうのか」「リンゴのどのような栄養素を摂取させるのか」ということである。リンゴは丸ごとかじるばかりでなく，さまざまな調理法や加工品がある。食べてもらう人のことを考え，どのような栄養素を摂ってもらえばよいのかを判断し，適切な方法で調理しなければならない。

　例えば，おなかの調子が悪い子どもに対して，「リンゴには整腸作用がある」と聞いたので，リンゴを食べてもらおうと考えた(判断)。丸ごとでは食べにくいだろうから，8つに割って皮をむき，種の部分を切り取って差し出したら(提供)，とりあえず「おいしい」と食べてくれた。確かに，これもひとつの「教材化」に違いない。しかし，本当に重要なことは「果たしておなかの調子は戻ったのだろうか」ということなのである。

　その後，栄養素についてより深く調べてみると，リンゴに含まれているペクチンという成分に消化管の鎮静作用があることから，どうやらこの成分が「おなかによい」らしいことがわかった。しかもペクチンは，皮と果肉との間に多く含まれているというのである。この場合，皮をむいてしまうということは有効成分を無駄にすることになり，おなかの調子が悪い人に対して与えるべき栄養素を十分に提供できていなかったという可能性がある。彼らに，なぜリンゴを食べてもらうのかといえば，リンゴに含まれるペクチンを摂取してもらうためである。このペクチンは皮と実の間に多く含まれるのであれば，よく洗って皮ごと提供するのが効果的なのであろう。この点を踏まえたうえで，食べてもらう対象が子どもであることも考慮して適切な調理方法を検討すれば，例えば，皮ごとすりおろして飲んでもらうという方法にたどり着く。

　以上の考え方は，体育授業で行われる運動やスポーツについてもあてはめることがで

きる。栄養素に相当するのが「学習内容」であり，技術や戦術（○○ができる），知識（○○についてわかる），社会的行動（ルールを守る・仲間とかかわる）が相当する。体育で取り扱う素材には，「どのような学習内容が含まれているのか」「それらの中でどの内容について学習させるのか」「どのような方法で学習させるのか」ということについて考えることが，教師の重要な仕事のひとつ「教材研究」なのである。

5 おいしくなければいけないけれど，おいしいだけでもマズイのです

　スポーツに含まれる「栄養素」とは何なのか，つまり体育授業におけるスポーツでは，子どもたちにどのような能力を身につけさせるのかという考えは，実はまだ未成熟な部分も多い。ボール操作の技術はとても重要だからといって，何度も何度も同じ練習を強要しても，子どもたちはすぐに飽きてしまうだろう。かといって，おもしろくて楽しい練習メニューを考えてみたけれども，リンゴの皮の事例のように重要な技術要素が抜け落ちてしまっていては具合が悪い。スポーツの甘くておいしいという部分＝「楽しさ」はとても重要なのだけれども，楽しかっただけで実は何も身に付いていなかったというのでは，体育授業の成果があったとはいえない。体育という教科は，運動やスポーツに含まれている豊かな栄養素を，おいしく食べてもらう教科なのである。

参考文献
・高橋健夫・岡出美則ほか『体育科教育学入門』大修館書店，2002．
・竹田清彦・高橋健夫ほか『体育科教育学の探究』大修館書店，1997．

Questions

設問1．　体育授業において丸ごとそのままのスポーツを行うことは，なぜ希なケースであるのか述べなさい。

設問2．　体育授業では，どのような事柄が学習内容になるのか述べなさい。

（小松崎　敏）

第2章 学校とスポーツ

2 体育教師と運動指導

TARGET

体育は運動を教える教科である。運動を指導するといっても簡単ではない。何のために、どんな運動を、どのような方法で指導するのかを考えてみなければ、ただみんなで運動しただけになってしまう。そのための基礎的な考え方を知らなければならない。

KEYWORD 　運動指導　運動的認識　運動の分析─総合

1 教師の指導の性格
―生徒への支援としての「考え方」への働きかけ

　今日でも、体育は音楽、美術などの教科とともに「技能教科」であり、これらの教科ではそれ以外の教科と異なって、認識能力(あるいは思考力)を必要としないと考えている人たちがいる。しかし、現代の教育学ではこのような考え方を否定し、「教育の目的は児童・生徒達の認識能力の形成にある」と宣言している。この点について考えてみよう。問題になるのは、体育で形成すべき認識能力とはどんなものであり、どのように技能とかかわるのかということである。

　具体的な例を取り上げて考えてみよう。体育の目標の一つに「体力や運動技能を向上させる」というものがある。この目標に対して、教師は一生懸命、児童・生徒の体力向上や技術指導に取り組む。しかし、教師が「直接に」生徒たちの体力や運動能力を向上させることはできない。教師にできることは、生徒たちが自分で体力や運動技能を向上させるための「考え方を『間接的に』指導し、支援する」ことなのである。そのためには、生徒たちがどのように考えているのか、何ができなくて何ができるのか、嫌がるのはなぜか、どのように働きかけたらよいのかなどを考慮しながら、彼らの考え方に働きかける必要がある。教師の仕事は、生徒たちの考え方に働きかけ、彼らの主体的な考え方や努力を引き出すという点にあることを忘れてはならない。

2 「体を通して分かる」
というわかり方

　学校教育ではいろいろな教科がある。国語、数学、社会、理科、英語などの教科では概念(言葉)の意味や体系(仕組み)を中心に、一方、音楽、美術、書道などでは音や形や色(形象という)などにかかわる法則性や組み立て方を中心に、そして体育では自分自身の身体運動を中心にして、いろいろな事物や世界の成り立ちを学習する。このように各教科群にはそれぞれの特徴があり、指導方法も異なっている。これらは世界を認識する方法の違いであり、それぞれ「概念的認識」「形象的認識」「運動的認識」と呼ばれている。体育で主として育てる認識能力は運動的認識能力である。運動的認識は、運動する

ことなしにはわかりえない認識として「身体でわかる」わかり方ともいえる。例えば，具体的に「歩く」という運動を考えてみると，そこには，歩ける地面の固さや滑りにくさや安全性などへの認識がなければならないし，自分自身の身体の動かし方を知っていなければ歩くことはできないはずである。私たちはこれらを生活の中で無意識に学習し，日々確かめつつ歩くのである。ここでは，「歩く」という運動を運動的認識(能力)が支えているといってよい。

　体育では，今できる運動や，今持っている運動能力を手がかりに，意識的に，多様な運動ができるように，また，今持っている運動能力を維持したり，より高めたりするための学習をする。その際，働くのが運動的認識能力であり，主として体育で形成する能力である。

3　運動的認識とは

　何か物を動かす時あるいは何かに働きかける時(物を投げる，壁を押すなど)，動かすこと働きかけることによって対象物の運動法則(どのくらいの力でどのように動くのか，どのように動かせるのか，自分で動かすことができるのかなど)を知る。この場合，自分の運動あるいは動作は，対象物の運動法則を知るための手段になっている。それは「対象物を知る」ための認識方法といってよい。同じように，自分の体を動かす時(腕を上げる，ハードルを跳ぶ，走るなど)，動かされる身体部分あるいは全身(対象物にあたる)の持っている運動法則は，それを動かすところの筋肉や神経からの情報によって認識される。この場合，認識手段(あるいは認識方法)としての筋肉や神経からの情報は，意識はされても言葉としては表現できない。それらの情報は，具体的な運動者個人個人の神経・筋肉・それらを包括する運動器官の性能などに依存し，極めて主観的なものだからであり，他人に言葉で伝えるのが困難であるからである。意識するかどうかとは関係なくわれわれを取り巻く世界やわれわれの身体や身体運動に「法則がある」ということと，その「法則を何らかの方法(認識方法)によって知る(学ぶ)」ということ，そしてその「法則を言葉によって表現するあるいは表現できる」ということは，区別して考えられなければならない。

4　運動を教えることの難しさ　体を動かすことの大変さ

　学校期は身体の発達(筋肉や骨格の発達)，神経系の完成などをともなって運動能力や運動技能が著しく発達する時期である。したがって，この時期に適度な運動生活を過ごすことは非常に好ましいことである。学校体育では，体力や運動技能の異なる多数の生徒たちを相手に，彼らの能力を維持したり，高めようとする。ここに学校体育の課題と難しさがある。そして，学校期を過ぎ，社会人として働く時期，その後の老年期になると，体力も運動能力も次第に低下していく。学校期に行っていたスポーツなどの運動もほとんど行わなくなる。この時期の課題は，青年期の運動能力や体力をどのように維持するのか，または低下を遅らせるのか，あるいはまた各年齢期に見合った運動生活をどのように設計していくのかということになる。このような事実を背景として，もう一度

運動を行う意味や，運動指導の内容や意味を考えてみる必要がある。その際，忘れてはならないのは，私たちが一日中運動しているという事実である。自分の体重を考えてみよう。それは大変重い。手足や頭，胴体の重さだけでも相当重い。それを毎日動かしながら，私たちは生活している。しかし，そうした身体の重さをほとんど意識しないで生活している。ケガや病気をして寝込んだり，老人期にさしかかって初めて，そうした身体の重さや，その身体を動かすことの大変さを実感するのである。

そのようなことを考えながら体育での運動指導を考えてみると，一人一人の生徒ごとに異なる身体の動かし方を指導すること，そして，毎日の生活の中で運動を少しだけでも工夫するよう指導することは，大変困難であるが大切な仕事であるといえるだろう。

5 体育で形成する認識能力
―運動の「分析―総合」能力

体育では運動を教える。運動が「できるようになる」ことを通して，自分自身の運動生活に対する考え方を形成しようとする。授業という「短い時間でできるようになる」ということは，「元々できる力を持っていた。しかし，力の配分や組立て方が間違っていた。あるいは知らなかった」，だから，できなかったというように考えることが大切な視点になる。このように，「体育の授業を通してできるようになる」ことは「力の配分や組立て方が分かるようになる」ことと同じことであり，でき方や力の構成の仕方(いつ，どこに，どのくらいの力を入れたら，どうなるのか)が分かることでもある。

では，どのようにして分からせることができるのか。それは自分の運動を「分析―総合」する方法を「指導―学習」するのである。運動を「分析」するとは，運動を壊してみることである。つまり，運動を構成している要素に分解してみることであり，一方，「総合」するとは，分解された要素をまとまりのある全体に組み立てることである。体育の授業では，各自の持っている運動技能や運動方法を分析したり総合したりする活動を行うことにより，この「分析―総合」能力を高めることを目標としている。それが運動的認識能力の向上ということになる。その能力は自分自身の運動を多面的に「分析―総合」する活動を通してしか獲得できない。体育では「自分の体が持っている法則性を知るために運動する」のである。走の「指導―学習」を例にとれば，自分の体はどのようにしたら，どのくらい「正確に」あるいは「速く」走れるのかを知るためにさまざまな走を「指導―学習」するといってもいいだろう。そのための学習活動が多面的に工夫されなければならないのである。

Questions

設問1．　体育で形成する認識能力とはどのようなものか述べなさい。
設問2．　「運動を分析―総合する」という活動とはどのような活動か。具体的にいくつかの運動を例に挙げ，学習活動の様子を考えてみよう。

（江刺　幸政）

体育授業を振り返る

TARGET 3

学習内容を設定して体育授業を行った時，どの程度の学習効果があったのか，反省的に振り返らなければならない。体育教師は，よりよい体育授業をめざして，授業を受けた生徒に対して評価票を用いたアンケート調査を行うなど授業改善を心がける必要がある。

KEYWORD　授業改善　リフレクション　形成的評価

1 成績判定のための評価と，授業改善のための評価

　学校で行われるすべての授業には，その授業時間において達成されるべき目標が設定される。例えば，体育におけるバレーボールの授業では，「アンダーハンドパスを使ってセッターに対して正確に返球することができる」とか，「3歩助走（フォーステップ）を使って最高到達点でボールキャッチすることができる」といった技術的な目標が設定される場合がある。多くの体育教師は，学習者がその目標に達しているかについて「巡視」をすることによって観察，評価していると考えられる。あるいは，スキルテストを実施する場合もあるだろう。

　教師が生徒のできばえや能力について評価する活動は，成績判定のためになされていることが多い。その一方で，「生徒が教師を評価する」というまったく反対の考え方があることにも留意したい。とはいっても，何も生徒が教師の通知票を作るというわけではない。生徒のできばえは，授業における教師の指導法が適切であったかどうかをよく反映（リフレクト）しているから，教師は自分の生徒を見て授業に関する問題点を見つけ，授業改善に役立てるべきだ，という主張である。これが「反省的な授業実践」の考え方の基礎である。

2 授業実践の振り返りの重要性

　学習の目標が達成された時，学習成果があったということができる。その授業が，どの程度の成果をあげていたのかを反省的に振り返り，改善すべき点を次の実践に反映させること（リフレクション）は，教師として必ず実施しなければならないことである。授業の成果を残し，それについて社会的に説明する必要性（教育のアカウンタビリティ）が厳しく問われている今日，やりっ放しの授業はもはや通用するものではない。

　1980年頃から，体育授業を振り返るためのさまざまな方法が開発されてきた。今日，多くの体育授業において活用されている方法として，「授業はどうだったか」ということを授業を受けた生徒に尋ねてみるというものがある。この方法はきわめてシンプルだ

けれども，授業の様態をよく反映する非常にパワフルな方法であることがわかっている。

その方法の1つである形成的評価(formative evaluation)には，生徒の学習の進み具合やつまずいている箇所を把握するという目的がある。したがって，学習が進行している途中の段階で行われるものであるが，特に体育授業はグラウンドや体育館という広いエリアで行われるため，授業展開の途中ではなく，授業が終わる時に一斉に実施されることが多い。高橋ら(1994)によって開発された，「成果」「意欲・関心」「学び方」「協力」という4つの次元，9つの質問項目からなる「体育授業の形成的評価票」を見てみよう。

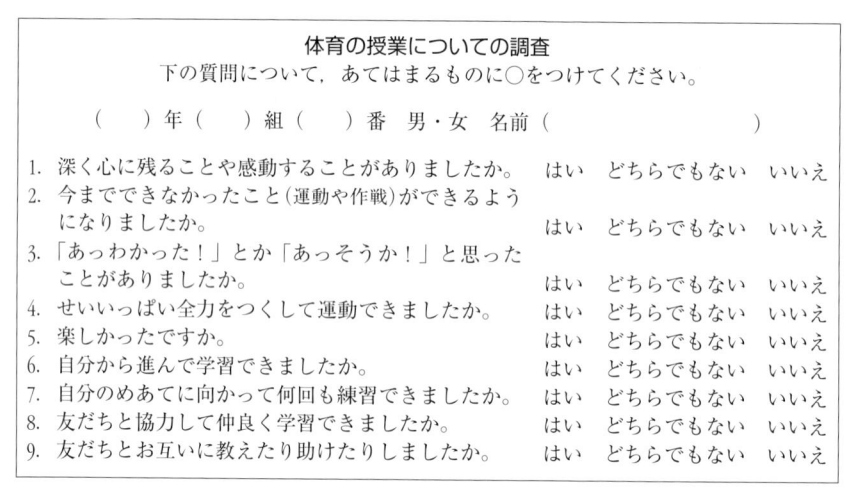

体育の授業についての調査
下の質問について，あてはまるものに○をつけてください。

（　）年（　）組（　）番　男・女　名前（　　　　　　　　）

1. 深く心に残ることや感動することがありましたか。　　はい　どちらでもない　いいえ
2. 今までできなかったこと（運動や作戦）ができるようになりましたか。　　はい　どちらでもない　いいえ
3. 「あっわかった！」とか「あっそうか！」と思ったことがありましたか。　　はい　どちらでもない　いいえ
4. せいいっぱい全力をつくして運動できましたか。　　はい　どちらでもない　いいえ
5. 楽しかったですか。　　はい　どちらでもない　いいえ
6. 自分から進んで学習できましたか。　　はい　どちらでもない　いいえ
7. 自分のめあてに向かって何回も練習できましたか。　　はい　どちらでもない　いいえ
8. 友だちと協力して仲良く学習できましたか。　　はい　どちらでもない　いいえ
9. 友だちとお互いに教えたり助けたりしましたか。　　はい　どちらでもない　いいえ

●図1　体育授業の形成的評価票（高橋健夫(編著)『体育の授業を創る』大修館書店，1994）

3　形成的評価票を用いた リフレクション

質問1，2，3は「学習成果」に関する項目である。「できなかったことができるようになった」という質問は，いわば紙によるスキルテストということができる。一般的に，この成果次元において高い評価を得ることはとても難しい。

以下，質問4，5が「意欲・関心」，6，7が「学び方」，8，9が「協力」の各次元に対応している。体育授業の形成的評価票には，3つの選択肢が設定されており，「はい」を3点，「どちらでもない」を2点，「いいえ」を1点として集計する。クラス全員の平均得点が，単元を通して右肩上がりに向上していくならば，その単元が望ましい成果に向かって展開されたと評価することができるだろう。

しかし，平均得点を見るだけでは不十分である。例えば，図2のような6人の形成的評価得点が得られたとする。平均得点はどちらも2.50であるから，同じような授

授業 1		
番号	グループ	回答
1	A	3
2	A	3
3	B	3
4	B	3
5	C	2
6	C	1
	平均	2.50

授業 2		
番号	性別	回答
1	男	2
2	女	3
3	男	2
4	女	3
5	男	2
6	女	3
	平均	2.50

●図2　生徒からこのような回答が得られたとしたら？

業であったと判断してしまいがちである。ならば，この2つの授業結果をみて，果たしてどちらの授業の方が，成果を上げていたと解釈すべきだろうか。

授業実践者は，このような平均値に基づいて授業同士を比較することよりも，むしろ，授業1においてグループCだけが否定的な回答なのはなぜなのかとか，授業2を振り返ってなぜ男女で回答に違いがあるのか，という点について考えるべきである。その原因となる事項を探り，改善するための方策を考え，次の授業に反映させる。そして，その結果について，再び振り返る。単元を通した授業成果の向上は，このような反省的授業実践の繰り返しによって，はじめて導かれるのである。

Questions

設問1. 体育授業を反省的に振り返ることがなぜ重要なのか述べなさい。
設問2. 平均得点だけに頼ったリフレクションではなぜ不十分なのか述べなさい。

Column ●保健体育教師の仕事とは？

学生に中学校，高等学校の保健体育教員をめざす動機を尋ねると，その多くは「運動部活動の指導者になり，全国大会に出場したい」あるいは「大会で優勝したい」と答えるだろう。

「いえいえ，あなたは〈指導者〉になるのではなく，〈教員〉になるのではないですか？」とさらに尋ねると，「その通りです。部活で日本一になりたいのです！」という答えが返ってくる。

わが国における学校の教育課程は，戦後およそ10年ごとに改訂されている学習指導要領が基準となっている。実は今日，その学習指導要領の中に部活動に関する記述を見つけることはできない。部活動とは「課外活動」，つまり教育課程の外に置かれるエキストラな活動として取り扱われているのである。

運動部活動と体育の授業。どちらも運動をするのだから，そんなに違いはないだろうと思われるかも知れない。しかし，同じような目標を持った生徒たちの集団と，たまたま同じクラスになった生徒の集まりという点で，すでに大きな隔たりがあるのである。

超難関といわれる教員採用試験をパスし，晴れて保健体育科の教員としてスタートすることになった保健体育教員に今一度問いたい。報酬をもらう側の立場になるわけであるが，果たして毎日何をすればよいのか。

「あなたは，部活動の監督，コーチ，指導者として採用されたのですか？」，それとも「保健体育科の一教員として採用されたのですか？」

エキストラを優先するあまり，主役が疎かになったのでは，根元と枝葉の取り違えである。

(小松崎　敏)

第2章 学校とスポーツ

TARGET 4 教育実習を通して身につける体育教師の授業力

教育実習は，生の生徒を相手にして自分が勉強してきたことを試し，評価される，授業力向上のための修業の場である。模擬授業とは異なり，関心・意欲・能力の異なる生徒たちを相手にすることで，自分に不足している力を気づかせてくれる機会でもあり，実習を通しての成長経験が，教職への意欲を高める力ともなる。

KEYWORD　教育実習　授業力　模擬授業　実践的力量と成長モデル

1 教育実習とそこで求められる力量

　教員をめざしている学生にとって，教育実習とは，教科指導や生活指導など，教員としての基本的な職務を実践できる能力があるかを試される期間であり，そこでの成果をもとに，教員としての適性が判断される期間でもある。教育実習で経験できるのは，教科指導と学級経営のさわり程度のごく限られた職務であるが，実習生を受け入れている学校現場では多様な職務をこなしながら，授業の合間や勤務外の時間をやりくりして実習生の指導にあたり，事後の評価を含め実習に関するさまざまな準備も日常の業務外に行っている。

　大学によって若干の違いがあるが，教育実習の成績報告書で採用されている能力や適性の判断規準は，2005（平成17）年10月付の中央教育審議会答申で示された「あるべき教師像」の中の具体的項目に当てはめることができる。そこでは，教職に対する強い情熱（教師の仕事に対する使命感や誇り，子どもに対する愛情や責任感など），教育の専門家としての確かな力量（子ども理解，児童・生徒指導力，集団指導の力，学級づくりの力，学習指導・授業づくりの力，教材解釈の力など），総合的な人間力（豊かな人間性や社会性，常識と教養，礼儀作法をはじめ対人関係能力，コミュニケーション能力などの人格的資質，教職員全体と同僚として協力していくこと）が求められている。

　ある教員養成大学で使われている教育実習成績報告書では，(1)教材研究，(2)指導計画の立案，(3)学習指導と評価，(4)生活指導と児童・生徒理解，(5)勤務態度と実習への意欲の5つに評価項目が集約され，項目ごとに示された主な観点例をもとに5段階で評価されている。これらの評価項目の中で，(5)の項目は「総合的な人間力」にあたるもので，総合評価の合計得点が優れていても，この項目が評定「1」の場合には失格となり，もっとも重要視されている。他の項目は，「教育の専門家としての確かな力量」を構成する要素で，一部は大学での模擬授業で経験できるが，生の生徒を対象にした現場でなければその能力や適性が評価できない項目でもあり，これらの項目が，日々の教育実践において失敗や成功の経験を積み重ねながら身に付けていくものとして，教育実習という限られた期間における努力の成果の評価規準になっている。

2 | 実習前に身につけておくべきこと

　教育実習のスケジュールは，2年次の観察実習や模擬授業実践に始まり，3年次の大学での教科教育学の授業と事前指導，約1ヶ月前の実習校での事前オリエンテーション，本実習期間，大学での事後指導と続く。この中で特に重要なのは，実習校でのオリエンテーションと教科の打合せである。その学校の特徴や教育方針，どのような心構えで実習に臨むのか，何を実習までに勉強すべきか，どのような実技研修をしておくべきかなどが伝えられる。当然，本実習時に担当する単元や学習内容が伝えられ，実習までに勉強しておくべき事柄が明確に示される。充実した実習にするためには，自分に与えられた課題に関する勉強や実技研修をできる限り行っておく必要がある。ここで，少しでも手を抜けば，実習に行って実際に授業をやった時に，いかに自分が不勉強であったかを痛感することになる。その実態に対する実習校の教員の評価として，実習に来るまでには，最低限，授業観察の視点を身に付け，教材や練習方法について十分に理解し，安全に対する想像力を高め，子どもの立場で運動を感じられる感性を磨いておくような，事前の学習をしっかりやっておく必要があるという実習生に対する要求が示されている。

　このような内容は，学生の個人努力だけではとても身につけられるものではなく，大学の授業においてカリキュラム上で計画的に学習させなければならない内容である。そのために，2年次や3年次に，教科教育の授業として模擬授業を実施し，指導案の作成や授業運営，学習指導，授業観察，授業分析等の経験を積ませるようとしている。一人の学生が経験できる時間数はさほど多くはなく，実習時の授業で同じように行っても成功するわけではないが，模擬授業を行うことの意義は大きい。これらのことをまったく経験していない学生と比べれば，本実習において学習できる内容は，質的にも量的にも充実したものになる。

3 | 体育教師の授業力と教育実習を成功させる5つの心得

　前節に示した実習生に対する要求は，1つの大学の附属学校の教員たちの意見であるが，全国の附属学校体育科教員を対象にした調査研究からも，体育教師の実践的力量とその成長過程をどのように捉えているのかが明らかにされている。現場教師は実践的力量を「臨床知(授業構想力)」「体験(授業実施力)」「科学知(企画力)」「技術(学習集団構成力)」の4つの因子から捉えており，質問29項目を因子分析して各因子に配置して構造化したものが図1である。教師の職歴段階を学生，初任，中堅，ベテランの4段階に分けて，重視されている因子を考察した結果，教師のキャリアに応じて，〈授業実施力〉→〈学習集団構成力〉→〈授業構想力〉→〈企画力〉へと意識変容が見られた。このような実践的力量の意識変容の経過を「体育教師の成長モデル」と考えると，現場での教師を経験していく中で，学習指導・授業づくりの力を身につけ，続いて，生徒指導・集団指導の力を高め，さらに，子ども理解・教材解釈の力を深めていくのが一般的に捉えられている教師の成長過程であるといえる。そして，このような体育教師の成長過程は，実際の教育現場だけではなく，たった2〜4週間の教育実習の中でもはっきりと見ることができる。初めの週はともかく授業を管理運営するだけで精一杯の状態から，その種目(単

元)で学ばせたい適切な内容や学習形態を提示することができるようになり，3週目には子どもたちの全体的な学習状況を把握しつつ個への対応も考えることができるようになる。そして，この実習での成長経験が教職への意欲をさらに高める原動力になっている。

最後に，教育実習を成功させるために最低限必要と思われるの5つの心得を示す。

(1) 最初の授業から成功するとは思わないこと。失敗の積み重ねと反省から成功が生まれる。
(2) 授業管理が上手くいっても，学習指導が上手くいくとは限らない。逆もまた真なり。学習指導の成否は徹底した教材解釈が鍵となる。
(3) 生徒は生ものであり，クラスや日時の違いによっては，同じことをやっても同じ結果にはならない。指導案は予定であり，常に授業は意思決定の連続である。指導案に縛られないこと。
(4) 安易に指導教諭に正解を求めず，キャッチボールしながら自分の力で単元計画を作り上げることがすべての指導案の基礎となる。事前に個に対応した評価内容と方法も準備しておく必要がある。
(5) 児童生徒の感覚で彼らが行っている運動を感じるためには，自分で学習課題をやってみること。自分が苦しみを体験することで，子どもたちの感覚世界に近づくことができる。

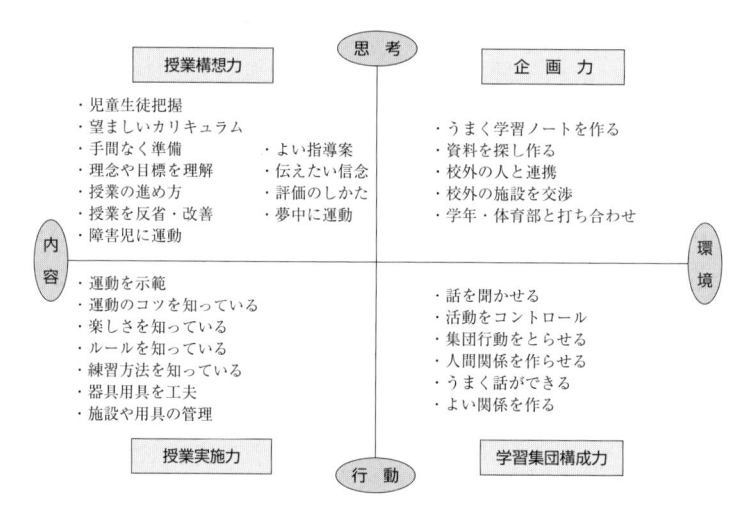

●図1　体育教師の実践的力量の因子構造

Questions

設問1．　大学での模擬授業と教育実習の授業では，何がどのように違うのか述べなさい。

設問2．　体育教師に必要な授業力の中で，自分に不足しているものは何かを述べなさい。

（柴田　俊和）

保健の授業で何を学ぶか

TARGET 5

保健の授業で学ぶべきことは，病気にならないための医学的・衛生学的な知識だけでよいのだろうか。例えば，(1)からだ・いのちのすばらしさ，(2)すべての人々がともに生きることの必要性，(3)社会・環境変革の必要性，(4)保健行動への見通しなども考えられるだろう。ここでは，楽しくわかる保健授業のあり方について考えてみよう。

KEYWORD　保健の科学　ともに生きる　社会・環境変革

1　保健の授業で何を学び，何を学ぶべきかについての例

　保健学習で学習する内容は，現行の学習指導要領(文部科学省)に規定されており，それに基づいて，教科書も作成されている。この学習指導要領は，中央教育審議会教育課程部会で改訂へ向けて検討され，文部科学省から幼稚園教育要領(2008年3月28日)，小学校および中学校学習指導要領等(同年4月24日)が公示された。

　保健学習において，学習指導要領や保健の教科書が一つの基準である。しかし，学校現場ではそれらで軽視される傾向のある内容も含めて，独自の教材・授業づくりを行うことが必要な場合もある。

　高校1・2年の保健学習内容例に関する高校3年生の正答率などが，日本学校保健会による2004年の調査で示されている。高校の保健体育科科目保健(保健学習)の3つの単元(「現代社会と健康」，「生涯を通じる健康」，「社会生活と健康」)の中で，正答率が低い内容についてその一部を挙げる。

　例えば，心肺蘇生法では，正答率が28.1%に過ぎなかった。実際場面に応用できる程度にまで，AED(自動体外式除細動器)などとあわせて一次救命処置を学ぶ必要がある。

　また，HIVの感染経路として，蚊では感染しないことについての正答率も36.1%と低かった。感染経路がコンドームなしの性的接触，血液感染，母子感染であること，HIV感染とエイズ発症の違い，PLWH(People living with HIV：HIVとともに生きる人々)/PLWA(People living with AIDS：エイズとともに生きる人々)の辛さ・喜びなどについて学ぶことも大切であろう。わが国では非加熱血液製剤によって血友病の多数の人々がHIVに感染させられた薬害エイズの問題や，若者を中心とした活動が薬害エイズ裁判において勝訴に導いた事実などについては教科書ではほとんど扱われていない。

　さらに，排卵日直後に，急に基礎体温が高くなることについての正答率も，女子52.9%に対し，男子は36.0%に過ぎなかった。若者の人工妊娠中絶の増加傾向や社会における誤った性情報の氾濫に触れつつ，生きる・いのち・性交・受精・妊娠・出産・避妊・人工妊娠中絶・性感染症・性情報の選択などについて学ぶことも重要である。

　その他，著者は，次の例などについても保健の授業で学ぶ必要があると考えている。

例えば「ともに生きる」という視点から，保健の授業でもバリアフリーやユニバーサルデザインについて扱うことができる。まず，シャンプーボトルや紙幣などの日常生活の中でのバリアフリーの工夫を問う。次に，歩道・施設などの地域の中でのバリアフリー調査や高齢者・視覚障害者擬似体験を行ったうえで，バリアフリーとは何かについて，子どもが自ら定義するのも一つの学習方法であろう。このように，具体的なことから抽象的な概念を導く帰納法的な授業の進め方も有効であろう。障害を受容し乗り越えて生きようとする人々の姿などに学び，人間の発達，社会・環境変革，権利の視点から健康を捉えなおすことも重要と考えられる。スウェーデンにおける健康教育が，障害とともに生きる人々のからだを学ぶことから始まっているのも興味深い。

　また，ハンセン病についての保健の科学，ハンセン病とともに生きる人々の辛さ・喜びを含めて，保健の授業においても重視して扱うべきではないだろうか。ハンセン病の人々は，明治期以降長年，療養所に国策として隔離され続け，結婚・子どもを産むことも禁止されるなどの人権侵害を受けていた。

　さらには，保健・医療と国際協力についても，途上国の子どものいのち・健康問題を身近なこととして捉える必要性があると考えている。世界の5歳未満児でもっとも多い死因の一つである下痢による脱水症状を抑えるORS1袋は，10円未満で提供できる。世界のPLWH/PLWAのうち，実に約90％が薬による治療を受けることができないという事実がある。現在，世界において新しい感染症の大流行の可能性の危機に晒されており，他人事では決してない。

　徹底して「わかる」ことを追究し，それに基づき「できる」見通しを持てることが保健の授業では必要であろう。(1)生きることにつながり，実感をともなって保健の科学がよくわかる。さらに，(2)病いや障害とともに生きる人々の辛さや生きる喜び，ともに生きることの重要性がよくわかる。そして，(3)健康には，社会・環境変革もが必要なことがよくわかる。加えて，(4)お互いに受容され，高め合う温かな人間関係性に支えられ自己肯定感を持つことができる。最後に，(5)これらの4つの段階を踏まえたうえで，発展的に，自分でもできそうで，よい結果が期待できるといった自己効力感に基づいた保健行動への見通しも持てる必要があろう。

2　楽しいわかる保健の授業の必要性

　上述のように，保健で学ぶべき事柄は重要かつ多様である。しかし，教師の多忙化や教員養成の段階から一般的に保健よりも体育を重視する傾向などがあることにより，保健の授業が活発に行われているとはいえないのが現状である。保健の授業が行われていたとしても，教科書を読んで進めるだけの保健の授業であることも少なくないことが窺える。したがって，日本学校保健会による高校1年生を対象とした調査においても，保健の授業を楽しいと感じている割合は少ない（図1）。

　このような保健の授業の現状に対して，保健教材研究会という民間の研究団体は，「授業書」方式などを用いて，楽しいわかる保健の教材・授業づくりに取り組んできている。「授業書」方式による保健の授業の流れは，次の(1)から(4)の一連の過程の積み重ねで構成される。(1)選択肢などがある問題(発問)について，(2)子どもが予想して選び，

(3)皆で討論して改めて選び,(4)問題の正解の科学的根拠などを文章化したお話で確かめるといった流れで進む。「授業書」は,指導案+教科書+ノートを兼ねており,それによって誰でもほぼ同様に保健の授業を進めることが可能である。

　教材としての発問(問題)の作成にあたっては,主張性(教師として子どもに伝えたいという願いが込められている)や具体性(具体的で子どもが考え答えやすい),意外性(意外なことが答えである),触発性(その問題を解くことで新たなことを知りたいという思いにつながる),さらには検証可能性(答えの科学的根拠を示せる)などが考慮されている。

　教材としては,前記の(1)発問,(2)文章教材の病者の手記,(3)学習活動として,安全マップやバリアフリーマップづくりなどの地域調査,アルコールパッチテストなどの実験,たばこを勧められた場合に保健の科学的認識を総合し,たばこを勧める人の健康も考えて対話するロールプレイング(役割演技),ディベートなどが考えられる。また,拡大図・表・写真,キーワードのカード,赤ちゃん人形などの具体的な教具の工夫も大切である。

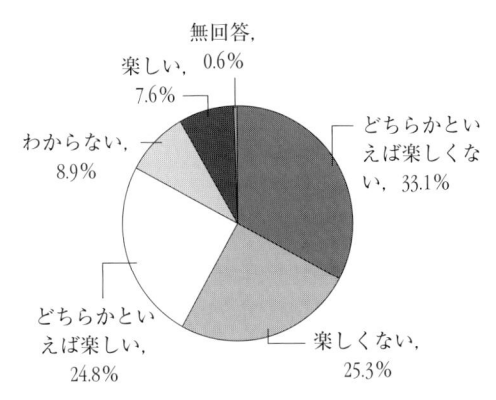

●図1　保健の授業は楽しいか（高校1年生対象．n＝4,980名）
(日本学校保健会『保健学習推進上の課題を明らかにするための実態調査』2005．より作成)

無回答，0.6%
楽しい，7.6%
どちらかといえば楽しくない，33.1%
わからない，8.9%
どちらかといえば楽しい，24.8%
楽しくない，25.3%

参考文献
・保健教材研究会『最新「授業書」方式による保健の授業』大修館書店，2004．
・日本学校保健会『保健学習推進委員会報告書 ― 保健学習推進上の課題を明らかにするための実態調査 ― 平成16年度』日本学校保健会，2005．
・髙石昌弘ほか『現代保健体育　改訂版(文部科学省検定済教科書)』大修館書店，2007．

Questions

設問1．　学習指導要領での保健学習の単元・内容はどのようになっているか述べなさい。

設問2．　保健の授業で何を学ぶべきと考えるか述べなさい。

設問3．　「楽しいわかる」保健の授業とはどのようなものか述べなさい。

(中薗　伸二)

学校体育と体つくり運動

体つくり運動は，著しい社会変化に対応すべく提唱された新しい運動領域である。体力を高める運動と体ほぐしの運動からなるこの領域は，年間を通じて継続的に実施することが多い。生涯にわたって健康の保持増進に配慮するような態度を育むことが重要である。

1 体つくり運動を学ぶ意義

平成10年に告示された学習指導要領では，従来の「体操」に代わる体育科の新しい学習領域として，小学校高学年から高等学校にかけて「体つくり運動」が新設された。さらに，平成23，24年度から完全施行される新しい学習指導要領では，従来小学校の低・中学年に位置づけられてきた「基本の運動」が，「体つくり運動」として発展的に解消することとなっている。

「体つくり運動」が提唱された背景には，近年の児童生徒を取り巻く環境要因が大きく様変わりしたことがある。街中からは運動する場所が消滅し，その一方でテレビゲームが流行した。その結果として，子どもたちの屋外での運動遊びや身体活動の機会は著しく減少した。また，少子化の流れによって，兄弟姉妹や友人と交流する機会も減っている。「体つくり運動」は，このような社会の変化に対応すべく，「体力を高める運動」と「体ほぐしの運動」という2つの内容領域で構成されることとなった。

「体力を高める運動」では，筋力，持久力，柔軟性や巧緻性など，人間の体力を構成するさまざまな要素について，各種の運動やトレーニングを用いながら総合的に向上させるとともに，自らの健康の保持増進について，生涯を通じて取り組んでいけるような態度を育成しようとしている。一方「体ほぐしの運動」では，自らの体や心の状態に配慮し（気づき），それらの調子を整えたり（調整），仲間とともに手軽な運動を行うことによってコミュニケーションスキルを養う（交流）というねらいがある。

2 指導の工夫のポイント

すべての体育授業において実施される準備運動の時間に，簡単なトレーニングやペアでのストレッチングなどを取り入れ，それを年間を通して実施するような，いわゆる「帯状単元」として実施されることが多い。また，特に冬季において，持久走やなわ跳びなどの単元設定がなされることがある。そのような場合は，「行事単元」として，校内マラソン大会などの学校行事と関連をもたせることもある。

仲間との交流のねらいに対応した「体ほぐしの運動」としては，例えば学年が始まる4〜5月の時期にあえて単元を位置づける場合がある。クラス替えがあったばかりの時期に，仲間との協力なくしては絶対に解決できない運動課題（チャレンジ運動）に取り組ませることによって，児童生徒の学級集団意識を高めようとするすぐれた試みである。

（菅井　京子・小松崎　敏）

学校体育と器械運動

TARGET 2-7

器械運動では，日常生活においてほとんど体験することのない運動を通して，身体操作能力や身体感覚を向上させる。練習に際しては，技の発展性や系統性を考慮するとともに，類似する易しい運動を取り入れるなどの手だても求められる。

1 器械運動を学ぶ意義

体育授業で取り扱われる器械運動には，マット，鉄棒，平均台，跳び箱という器械・器具を使った運動種目がある。それぞれの種目には「技」があり，自己の能力に応じて「技を習得すること」と，「技を円滑にできること」という2点が，器械運動における学習の中心的なねらいとなっている。多くの技は，日常生活においてほとんど体験することができない非日常的な運動である。このような運動を通して，自らの身体を巧みにコントロールするという身体操作の能力や，平衡や逆さ，回転，支持といった身体感覚を向上させることが重要である。

個人的な技能向上のためには，技の練習が必要であるが，その際の仲間とのかかわりも大切である。お互いに技のできばえを見合いながら教え合ったり，補助し合ったりするような協力的活動は，社会的態度の育成につながる。また，器械・器具の状態や設置の仕方に深く配慮することなど，「安全に運動する」という態度を育む機会として位置づけることができる。

2 指導の工夫のポイント

自己の能力に応じた挑戦技を児童生徒自身で選択させた場合，技の見た目(豪快さ，ダイナミックさなど)に左右されることがある。しかし，例えばマット運動においては，背中をマットに接して回転する「接転技」，手や足だけで回転する「ほん転技」，バランスをとりながら静止する「平均立ち技」，腕立て支持のポーズや旋回する「支持技」という「群」が位置づけられているように，それぞれの技の発展性や系統性を踏まえることが必要である。

まだできない技を新たに習得しようとする場合には，その技と基礎的な技能や動き方などが類似している運動(運動のアナロゴン)を経験させる必要がある。側方倒立回転では，体幹をしめて腕で支持する手押し車や，片足の振り上げを意識させた壁倒立，そこから横に片足着地などがある。児童生徒のできばえに応じた練習の場を提供するとともに，例えば足を振り上げる目安としてゴムひもを張るなど，教具の工夫も考えられる。

個人種目として捉えられがちな器械運動であるが，ペアでタイミングを合わせながら同じ動きをしたり，小集団で演技を行うシンクロマット・跳び箱運動など，集団活動としての特性も持ち合わせている点に留意したい。

(長瀬　整司・小松崎　敏)

学校体育と陸上競技

陸上競技には，走，跳，投という総合的な身体能力が要求される。記録のさらなる向上をめざして，自らの能力に応じた目標設定と，その達成に向けた練習活動に取り組む。競走や競争場面の位置づけには，児童生徒の実態に配慮することが重要である。

1 陸上競技を学ぶ意義

陸上競技は，競走，跳躍，投てきの運動を総合的に含む領域である。なお，小学校学習指導要領では，「陸上運動」として記載されており，また砲丸投げややり投げなどの投てき種目については，安全や施設の実態などが考慮されたうえで高等学校段階からの位置づけとなっている。

陸上競技では，自らのパフォーマンスの結果が「記録」として明示される。走，跳，投の技能を高めることによって，記録をより向上させ，また他者と競争しあうということが学習の中心となる。記録を高めるためにはどのような技術ポイントが重要であるのかを理解し，今の自分にはどの程度の目標記録が適切であるのか，その達成のためにはどのような練習が必要であるのか，という点について考えさせることが大切である。

安全面においては，特段の配慮が必要とされている。回転しながら投げる投てき種目や，走り高跳びにおける背面跳びなどは，児童生徒の能力・適性や，器具・施設の安全性などの諸条件が十分に整っている場合以外には，取り扱わないこととされている。

2 指導の工夫のポイント

短距離走の記録を向上させるためのポイントの1つに，中間疾走局面における減速をいかに抑えることができるかという点がある。例えば，10 m ごとにラップタイムを計測し，スピード曲線を作成することによって，疾走中にどのような速度変化が生じているのかということを理解させることができる。

また，未習熟者の疾走ラインは驚くほど蛇行している場合がある。このことを理解させるために，疾走者の足跡1歩1歩に，疾走者以外の者が目印を置くという方法がある。目印を置く姿が稲の苗を植えている姿にそっくりであることから，「田植え走」と呼ばれており，このことによってストライド幅の計測も可能になる。

競走の場面では，勝敗の結果に対して公平で正しい態度をとらせることが重要であるものの，勝敗が目に見えてわかることから，取り組みに嫌悪感をもつ生徒も存在する。そこで，「50 m を何秒で走ることができるか」という時間の争いではなく，「8 秒間で何 m 走ることができるか」という距離の争いに転化した実践がある。自己の能力に応じてスタートラインを調整させることによって，すべての者に同一のゴールラインを設定することができ，次第に長い距離へと挑戦する意欲をも喚起することが可能になる。

（志賀　充・小松崎　敏）

学校体育と水泳

水泳は，水中という特殊な環境で行う運動である。自らの泳力に応じた目標設定と，その達成に向けた学習が展開される。常に危険と隣り合わせであることや，生徒の技能水準に大きな隔たりがあることなどにも十分留意しながら指導にあたることが重要である。

1 水泳を学ぶ意義

　水泳の授業では，続けて泳ぐことができる距離を伸ばしたり，より速い速度で泳ぐことができるようにすることが学習の中心となる。その過程において，自己の泳力に適した目標を設定し，その目標達成に向けた練習の方法を工夫したり，他者の泳法を観察しながら，教え合い補助し合うといった学習活動が展開される。

　水泳は，「水」という特殊な環境で行う運動である。効率的に泳ぐためには，浮力，抵抗，水圧，水温といった水の特性をうまく活用する必要があり，幼少期からの水中での活動経験が少なからず影響すると考えられる。近年では，学校以外の場において水泳に取り組んでいる生徒もいることから，個人の泳力には相当の違いが見られることもあり，指導には十分留意する必要がある。

　水中では呼吸が制限され，また足を滑らせたり，他者や壁・底面と衝突する場合もあるなど，常に危険をともなっている。事故防止の心得や学習を進めるうえでのルールを遵守させ，安全な行動の仕方を確実に身につけさせることが大切である。常に自らの体調に配慮し，またバディシステムを活用して他者の様子にも気を配るという姿勢が重要である。この点については，見学者に対する学習内容としても位置づけることができる。

2 指導の工夫のポイント

　まず，水中での抵抗がもっとも少なくなる「ストリームライン」の姿勢を確実に習得させることは，その後の各種泳法の学習において極めて効果的である。初心者が行う「け伸び」では，頭頂部まで完全に沈み込まないうちに壁面を蹴ってしまう場合があるので十分に留意しなければならない。

　また，水泳は他の運動と異なり，水の浮力によって身体が浮き，支持点がなくなる。そのため，身体のバランスをとるために体幹を意識してさせることが重要である。例えば，より学習が進んだ段階において，クロールの練習として「頭を上げて泳ぐ（ヘッドアップスイム）」ことをさせる。この練習によって，自分のストロークのキャッチポジションとキャッチの形を視覚的に捉えることができるようになる。また，頭を上げることは，身体を沈ませる方向に働くために，キックで水を下方向に押し込みながら，推進力を体幹に伝えるという技術が必要になる。このように水泳中の姿勢を意識させることで，水泳特有の技術を身につけることが可能である。

（白木　孝尚・小松崎　敏）

学校体育と球技

多くの児童生徒が好む球技領域では，何をどのように学習させるのか，活発な議論が続けられている。ボール操作の技術のみならず，非ボール保持時の動き方など，学習させたい内容に応じて，ルールやコートの大きさ，プレーヤーの人数などを修正する必要がある。

1 球技を学ぶ意義

球技はボールやシャトルなどを用いて，集団的技能や個人的技能を発揮し，攻撃と防御を展開しながら，得点を競い合う運動である。「球技」という名称は，中学校および高等学校学習指導要領において用いられており，小学校低・中学年では「ゲーム」，高学年においては「ボールゲーム」として扱われる。

従来の球技領域は，バスケットボールやサッカーといった種目名が示され，そこでの学習内容が提示されていた。しかし，平成23，24年度から完全施行される新しい学習指導要領では，種目名が前面に出されるのではなく，「ゴール型（バスケットボール，ハンドボール，サッカーなど）」「ネット型（バレーボール，卓球，テニス，バドミントンなど）」「ベースボール型（ソフトボールなど）」という大枠によって提示されることとなった。多種多様な球技には，いくつもの分類法が提案されているが，学校における施設設備の現状や，コート・プレーヤーの特性などを考慮し，またプレーのために必要とされる運動技術が類似するという観点から，「学習における正の転移」の可能性を見据えた分類であると考えられる。

2 指導の工夫のポイント

球技は，児童生徒の多くが好む運動領域である。しかし，ゲームを「楽しむ」ということが学習のねらいとされ，技能水準が一向に向上しないまま単元が終了してしまうこともあった。そのため近年，球技の学習を通して果たして何を身に付けさせるのか，という議論が活発になされるようになっている。従来，ボール操作の技能向上ばかりが注目されていたが，近年ではボールを保持した際，戦術的に最も適切なプレーを選択して行っているのか，同様にボールを保持していない時であっても適切なプレーを行うことができるのか，という点について学習させようとする取り組みもなされている。

サッカーのオールコート11対11，バスケットボールの5対5など，球技における公式なゲーム形態をフルゲームという。学習の初期段階においてフルゲームを用いることは，まずあり得ない。ボールを操作することが技術的に未習熟の段階であるにもかかわらず，ボールを支配し続けることが戦術的にも難しいゲーム形態では，学習の成果を期待することは難しいからである。より易しいゲームとするための視点として，攻守を完全に分離したり，コートやプレーヤーの人数をミニ化することなどが挙げられる。

（佐々木　直基・小松崎　敏）

学校体育と武道

TARGET 11

武道の領域は，新しい学習指導要領において中学校1，2年生の男女に必修化される。他の運動領域には類を見ない，身体接触や用具での打突をともなう対人競技であることから，安全面に十分配慮した学習活動の中で他者を尊重する態度を育むことも求められている。

1 武道を学ぶ意義

　学習指導要領における武道の領域には，柔道，剣道，相撲が含まれており，いずれも「相手」が存在する対人的な運動である。相手の動きに応じて攻撃や防御を行う「対人的技能」を高めることが重要であるが，その基礎として，柔道における崩しや受け身，剣道での構えや体さばきなどの「基本動作」についても確実に習得させる必要がある。

　武道では，武技，武術などから発生したわが国固有の文化として，伝統的な行動の仕方が重視されている。練習や試合ができるのは相手がいるからこそという，相手を尊重する心を大切にしながら，形式的な礼儀作法にとどまらない行動や態度として表出できるようにしなければならない。

　また，一定のルールは設けているものの，身体的な接触や，物理的な打突をともなう運動であることから，安全面については格段の配慮が必要である。用具や服装，場の安全について常に確認し，禁じ技や無理な体勢からの技，危険な動作は絶対に避けるという点を徹底することが大切である。

2 指導の工夫のポイント

　武道における「技」は極めて非日常的な運動であることから，どのような技がかけられたのか，またその技の決まり具合はどうであったのかという点について，初心の学習者が識別することは非常に難しい。教師や部活動経験者の演示だけ理解を促すのではなく，適宜映像などの学習資料を活用することが効果的と考えられる。

　平成23，24年度から完全施行される新学習指導要領では，中学1，2年生の男女ともに武道が必修化されることとなった。すべての生徒にフィットする授業を実施することは難しい課題であるが，例えば技能水準に合わせた場や教具を準備しておくステーション方式の学習などは有効な方策となる。

　お互いにタイミングをはかりながら攻防し合う公式試合形式の場合，両者とも牽制し合う状況が発生する。限られた授業時数の中で対人的技能の向上をはかるためには，攻守を分離した「約束練習」の形式が有効である。その際，防御側は完全無防備となるのではなく，攻撃側の技能水準に合わせて抵抗や負荷を調整する必要がある。その意味において，攻撃側を経験の浅い下級生，防御側を上級生が担当するといった，異学年交流型の授業形態を設定することも可能である。

（村田　正夫・小松崎　敏）

第2章 学校とスポーツ

12 TARGET 学校体育とダンス

ダンスの領域は，「創作ダンス」「フォークダンス」「現代的なリズムのダンス」からなり，新学習指導要領において中学校1, 2年生の男女に必修化される。身体を素材として自己の内面にある感情を表現するとともに，わが国の伝統や異国文化について理解する。

1 ダンスを学ぶ意義

人は，心に湧き上がった感情や感動を伝えずにいられなくなり，身振り手振りでごく自然に，他とコミュニケーションをとろうとする。それは言葉であったり，文章にしたり，音であったり，絵の具や石や木などの素材を使って表わすことである。

また，われわれはその感動にじっとしていられず，飛び上がったり，走り回ったり動きで表現することもある。それらは表現活動であり，それぞれの形式を整えれば文学，音楽，美術，建築，舞踊などの芸術へと発展していくものである。

ダンスは，感情や感激したことを，動きで伝える表現活動で，自分自身が主体であり，表現の素材も身体であることが他の表現活動と異なるところである。

日常の活動や仕事，スポーツ等の動作を，われわれは動きやすく自然にリズム化してしまう能力(リズム感)を持っている。リズム化できるということは，活動それ事態を効率的にあるいは楽しくさえしてしまうものである。

また，われわれは，部屋の中のレイアウトを考えたり，料理の盛りつけに工夫を行う。これらは，生活しやすい気持ちのよい空間づくりをしている。自分の周りの空間を把握するための自然な行為であり，新たな空間を築ける能力(空間感)も持っている。

これらはダンスとの深いかかわりがあることを示すものである。日常生活のいろいろな体験は，人の心に感激や感動を与える。それら心に強く残った思いを身体運動で伝える。それには表したい内容を強調するリズミカルな運動と，その内容を効果的に表すための空間を工夫しなければならない。ダンスはそうすることによって相手とコミュニケーションを取ることができる。言い換えれば，表現したいものの特徴を捉え，姿や形を借り，そのものになりきって踊ることは，演じる者と観る者との空間が一体になり感動を共有できるということである。

学校体育におけるダンスだが，平成24年度(中学校)，25年度(高等学校)より完全実施の新学習指導要領では，これまでの「創作ダンス」「フォークダンス」「現代的なリズムのダンス」の内容の変更はなく，中学校2年生までは必須となっている。

「創作ダンス」はさまざまな生活体験から感動したことを相手に伝え，お互いに感激を共有しあう，身体表現によりコミュニケーションを取るものである。表したい内容にふさわしいリズムの動きを個人もしくは集団で行う創造活動である。

「フォークダンス」は，日本の民謡を含め各国のフォークダンスの踊り方を身に付け，踊りの由来や特徴を理解しみんなで踊れるようになることである。

「現代的なリズムのダンス」は，動きやすいビートのあるテンポよい曲などに，ヒップホップなどの基本的なステップや一連の動き（一人ひとつのポーズを連続して動くと，一連の動きができる）を作るなど，みんなで工夫して踊ることにより，いろいろなリズムのステップを楽しみながら仲間と交流を持つことである。

以上の3つが内容として示されている。これらダンスは，リズミカルな運動を作ったりそのリズムの踊りを楽しんだり，限られた空間を効果的に使う工夫をするなど，ダンスは動ける身体とリズム感や空間感また情操を高め，創造性をより豊かにする大きな役割を持つ総合的な運動といえる。自分の心が感じればあるいは事物の特徴をとらえれば，運動のリズムと空間の工夫で創造的に自由に表現できる創造活動である。

2 指導の工夫のポイント

「創作ダンス」を例に挙げると，作品ができあがるまでの大まかな過程は，(1)作品のモティーフを決定，(2)運動のモティーフ作り，(3)作品をまとめる，(4)作品発表，(5)作品の鑑賞と評価となる。

これらの過程の中で，練習しながら問題や課題の解決をすること(学び方)，運動を工夫しまた感じを込めて踊ること(技能)や，互いの価値観の違いやよさを認め合い，みんなで協力し作り上げていくこと(態度)により，ダンスの楽しさや踊る喜びを味わうことができる。さらに，作り出したリズムで踊ることの喜びは，観ているものに感動を与え，そこにコミュニケーションが成立する。

つまり，「つくる」「おどる」「みる」のダンス独自の教育的価値は，これらのプロセスを通して学習することにある。

このような作品制作への過程では，心と体が動ける「心身づくり」を行うことが必要である。ウオーミングアップの体ほぐしに，現代的な音楽や効果音を使うことで，心と体の解放を促すように内容を工夫していかなければならない。例えば，リーダー(教師)の模倣や即興，デッサンなどを全体で，またはグループで動くといった過程を経て，徐々に生徒の体だけでなく心までをも解き放し，創作へとつなげていくことが大切である(図1)。

●図1　あいうえおデッサン

参考文献
・杉山重利，高橋健夫他『新学習指導要領による中学校体育の授業(下)』大修館書店，2004．
・杉山重利，高橋健夫他『新学習指導要領による高等学校体育の授業(下)』大修館書店，2004．
・荒木恵美子ほか『「身体表現」の学習』遊戯社，1994．
・邦正美『舞踊創作と舞踊演出』論創社，1986．

(森川　みえこ)

第2章 学校とスポーツ

TARGET 13 保健体育教員に求められる教育学

教育学に関する教養は保健体育教員の教育活動を支え，その基盤となる。それを学ぶにあたっては，問題意識を持つこと，教育の本質を見失わないこと，教育的な考え方，ものの見方を身に付けること，教育学の古典に親しむことなどが求められる。

KEYWORD　授業づくり　教職に関する科目　教育的な考え方・見方　教育学の古典

1 何のために教育学を学ぶのか

　保健体育教員が行う教育活動は，保健体育の授業を計画し，実施し，評価・改善することを主軸として展開されているが，それがすべてではない。中学校あるいは高等学校の教員として，保健体育教員は，教科指導の他に，学級担任・ホームルーム担任として学級経営・ホームルーム経営にあたること，「道徳」の時間の授業（中学校）や「総合的な学習の時間」の授業を担当すること，生徒会活動や学校行事の指導を行うこと，生徒指導や部活動の指導に重要な役割を果たすこと，学校経営や校務分掌の遂行に貢献することなど，実に多方面にわたる活動に従事しなければならない。

　こうした活動を適切に行っていくうえで不可欠な教養として求められるのが，他でもない，教育学に関する専門的な知識，技能そして教育的なものの見方や考え方である。例えば，保健や体育の授業を計画し，実施し，評価・改善するという活動では，そもそも授業とは何か，授業はどのような要素から成り立つのか，どのようなプロセスで展開されるのかといった問題に関する教育学研究の成果に基づく正しい理解や適切な判断や考え方が得られていることが前提あるいは基盤となる。

　教育実践の主体は教師である。生徒とともに全員参加の楽しい授業をつくり，豊かな学校生活を築くための創造的な取り組みを実現するためには，それを支え，その基盤となる教育学に関する専門的な知識，技能そして生徒を尊重する態度や考え方を身に付けておくことが不可欠である。

2 どのような方法で教育学を学べばよいか

　次に，教育学を学ぶための方法について考えてみたい。以下に3つのことを指摘する。
　第一は，問題意識をもって教育学関係の講義を聴き，文献を読んでいただきたいということである。ここでいうところの「問題意識」とは，(1)自分が受けてきた教育を振り返る，(2)現在生起しているさまざまな教育問題に関心をもつ，(3)子どもの現状や課題を考える，(4)教師という立場から考えるなどのことが含まれている。外からの借り

物ではなく，自分自身の経験に根ざし，自分の頭で考えることがポイントである。

　第二は，教育に関する出来事や事象を，豊かな人間形成と子どもの確かな成長，発達の基本にかかわる営みとして捉えること，言い換えれば教育の本質に迫る捉え方をすることである。表面的に捉えるのではなく，また，技術的な問題としてだけ捉えるものでもない。教育学は「人間に関する科学」「教育的人間学」として発展をみてきたものであり，人間と社会と自然の関係のあり方に関する深い洞察を欠いた教育論は単なる評論に過ぎない。皮相な教育評論や対処療法的な技術論は力強い教育実践の源泉とはなりえない。この意味では，教育の哲学・思想に関する文献や教育の歴史に関する文献を読んでおくことが必要である。とりわけ教育学の古典に親しむことが大切である。ぜひとも読んでほしい世界の古典，6点を表1に紹介した。チャレンジしてほしい。

　第三は，教育的なものの考え方，見方を身に付けるということである。ある学問や科学が独立した一つの"ディシプリン"として認知されるためには，(1)独自な概念の体系を有すること，(2)独自な探求の論理を有すること，という2つの要件を満たすことが必要である。後者は探求の過程あるいは研究の方法，さらにはそれらに内在するものの考え方，見方というように考えてよい。

　教育学的な考え方と教育的な見方とは同一ではないが，(1)教育という営みを教育を受ける子どもの立場，学習の主体としての子どもという視点から捉えること，(2)子どもとその教育をめぐって生起する問題を常に社会とのかかわりにおいて認識すること，(3)学校教育は"公の教育"として営まれるものであり，教師の教育行為は社会に対する公的責任を果たすという視点からとらえられることなどの点では一致している。

●表1　読んでほしい6つの古典

- J.A. コメニウス(著)，鈴木秀勇(訳)『大教授学』明治図書，1962.
- J.J. ルソー(著)，今野一雄(訳)『エミール』岩波文庫，1987.
- J.H. ペスタロッチー(著)，長田新(訳)『隠者の夕暮・シュタンツだより』岩波文庫，1943.
- H. スペンサー(著)，三笠乙彦(訳)『知育・徳育・体育論』明治図書，1969.
- J. デューイ(著)，宮原誠一(訳)『学校と社会』岩波文庫，1957.
- J.S. ブルーナー(著)，鈴木祥蔵ほか(訳)『教育の過程』岩波書店，1963.

Questions

設問1．　保健体育教員には教育学的な教養が不可欠であるということを具体的な例を挙げて述べなさい。

設問2．　教育学の古典(6点)から1冊を読んで，どのような示唆を得ることができたか述べなさい。

（山口　満）

第2章 学校とスポーツ

TARGET 14 保健体育教員に求められる心理学

知徳体のバランスのとれた全人教育を進めていくうえで，保健体育教師の果たすべき役割は大きい。その際，教師としての子どもへのかかわり方や，子どもを学習に動機づけることについて理解しておくことで，より効果的な教育を行うことができると考えられる。

KEYWORD 　教師と子どもの関係　動機づけ

1 教師と子どもの関係にみる心理学の知識

"心と体"の専門家である保健体育教員が，子どもの成長に及ぼす影響はとても大きい。

①——モデリング（観察学習）

われわれは，他者の行動を観察することにより（それをモデルにして）行動の仕方を学ぶ。これをモデリングという。子どもが，自分を受け容れたり，スポーツの楽しさ，健康の大切さなどを学ぶうえで教師は重要なモデルとなる。学び続ける教師であることの大切さや，教師の姿勢が子どものあり方や学級の雰囲気に影響するといわれることは，このことと関係している。

②——**教師のリーダーシップと勢力資源**

教師がリーダーシップを発揮する場面（例えば，学級経営）では，目標達成機能（子どもの学習活動を促したり，ルールを守らせたりする）と集団維持機能（子どもの気持ちを配慮する）といった2つの機能がともに発揮されることで，子どもに学校不満が少なく，学習意欲，学級連帯感，規律遵守などの点でよい効果があるとされている。

また，教師が子どもに勢力（影響力）を持つ，つまり子どもが教師の指導に従う背景（理由）を教師の勢力資源という。これには，教師の人間的魅力や教師としての専門性，罰などがある。罰を多用すると人間関係を損ないやすいため，指導力を向上させるためには，教師の人間的，専門的な力を育むことが望まれる。

2 "子どもの心に火をつける"動機づけ

「偉大な教師は子どもの心に火をつける」といわれるように，教師が理解させるために説明したり，模範を示すことも大切だが，何より子どもの心に火をつけること，つまり子ども自身が学習に取り組みたくなるように動機づけることが大切であると考えられる。われわれは，自分がチェスの駒のように他人から動かされていると思うと意欲が薄

れてしまうが，自分が駒を動かす指し手だと思うことで意欲的に物事に取り組める(「指し手理論」)。スポーツに対する興味や運動能力のレベルがさまざまな子どもたちとかかわる保健体育教師にとっても，このことは十分に考えておくべき課題であろう。

①——達成動機

われわれがある課題(例えば，ある種目のスポーツの練習)を最後までやり通したいという意欲を達成動機という。達成動機の強さには，その人の個性(からだを動かすことが好きか嫌いか)や経験(試合を見て面白いと思った)などを背景とした，その人自身の達成動機の強さと，課題に対する期待(簡単すぎないか，難しすぎないか)や課題を達成する(練習を続ける)ことで得られる価値(喜びなど)が影響していることが知られている。子どもの意欲を引き出すような授業づくりを考える際，子どもの実態を踏まえ，適切な課題難度を設定したり，価値を見出しやすくする工夫(成果発表の機会を導入するなど)が求められよう。

②——外発的動機づけと内発的動機づけ

われわれは，賞(ほめられたり)や罰(しかられたり)といった外からの働きかけによっても動機づけられるし(外発的動機づけ)，活動そのものが報酬となって(楽しかったり，充実感があったり)動機づけられる(内発的動機づけ)こともある。教師が生徒をほめたり，きちんと評価を返していくとともに，子ども自身がスポーツや心身の健康について学ぶ楽しさを見出せるようなかかわり方を考えていくことも重要である。

③——学習性無力感

スポーツが苦手な子どももはじめからそうだったとは限らない。いくつかの種目の運動に失敗することで，自分は運動に不向きだと信じ込み，苦手意識を持ってしまうこともある。自分の思うようにならない経験が重なることで，本来やれる力があっても，自分は無力である(状況をコントロールできない)という考え方が身についてしまう。これが学習性無力感という考え方である。これを打破するには，自分が状況をコントロールできる(成功)体験を経験しなおすことが有効であるといわれている。

引用・参考文献
・中島義明ら(編)『新・心理学の基礎知識』有斐閣，2005.
・杉原一昭ら(著)『よくわかる発達と学習』福村出版，1996.

Questions

設問1．　教師の好ましいかかわり方について具体例を挙げて説明しなさい。
設問2．　子どものやる気を促す方法について述べなさい。

(高柳　真人)

第3章 野外スポーツと自然・人

TARGET 1 野外スポーツとその可能性

自然から多くを学び，共に生きることでわれわれはこれまで生活を営み，文化を発展させてきた。今，その関係は崩れ，さまざまな問題が生じている。子どもたちがいきいきと育ち，人々がゆとりある充実した生活を営むために，野外スポーツが果たす役割は大きい。

KEYWORD 野外スポーツ　自然　野外教育

1 自然の中での体験

　子ども社会に蔓延するいじめや引きこもり，低年齢化する信じがたい犯罪は，子どもの教育環境が崩壊されてきたことに起因していると言われている。その原因の一つに自然とのかかわりが不足していることが挙げられる。このことは「自然体験や生活体験が豊富な子どもほど，道徳観や正義感がある」という平成11(1999)年の調査結果(生涯学習審議会答申「生活体験・自然体験が日本の子どもの心をはぐくむ」)からも裏付けられ，子どもが成長する過程においていかに自然が重要であるかを訴えている。しかし，近年子どもが自然と触れ合う機会は減少し，自然の中で駆け回り成長してゆくはずの子どもたちが，家の中に閉じこもりテレビゲームによる疑似体験によって大人になってしまうことは大きな問題である。こうした時代に必要とされるのは，自然の中で身体を使って行う直接体験からの学びである。また，子どもの教育環境ばかりでなく，都市化による自然環境の喪失や高度情報化社会に身をおく大人の生活環境においても自然離れは同様に進んでいる。よって子どもから大人までを含めた自然の中での感性を育む体験が望まれる。

　自然の中での体験に関する教育的効果については，これまで心理面をはじめとして多くの研究がなされてきた。近年では，自然の中へ足を運んだり，森の中で木の葉が揺れる音を聞いたりすること自体が，人々の癒しやストレス発散につながり，脳の活性化にもつながるという科学的研究も盛んに行われるようになってきた。自然の中に身をおくこと自体が動物であるヒトとしての自然な形なのかもしれない。子どもがいきいきと育つ教育環境を整え，人々が豊かな心と健全な身体を育む生活環境を作るために，人は自然と密接につながっていること，人は自然に育まれていることを再認識して，自然の中へ出かける必要がある。

2 野外スポーツとは？

　野外スポーツを行う際，それを一体何のために行い，どのような価値を持っているのかということを認識しておく必要がある。なぜなら，それらのことはよりよい環境の下

で自然に触れてスポーツする機会を得たり，コミュニケーションの場を広げたりするうえで役立つからである。

　野外スポーツの位置づけについて，図1を参照しながら説明する。野外というフィールドにおけるすべての活動が野外活動(自然体験活動)であり，その中に野外スポーツは位置づいている。ここでは野外スポーツを「自然の中で自然環境を活かして行う身体的活動(＝スポーツ)」と定義する。すなわち「ありのままの自然から学ぶ」ことに加え，「身体的活動(＝スポーツ)をともなった直接体験から学ぶ」ことが野外スポーツである。野外という語は大変広い範囲を含んでいるが，あくまでも自然環境を活かすことが重要である。また，スポーツという語は種目だけに限定しないあらゆる身体的活動を含んだ広義な意味に捉えている。

　次に，野外スポーツを志向性の観点からみると，4つの志向性(競技，レクリエーション，健康，教育)に分類される。「競技志向」は，勝つためや一番になるためのいわゆるチャンピオンスポーツとして行うものである。「レクリエーション志向」は，自分の楽しみのためや，癒し，仲間と集う目的のために行うものをさす。さらに，自らの健康維持・増進目的のために行う「健康志向」がある。そして，「教育志向」は，青少年をはじめとしたあらゆる人々を対象に，最大限にその教育的効果を引き出すために，一定の教育目標を定めて行う教育活動としての野外スポーツ(野外教育)をさす。野外スポーツは，それを行う人の志向性によってその位置づけが変化するため，健康志向ではじめた野外スポーツが，いつしか競技志向として取り組むこともある。

　図1の「野外活動」は，昭和36年に『スポーツ振興法(第10条)』の中で，「国及び地方公共団体では，心身の健全な発達のために行われる徒歩旅行，自転車旅行，キャンプ活動，その他の野外活動を普及奨励するため，コースの設置，キャンプ場の開発その他の必要な措置を講ずるよう努めなければならない」として説明されている。また，平成8(1996)年には，野外における教育活動として，野外教育という言葉を「自然の中で組織的，計画的に，一定の教育目標を持って行われる自然体験活動の総称」(青少年の野外教育の充実について【報告】)として取り扱われており，その後広く一般的にも野外教育という言葉が用いられるようになった。

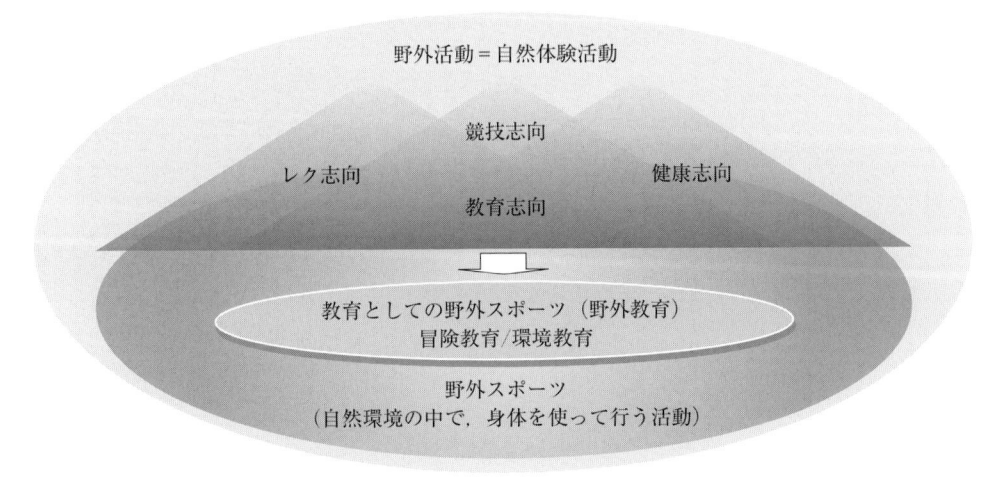

●図1　野外スポーツの位置づけ

3 ■ 教育志向としての野外スポーツ（野外教育）

　野外スポーツの中でもその位置づけが大きい野外教育(Outdoor Education)は，アメリカのシャープ(Sharp, L. B.)が「教室の中で最もよく学習できるものは教室で，また，学校外の生の教材や生活場面で直接体験を通してより効果的に学習できるものはそこで行われるべきである」と述べて，その考え方を築いたことに始まる。

　また，日本における野外教育は，国や地方自治体，青少年教育施設，自然学校などの民間団体によって発展を遂げてきたが，青少年に対する野外教育の意義として「野外教育は，青少年の知的，身体的，社会的，情緒的成長，すなわち全人的成長を支援するた

Column ●自然の中に出かけるプロスポーツ選手

　身長180cmを越える大男たちが，激流と化した沢（川）を相手に奮闘（写真1）。普段は広いグラウンドで楕円形のボールを追い続けるプロラグビー選手達だ。ずぶ濡れになり何度も流されそうになるが，チームメイトと助け合いながら登る。難関を越えるたびにあがる大きな歓声。決して失敗は許されない。高い意識と集中力がチームの団結心を生み，見事にゴール。チームは達成感に包み込まれ一つになる。一方，プロサッカー選手は背丈ほどの丸太の上に立ち，チームメイトが待つ腕の中へ後ろ向きに倒れる（写真2）。恐怖と緊張感の中，倒れた後には感謝の言葉が自然に出る。これらの活動は「冒険教育」と呼ばれ，困難な課題を仲間とともに助け合い，個々の勇気を出しながら解決し，達成感や成功感を味わうことで個々を強化し，グループの相互理解と成長を支援するプログラムだ。

　近年サッカー界をはじめプロスポーツ界で多くのチームがこのような活動を取り入れている。小さなミスが「負け」につながる大舞台で日々活躍し続ける選手に必要なものを自然が教えてくれる。競技スポーツを支援する世界へ道を切り開く野外スポーツの可能性はますます広がる。

●写真1　容赦ない滝に立ち向かう選手

●写真2　後ろ向けにダイブ

めの教育である」としたうえで，次の8つを期待する効果として挙げている。(1)感性や知的好奇心を育む。(2)自然の理解を深める。(3)創造性や向上力，物を大切にする心を育てる。(4)生きぬくための力を育てる。(5)自主性や協調性，社会性を育てる。(6)直接体験から学ぶ。(7)自己を発見し，余暇活動の楽しみ方を学ぶ。(8)心身をリフレッシュし，健康・体力を維持増進する(青少年の野外教育の充実について【報告】)。これらのことからも失われてきた青少年のいきいきとした心と身体を育むための重要な教育手段として，野外教育は現代社会に必要とされることが理解できる。

さらに，プリースト(Priest, 1986)は，野外教育を冒険教育と環境教育という2つのアプローチから捉え，「野外教育の木」としてモデルを示した(図2)。野外教育の木には，冒険教育と環境教育という2つの枝がある。木は土壌である六感(視覚，聴覚，味覚，嗅覚，触覚，直感)や，「認知」，「行動」，「感情」の3つの学習領域から養分を吸収する。これらは体験学習過程を通過して4つの関係性(人と自然との関係，生態系間の関係，他者と自己との関係，自分自身との関係)の理解を得ることを意味している。野外教育の柱となる冒険教育，環境教育の詳細については次節で述べられるが，冒険的要素，環境的要素を含んだ活動を通して，野外で学ぶ人々にさまざまな効果を与える点が野外教育の特徴といえよう。

教育志向としての野外スポーツは，現代社会における子どもの教育環境に深く浸透し，人々の生活環境へ広く根ざす可能性を持つ。また，同時に教育としての野外スポーツの効果を活かした活動をさらに展開していくことが望まれる。

まず野外に出かけること，または出かけるきっかけを与えること，そして野外でスポーツに取り組む，または取り組む機会を与えることが必要である。森や山，海といった自然環境の中，雪や風といった自然現象と向かいあうためには，人は自らの五感を使って感じ，考え，行動しなければならない。そこで感性が磨かれ，創造性が育まれるのである。いきいきとした子どもが育ち，ゆとりある充実した生活を営むために野外スポーツが果たす役割，自然から教わるものは計り知れない。

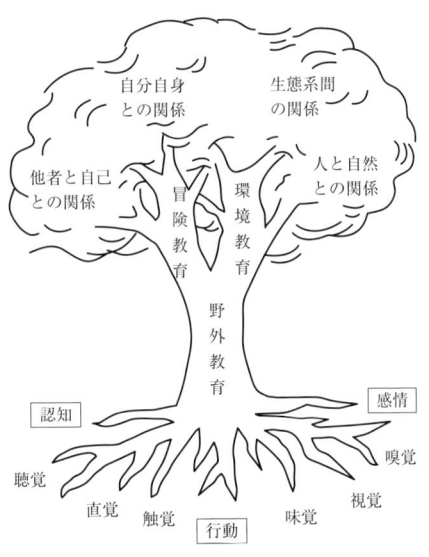

●図2　野外教育の木（Priest, 1986）

参考文献
・日本野外教育研究会(編)『野外活動　その考え方と実際』杏林書院，2001．
・森田勇造『生きる力　体験活動の重要性』ぎょうせい，2004．

Questions

設問1. 野外スポーツについて学んだことをこれまでに行った体験から述べなさい。

設問2. 野外教育について，学んだこととその意義について述べなさい。

設問3. 自然の中で活動することの意義について述べなさい。

Column ●スポーツ大学から社会へ

　アウトドアメーカーの「パタゴニア」創設者であるイヴォン・シュイナードは次のように言う。「優れたビジネスマンを優れたアウトドアマンにするのは大変なことだが，優れたアウトドアマンを優れたビジネスマンにすることは簡単だ」

　2003年に開学したびわこ成蹊スポーツ大学に，野外教育の専門家を養成するための野外スポーツコースが誕生した。より高度な知識と技術を習得した野外の指導者になるためのカリキュラムが組まれている。しかし，社会に旅立った卒業生の就職先は，野外を専門にする企業や民間団体のほか，一般企業への就職もある。彼らの社会での働きには目を見張るものがある。自然の中で学んだ学生が社会に受け入れられ，その成果を発揮している理由は何か。

　本学のカリキュラムの1つに，7泊8日の日程で縦走登山，ハイク，シーカヤック，マウンテンバイクなどの活動をキャンプしながら移動する「野外スポーツ専門実習」がある。冒険的要素を含んだその体験は，体力の限界まで自分を追い込んだ中で自己の判断力や仲間へのコミュニケーション能力が発揮され，できないと思っていたことができるようになる。過酷な活動を終えた後の学生の顔は，いつも自信と誇りに輝いている。そこには身をもって体験したものにしかわからない世界が広がる。大学という社会に巣立つ一歩手前で自然に触れた学生が社会に飛び立つ。野外スポーツコースはいかなる世界にも通用するアウトドアマンを養成する。

（黒澤　毅）

第3章 野外スポーツと自然・人

3-2 自然の中へ冒険にでかけよう

自然の中にはさまざまな冒険の要素がたくさん詰まっている。自然にでかけ，体ごと困難に立ち向かい，やり遂げた時に，一回り大きくなった自分に出会える。今までに見えなかったものが見えるようになる。そして，また自然の中に冒険にでかけたくなる自分がいる。

KEYWORD 　冒険　自然　リスク　冒険教育　自己の成長

1　冒険とは？

「冒険」という言葉を辞書で調べてみると，「危険を冒すこと」と，「成功のたしかではないことをあえてすること」(広辞苑)と出ている。人類は古来から冒険を行ってきたようだが，「成功のたしかではない」「危険」をどうして冒すのだろうか。冒険は人間が持って生まれた欲望であり，「見えない真実や未知のものを自分の力で追求したい，そうすることによって自分の限界を広げ，自分の存在価値を確かめたい」という自然な感情であるといわれている。

多くの冒険には共通して，結果の不確かさ，内在する危険，目的達成への尽力，そして自らの意思で行うことが含まれる。ここでいう危険とは，現に人や環境内に存在し，人に危害を及ぼす可能性があり，避けるべきもの(danger)ではなく，リスク(risk)として区別され，何か価値のあるものを失う危険性を意味する。それは時に身体的(ケガ・死)，心理的(恐怖・不安)，社会的(恥・人間関係への影響)，そして物質的(物損・補償)などの損害を起こしうるものである。それらのリスクを承知のうえで，結果は必ずしも約束されてはいないけれども，それでも自分の力で困難を乗り越えることで広がるかもしれない可能性を求めて，個人の意思で立ち向かうものが冒険といえる。概して冒険とは，自分の居心地のよいコントロール下である環境から，不安と期待が混在する未知な環境へ自分自身を追いやり，その境界線上で格闘し，困難を乗り越えることによって自分自身を成長させることと言える。すべてのものが

●図1　荒波の中への冒険

便利になった現代社会では，冒険の機会が少なくなっている．それにともない，人が持って生まれた冒険への欲求も減っているのかもしれないが，冒険の必要性までもが減っているわけではない．そのため現在では，意図的に冒険をスポーツとして行ったり，教育やレクリエーション，セラピーの一環として用いるなど，現代における冒険は非常に多様化している．

2 自然の中での冒険的スポーツ

自然の中には冒険的な要素が多く含まれているため，自然に出かけるだけで冒険といえるかもしれない．また，同じ活動でも人によっては大冒険に，人によっては日常的になるということもある．野外スポーツの中では，特に自然に内在するリスクと向き合って行うスポーツ(risk-taking sports)のことを冒険的スポーツ(adventure sports)と呼んでいる．自然に内在するリスクというのは，高所（山・岩・空），水中（海・川・湖），地中（洞窟・地下）といった自然環境から受ける影響や，雪・水量・天候といった自然現象からの影響を受け，完全にはコントロールできない．多くの場合，その特殊な環境に合わせた装備や技術を必要とし，行う人や状況の影響から結果は常に不確かであるというのが冒険的スポーツの特徴的な性質である．取り組み方次第で，そのリスクの程度は変化する（図2）．例えば，雪上という環境を用いて，平地あるいは整備されたところでの雪遊び

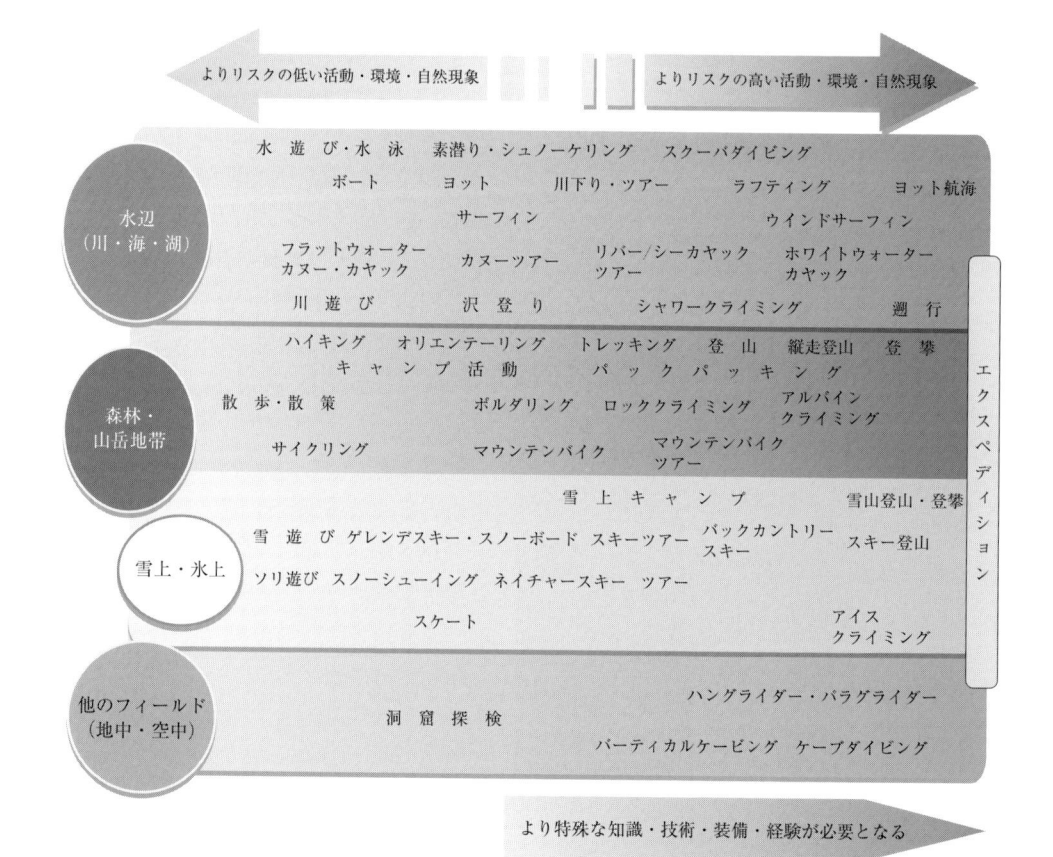

● 図2　自然環境を生かした冒険的スポーツ

やソリ遊びはリスクの低い冒険的スポーツといえるが，スキー登山やバックカントリースキーなどのスポーツは，地形・天候・雪質など，より多くの影響を受け，より特殊な技術，装備も必要となるリスクの高い冒険的スポーツといえる。それぞれのスポーツを行う環境や期間，行う人の形態(ソロ，ガイド，クラブ，友人同士など)でも，リスクの程度は変わる。そのため，図中の位置は非常に流動的だが，右側にあるスポーツの方が比較的にリスクの高い活動・環境を用いる冒険的スポーツといえる。リスクのより高い活動・環境・自然現象下においては，より専門的な知識や特殊な技術・体力・装備が必要となる。また，経験に基づく状況理解・判断力・対応力などが重要となる。近年ではスノーモービルやジェットスキーなど動力を用いて楽しむスポーツ，またホースパッキングや犬ぞりなど動物を用いたスポーツも行われるが，ここでいう冒険的スポーツとは動力や動物の力を用いない，自然環境と人の力，環境に適応するための装備のみで行うスポーツをさしている。

冒険的スポーツから得られるものとして，ストレス発散，自然からの癒しやエネルギーを得ること，技術の習得，仲間作り，自分への挑戦，自己実現，そして生きがいなどが挙げられる。近年このような冒険的スポーツが盛んになった背景として，物質主義では満たされない何かを求めて人々が自然へと向かうようになったこと，メディアによって多くの冒険的スポーツが紹介され，情報が手に入りやすくなったこと，交通や装備，伝達手段の発展から実現性・便宜性が著しく向上したことなどが考えられる。一方では，手軽になったことから冒険自体を軽視する傾向もみられ，惨事につながる事例も見受けられる。

3　教育としての冒険

冒険の要素を特定の教育目的を持って体験学習として組織的に行う活動を冒険教育(adventure education)という。冒険教育はドイツ人教育者クルト・ハーン(Kurt Hahn)によってその基本的な思想が構築され，彼の設立した冒険教育学校 Outward Bound を通して世界中に普及している。現在ではおよそ40の学校が世界中に設立され，毎年20万人以上がそのプログラムに参加している。ハーンは，第二次世界大戦中にドイツのUボートに攻撃されて海に投げ出されたイギリス人水兵のうち，よく訓練されていた若い水兵たちの多くが死んでいく一方で，歳をとった水兵たちが生き延びた事例から，現代社会における冒険教育の必要性を訴えた。若い水兵たちの死は，現代社会において若者が体力・精神力・技術・積極性・想像力・生への意思・人を思いやる心が欠けていることの

●表1　冒険教育の効果

心理的	社会的	教育的	身体的
自己概念	思いやり	野外教育	健康
自信	集団行動・協力	自然の気づき	技術
自己効力感	他人を敬う	自然保護教育	体力
刺激の追求	コミュニケーション	問題解決能力	調整力
自己実現	行動のフィードバック	価値の認識	気分転換
心の健康	友情	野外技術	運動
自己への挑戦	帰属意識	学習能力改善	バランス

反映であり，若者が厳しい状況で自分に向き合い，自分の力で困難を乗り越え，自分に自信を持ち，そこから他者を思いやる心を育むよう，若者の人生に対する姿勢を変える教育が必要であると考えた。そこからようやく，個人に人としての倫理感や責任感が育つ — それが人間社会にもっとも必要なものであるというのが，ハーンが目指したものであった。

　現在では幅広い野外・冒険教育団体，青少年団体，行政機関などによって冒険教育が行われるようになった。その多くが自然環境を生かした冒険的スポーツを用い，自己の成長や社会性の向上などを目的として，青年だけでなく企業研修，スポーツ選手のチーム作りの一環などにも幅広く応用されている。その学習過程は，(1)達成意欲があり，他人と気持ちを分かち合うことのできる学習者が，(2)自然環境という刺激が多く，誰にとっても平等な環境の中で自分自身をさらけ出し，(3)多様な人の集まる独特な社会的環境の中でさまざまな体験を共有し，(4)個人として，または集団として明確な課題を設定し，(5)課題への取り組みの過程では，感情・経験・能力などの面で困難で課題への適応が難しい状況に向き合い，(6)グループや指導者からの支え，本人のやる気，取り組み方などの結果，ついに課題解決・成功を体験し，(7)体験を振り返り，その意味を理解，自己意識の向上，問題解決能力を習得することから，その後の人生への方向づけを行うものである(Walsh & Golins, 1976)。

　冒険教育の効果としては，心理的・社会的・教育的・身体的なものが挙げられ，表1のようにまとめることができる(Ewert, 1989)。

　冒険とは，自分を大きく成長させるために意図的に困難に立ち向かう企てであり，それは現代の文明社会では培いにくくなったものを育てる貴重な機会を提供してくれる。ハーンがめざしたように，一人ひとりが意思を持って各自の冒険に取り組み，成長し，他人や社会を考えることのできる人間に育っていくことができれば，冒険としての野外スポーツが社会に果たす貢献は計り知れないものとなる。

●図3　個々人の技術とグループでの協力をもって挑む雪山登山

参考文献
・ディック・プラウティほか(著)，プロジェクトアドベンチャージャパン(訳)『アドベンチャーグループカウンセリングの実践』みくに出版，1997.
・Ewert, A. W. *Outdoor adventure pursuits : Foundations, models, and theories.* Publishing Horizons, 1989.

Questions

設問1. これまでにどのような冒険をしたことがあるか？ また，その冒険にはどのような要素が含まれていたかを述べなさい。

設問2. 図1から，どのような冒険的スポーツを行ってみたいか，その際に，どのようなリスクがあると考えられるかを述べなさい。

設問3. どのような子どものための冒険教育プログラムを行ってみたいかを具体的に述べなさい。

Column ●アメリカの大自然〜wilderness〜の中で

　ウィルダネス（wilderness）—そこは現代社会においてなおまったく，あるいはほとんど人の手によって変えられていない，自然が自然のままの素の状態で存続する場所。人里や文明の力から遠く離れて，車などの動力がまったく入ることのできない，緊急時にも簡単には救助にたどり着けないところ。そこにはまさに，人間の力を超越した「自然の法則」のようなものによってすべての生命があるがままに生かされているところ。何日もひたすらに太陽・雨・風・砂・雪を直に体に浴び，自然から恵まれる水を飲み，刻々と変わる自然の景色に感動し，自然で思い切り遊び，土をみてその環境に合った排泄を行い，熊や動物に脅かされたり，癒されたり，純粋に生命の喜びや暖かさを感じることができる。そのようなものが恋しくなって，人はウィルダネスにでかけるのではないか。

　熊の足音や呼吸をテントで聞いたり，大きな牛や山羊に囲まれて排泄を行ったり，近くに落ちる雷に怯えながらもそのエネルギーの大きさにどこか興奮させられたり，厳しい自然の中についに自分が溶け込んだと感じられる瞬間—さあ自然の中に冒険にでかけよう！

"wilderness"を実感できるアメリカ・ユタ州の砂漠地帯

（林 綾子）

第**3**章 野外スポーツと自然・人

TARGET 3 自然を学びにでかけよう

昔，人は自然のサイクルからの恩恵のみを衣食住にあてていた。現在，人の周りは豊富な食料と不自然な物質であふれ，自然環境だけでなく，心や体の自然までが壊されてきている。自然と人を本来の関係にするには，自然を感じること，気づくことから始まる。

KEYWORD　環境教育　里山　自然環境

1 ■ 人と自然のかかわり

現代人の祖先が誕生してから今まで，人はそのほとんどの時間，自然に直接依存した狩猟や採集活動を基本とし，その後定住生活を中心に自然と交流し，自然に教わり，自然に働きかけて生活を営み続けていた。その中で，人は自然の中に神という超越的な存在を感じ，精神的な支えとなるものも自然から受け取っていた。このように人の生活は自然からの恩恵で成り立っており，生活に必要なものがすべて身近な生活圏の中で調達できた時代が日本では江戸時代まで続いた。

人の生活エリアに隣接し，生活に必要なものの多くを供給してきた自然を里山と呼ぶ。里山からは四季を通じてさまざまな食物が提供される。春の山菜，秋のキノコや果実，そこに生息する動物たちである。また，樹木や竹などは生活に必要な材木や調度品，作業用具の資材となる。さらに鎮守の森など神社も里山に存在する。里山の奥には奥山あるいは深山（みやま）と呼ばれる大自然が存在していた。山岳宗教の霊山であったり，修行の場として人の手が届かないエリアであった。これが日本的な自然と人との共存する関係であり，そこで人は自然環境と「自然」な関係の中で生活することで健康を保っていた。

20世紀になると，産業革命や西洋的文化の波とともに，人はより便利で快適な生活を望むようになる。人は里山に入る必要がなくなり，また里山からの恩恵を受けることもなくなった。西洋的自然観では，自然は人の手で管理する必要のあるものであり，そのために科学技術が利用される。河川の水をコントロールするためのダム，大量の材木を確保するために行われる同一種の植林，生活エリアを拡大するための干拓や埋め立て，森林伐採などである。結

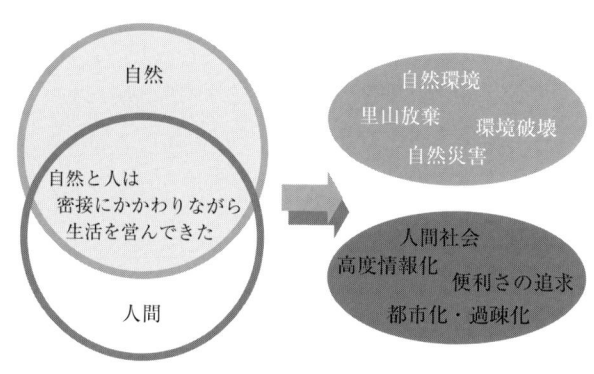

● 図1　自然と人のつながりの変化

果として里山は放置され、奥山、深山と呼ばれた大自然は開発の対象となり、人と自然の関係は疎遠となってしまった。同時に、自然から離れて生活をしている人自身も、心と体のバランスが崩れ不健康な状態となっている。自然と人のつながりの変化を図1に示した。この疎遠となった人と自然の関係見つめなおし、人の持つ本来の健康な状態に戻す必要がある。

これからの持続可能な人と自然の関係を見ていくのに、どれほど人間が自然環境に負荷を与えているかをわかりやすく伝える指標がある。それはエコロジカルフットプリント（Ecological Footprint：以下 E.F.）と呼ばれる指標で、ある地域の経済活動に必要な土地や海洋の表面積をその地域に住む人数で割ると「一人当たりの E.F.（ha／人）」が出る。日本人の E.F. は平均 4.3 ha／人で、世界の平均 1.8 ha／人を大きく上回っている。平均の約 2.4 倍の量である。これは、日本人の生活が地球 2.4 個分で行われていることを示している。日本人が里山で生活していた E.F. である「地球1個分」で、豊かな生活が送れるような人と自然の新たな関係を創り出したいものである。

2　自然環境の利用と配慮

日本の豊かな自然環境のひとつである森林や山野では、登山やハイキングがレクリエーション志向で行われ、特に日本百名山のブームに乗って中高年の参加者が増えている。また、国民の健康に対する関心の高まりにともない、森林の有する保健休養機能に対するニーズが高まっており、森林の持つ癒し効果を活用した健康づくりのための森林空間利用の推進が期待されている。

「健康」は人体内部にある自然と外界の自然との調和がもたらすもので、「不健康」とはその逆の状態の不調和から生まれてくる。身体的、精神的に不健康な状態の人が森林浴や森林レクリエーションを通じて健康回復・維持・増進を図る森林の癒し効果は、森林療法、森林セラピーの名称のもと、全国でその効果が報告されている。長野県信濃町では、森林療法として地元住民が慣れ親しんできた森林散策コースを整備し健康志向プログラムを展開しており、その中にはメタボリックシンドローム対策として取り組んでいるコースもある。

自然環境を利用して行われる野外スポーツには、他の競技スポーツのように「必ず…しなさい」とか「…してはいけない」という成文化したルールはない。その場その場で活動するものが各自の判断で活動の内容を決めて行う。そのため各自の行動が誰からもチェックされず、時には無謀な行動や知識に欠ける行為を行ってしまう場合も出てくる。活動中に他人に邪魔をされたり、不愉快に感じる場面に遭遇することもある。また、本人が知らず知らずのうちに他の人や自然環境に対して悪い影響を与えてしまっていることもある。その一例として琵琶湖が挙げられる。

琵琶湖は、世界有数の古代湖であり、類のない固有の生態系を有する湖として知られている。カヤックやボードセーリング、水泳、魚釣りなどの多様な野外スポーツの場となっており、また、水上バイクやクルーザー、プレジャーボートの利用も多い。最近ではスポーツフィッシングの対象として、外来魚であるブラックバスやブルーギルも話題となっている。そこで滋賀県では琵琶湖におけるレジャー活動にともなう自然環境への

負荷を減らし、健やかなまま次世代に引き継ぐために、平成14(2002)年10月より「滋賀県琵琶湖のレジャー利用の適正化に関する条例」を制定した。通称「琵琶湖ルール」と呼ばれており、表1の4点が規制されている。

琵琶湖の状況以外にも日本各地にある国立公園でのゴミや屎尿、オーバーユースの問題、スキー場での森林伐採の問題などがあげられる。このように野外スポーツのフィールドとして将来に渡り維持していくためには個人のモラルや環境に対する配慮が必要となる。ルールに頼らない持続可能な野外スポーツの実践が重要となる。

3 ■ 体験から自然を学ぶ

野外スポーツとしての環境教育プログラムでは、自然環境や生態系のしくみ、人と自然の望ましい関係のあり方などについて学ぶ。たとえば、自然の中でのキャンプ生活では不便な生活を体験することで、日常生活が便利すぎていることや生活の無駄な部分に気づくことができたり、自然の中で遭遇する動物の死からは命の尊厳について学ぶことができる。

環境教育の目的は「(1)環境問題に関心を持ち、(2)環境に対する人間の責任と役割を理解し、(3)環境保全に参加する態度と環境問題解決のための能力を育成すること(トビリシ会議、1977年)」と示されている。この目的を達成するためには、(1)→(2)→(3)と段階的にプログラム目標を設定する必要がある。第一段階は自然環境や人を取り巻く社会・文化的環境について興味・関心を持ったり、感じることが目標となる。第二段階での目標は具体的に知識を得たり、理解を深めたりするだけでなく、その環境と人が密接に関連しあい影響を受けやすい関係にあること、そのため影響を与えたことに対して責任があることを認識することである。そして第三段階では環境に関する問題を自らの問題とすることで、具体的に何が問題で何が原因となっているのか、またその問題解決に向けてどう判断し、どのように行動に移し、実践できるのかということが目標となる。この段階的な目標に沿って体験を進めていくことで豊かな感受性を身に付け、自然界の

●表1 琵琶湖ルールについて（滋賀県、琵琶湖レジャー対策室ホームページより引用）

■ルール1：プレジャーボートの航行規制 水上オートバイを中心とするプレジャーボートの騒音から、湖岸の住居集合地域等の生活環境や水鳥の生育環境を保全するため、航行規制水域(2007年1月現在23箇所)を設け、水域内での航行が、原則として禁止されている。
■ルール2：従来型2サイクルエンジンの使用禁止 プレジャーボートの排気ガスに含まれる炭化水素や窒素酸化物による水質への影響を低減するため、従来型2サイクルエンジンの使用が2006年4月から禁止されている。環境対策型エンジン等を識別するため、琵琶湖で使用することができるプレジャーボートには、滋賀県が定めたシールを貼付することとしている。
■ルール3：外来魚(ブルーギル、ブラックバス)のリリース禁止 釣りというレジャーの側面から外来魚を減らし、琵琶湖の豊かな生態系を保全するため、外来魚のリリース(再放流)を滋賀県内全域で禁止している。湖岸の釣りスポットとなっている公園などに外来魚回収ボックスや回収いけすを設置されている。
■ルール4：レジャー利用の適正化に関する地域協定 深夜の花火やゴミ投棄、不法駐車等の迷惑行為を解決するため、県内の各地域において、住民、レジャー利用者や関係事業者が対策を話し合い、地域の実情に応じたローカルルールを策定することができる。

様々な事象に関してそのつながりを学び，最終的に持続可能な社会に向けて自分で判断して自分から行動できる人間へと成長していく。

プログラムの対象年齢も重要な要素になってくる。図2は環境教育の段階的目標を人のライフステージから表している。幼児期，学齢期，成人期のいずれにおいても「〜の中で」「〜について」「〜のために」の環境教育の3つの場が設定されることが必要だが，学習者の発達段階に応じてそれぞれのライフステージで強調されるものが異なる。すなわち幼児期では感性学習，学齢期では知識・技術学習，成人期では行動・参加学習に重点が置かれる。特に幼児期や学齢期における自然の中での体験は，自然に対する豊かな感受性を育むため重要視される。その例として，子どもたちと一緒に自然の中で五感を活用して行うネイチャーゲームは，自然への気づき（ネイチャーアウェアネス）を得，感受性を高め，他者への思いやりや生命を大切にする心を育てることができる。

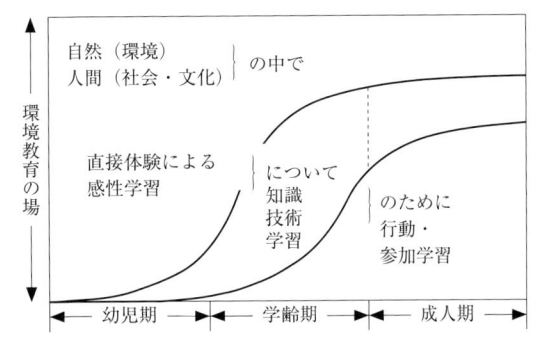

●図2 生涯学習と環境教育（阿部治，1993）

このように「自然や環境を感じ，興味・関心を持ち，学び，行動できるようになる」ためには，実際に自然の中で体験から学ぶことが不可欠である。たとえば海でのスノーケリングという活動を通して，参加者は海に対する関心や理解が深まったり，地球生態系の中で海が占めている重要な位置を理解したり，さらには海洋環境の保護活動としての行動を起こすことができるようになるという環境教育の効果が期待できる。

五感を活用する体験で培われる豊かな感受性は，子どもたちがいきいきと活動し，人がゆとりある充実した生活を送る基盤となるものである。人と自然の望ましい関係を築いていくためにも自然を体験し，感じることからまずスタートしてほしい。

参考文献
・降旗信一『ネイチャーゲームでひろがる環境教育』中央法規，2001．
・キャサリンレニエほか(著)，日本環境教育フォーラム(監訳)『インタープリテーション入門』小学館，1994．
・岡島成行『アメリカの環境保護運動』岩波書店，1990．

Questions

設問1． 里山の現状についてまとめてみよう。
設問2． 地球規模の環境問題について，その原因を調べてみよう。
設問3． ネイチャーゲームについて調べてみよう。

Column ●変わり続けるキャンプ

キャンプ(CAMP)とは，自然の中で一時的に生活すること，ともに生活をし，自然体験をすること。語源はラテン語で「平らな場所」を意味する。昔平らな場所に砦のようなものを築き，そこに兵隊を置き訓練を行った。それがいつのまにか共に生活し，兵隊の訓練をするところとなり，さらに転じて仲間と共同生活をするという意味になった。

日本のキャンプの最初は明治40(1907)年，学習院中高等科の生徒が遊泳演習の時に天幕(テント)に宿泊したことである。その後，ボーイスカウトやYMCAのキャンプが全国で行われた。ボーイスカウト最初のキャンプは大正5(1916)年，琵琶湖畔の雄松崎(近江舞子)で京都の少年義勇団によって行われており，YMCAでは大正9(1920)年，兵庫県六甲山麓で大阪YMCAがキャンプを行っている。また治療，療育キャンプの先駆けとして昭和28(1953)年に肢体不自由児を対象に神戸YMCAによって香川県小豆島余島で障害児キャンプが初めて行われた。

●幼児キャンプの1コマ

その後，キャンプの対象は青少年だけでなく幼児や中高年者，認知症高齢者等と広がっている。目的も冒険教育や環境教育・環境学習など多様化しており，不登校児や非行少年の治療・更生を目的としたプログラム重視のキャンプも実践されている。最近では，いきいきとした生活体験を重要視する1週間以上と長期にわたるキャンプや，30泊31日のサマーキャンプも試行されるようになった。

(中野　友博)

第II部 選手・コーチのためのスポーツ学

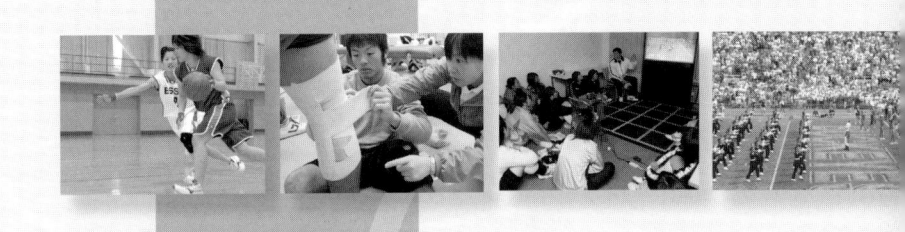

1章 トレーニングと健康

2章 スポーツとコーチング

3章 スポーツと情報戦略

4章 スポーツとビジネス

第1章 トレーニングと健康

スポーツ内科の役割

TARGET 1

日本体育協会公認スポーツドクターの役割は多彩である。選手のメディカルチェック，20世紀に進歩した生命科学の成果をスポーツに応用するトレーニングや研究，競技会等の医事運営，チームドクターなどである。代表的な内科系のスポーツ傷害はスポーツ貧血とスポーツ心臓である。ドーピング対策やアンチドーピング活動も含まれる。

KEYWORD　スポーツドクター　スポーツ貧血　スポーツ心臓　アンチドーピング

1 スポーツにおける医療者の役割

　日本体育協会公認スポーツドクター制度が発足して25年になるが，日本にはスポーツ省がなくスポーツ団体の管轄が文部科学省であるため，厚生労働省が管轄する医療資格者の役割を明確にできていない。20世紀に急速に発展した蛋白化学，遺伝子化学，医学・医療の進歩がトレーニング科学に大きく貢献していることからスポーツ強化への役割が求められる以外に，内科系スポーツ傷害への対応，ドーピング対策，糖尿病・喘息などの疾患を有するアスリートへの指導，メディカルチェック，救急処置，予防接種という医療行為，栄養・睡眠など生活習慣など多彩な役割を果たしている。

　スポーツドクターは，スポーツにかかわる医師であるが，3つの資格が混在している。(1)日本体育協会公認スポーツドクター，(2)日本整形外科学会認定スポーツドクター，(3)日本医師会認定健康スポーツドクターである。それぞれに認定制度と生涯教育制度が確立している。ここでは，競技スポーツという観点から日本体育協会公認スポーツドクターの次の5つの役割とされている。

1) スポーツ活動を行う者に対する健康管理と競技能力向上の援助
2) スポーツ外傷・障害に対する予防，診断，リハビリテーションなど。
3) 競技会等の医事運営ならびにチームドクターとしての参加
4) スポーツ医学の研究，教育，普及活動
5) その他上記に準ずる必要な事項

　病院・医院・診療所での医療はメディカルチェック，スポーツ傷害の診断・治療という点でスポーツと深くかかわっている部門がある。一方で，スポーツ現場である体育館・競技場などは保険診療の場所ではないため，厚生労働省が認めた医療保険を用いた医療行為ではなく，応急・救急処置や慢性傷害を有する選手への指導などに限定される。

【スポーツドクターの活動例】
　滋賀県体育協会にはスポーツドクター委員会があり，国体帯同や医事活動を行っている。また滋賀県スポーツ医会は滋賀県医師会系の組織であるが，勉強会・医事活動・講習会講師派遣などを積極的に行っている。スポーツドクターを専門職とすることは稀であり，本務である勤務医や開業医として日常医療活動を行いながら，週末にスポーツドクターとして活躍することが通常である。

2 スポーツ活動を行う者に対する健康管理と競技能力向上の援助

メディカルチェックで頻度の多い内科系スポーツ傷害はスポーツ貧血とスポーツ心臓がある。スポーツ選手は赤血球が壊れやすく鉄代謝が活発なため，スポーツ貧血は溶血性貧血と鉄欠乏性貧血が多い。通常の血球測定に加えて血清鉄やフェリチン測定を行う。スポーツ心臓のスクリーニングは心電図で行う。精密検査には運動負荷試験や心臓超音波検査などを行う。突然死の危険の高い選手に正しい指導を行うことが重要である。肝臓疾患，腎臓疾患，糖尿病，甲状腺疾患，喘息，アトピーなどの慢性疾患への対応と風邪・インフルエンザ・食中毒などの急性疾患への予防・治療などの対応も健康管理の一環として行う。

競技能力向上への援助にはスポーツドクターが果たす余地がたくさんある。競技種目に応じた実験室でのデータからトレーニングメニューへのアドバイスを行ったり，栄養・睡眠・生活習慣の改善を指導する。

3 スポーツ外傷・障害に対する予防，診断，リハビリテーションなど

頻度としては稀であるがアスリートは非アスリートの2倍死亡率が高いため，突然死への準備が重要である。内科系突然死の多くは心臓死であるため，ここでは心停止への対応を取り上げる。2004年から市民がAED（自動体外式除細動器）を使えるようになった。予防と診断はメディカルチェックで生理的なスポーツ心臓と病的な心臓肥大や不整脈を識別する事である。究極のスポーツ傷害である突然死への唯一の治療はAEDである。学校，駅，体育館，競技場などにAEDが設置されるようになってきた（図1）。その結果，スポーツイベントでの心停止がAEDで救命される事例が増加している。その他，熱中症，過換気症候群などへの予防や対応も重要である。

4 競技会等の医事運営ならびにチームドクターとしての参加

スポーツを管轄する団体には種目別の団体（日本陸上競技連盟，日本サッカー協会，日本相撲協会，日本プロ野球機構，日本高等学校野球連盟など）と複数のスポーツを管轄する団体（日本オリンピック委員会，日本体育協会，都道府県体育協会など）がある。医事運営には試合のスケジュール，天候，メディカルチェック，救護体制を含めた広い視野での対応

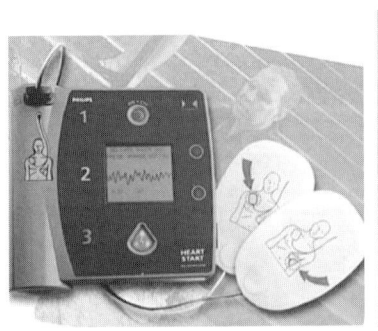

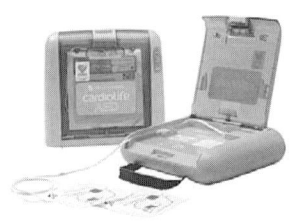

●図1 スポーツ施設に設置されているAED 3種類

を行う。大規模な大会では医事・救護の運営も大規模となるが，医事運営を担当する。選手の肩への過剰な負担となる夏の高校野球の日程や週に3回以上のサッカーの試合など過酷な試合のスケジュールへのアドバイスを行う役割もある。夏の猛暑日が急増していることと夏休みに試合が多数組まれるため，スポーツ中に熱中症で倒れたり死亡する選手や指導者が年々増加している。全体への注意と水分補給の指示も重要であるが，医事運営という立場から，熱中症警報や気温・湿度から競技中止する基準を設けたり，事故が発生すれば中止を主催者に勧告する役割もある。

チームドクターの役割は，(1)選手のメディカルチェック，(2)練習計画や試合日程へのアドバイス(フィジカルコーチ的役割)，(3)アンチドーピングの啓蒙，(4)試合当日の救護活動，(5)スポーツ傷害を持つ選手へのサポート，(6)競技復帰に向けてのリハビリテーションへのサポートなど多様である。

5 スポーツ医学・医科学の研究，教育，普及活動

スポーツを科学として扱い，研究の成果を人類共有の財産とすることがスポーツの発展につながるが，さまざまな病気の臨床試験での豊富な経験を持つ医学・医科学の経験を活用することが Evidence Based Sports Science の発展につながる。スポーツの名称をつけた大学，学部，学科が日本でも多く誕生しているため，今後大きく発展する領域である。研究のみならず，教育やスポーツの普及についても同様に，ドクターの役割がある。

6 その他 上記に準ずる必要な事項

最近，重要なことはアンチ・ドーピングの教育と対策である。日本人大リーガーがドーピング違反を認めた事例やJリーガーがドーピングにあたらないのにチームと選手がドーピングと認め，チームドクターが認めない事例など具体的な事例が増えている。ドーピング検査の対象となった選手の居場所，使う薬，持病，使用するサプリメントなどの情報を十分把握するか，チームや個人として知識を持つ必要がある。感染症対策として予防接種などの免疫のチェックも重要である。日本ではドーピング違反は大変稀であるが，世界にはドーピングが当然という国もあるため，正しい知識を伝える役割がある。

Questions

設問1. 日本体育協会公認スポーツドクターの役割を5つ述べなさい。

設問2. 突然死に有効で，公共施設やスポーツ施設に設置されている器械を述べなさい。

設問3. 新聞で報道されているスポーツ選手の病名(診断名)について調べてみよう。

Column ●メタボは人類の進化か？

　人類はアフリカでサル・ヒトの共通祖先から進化し，図1に示すように立位歩行による両手の自由さと脳の発達のお陰で道具を使って現代文明を手に入れた。しかし，21世紀に大きな曲がり角を迎えている。一つは地球温暖化であり，もう一つはメタボリック症候群(以下メタボ)の急増である。この両者は20世紀の科学技術の進歩がもたらした負の産物であるという共通点を持っている。

　メタボが急増している原因は「飽食」と「運動不足」である。図2に示すようにウエストが大きい内臓脂肪蓄積が進行すると肥満症(図では豚)へと変化すると予測されている。かつて人類は必要に応じた生活のために道具を使って鹿や猪を捕まえていた人間は狩りという運動を行い栄養不足であった。工夫して発明した道具のおかげで，動かなくても飽食となり，座っているだけで生活できる恩恵を受けたが運動不足でメタボから肥満に変化している。

　1950年までは日本人死因一位は結核であり，「やせ」は虚弱・病気のイメージであり，肥満は健康・富の象徴であった。その後高血圧性脳出血が死因の一位となったが，現在はガンが死因一位である。肺がんが急増しているためタバコ対策が現時点の最優先課題であるが，動脈硬化性疾患である死因2-3位の心臓病と脳卒中を合わせるとがんと同程度となる。メタボ対策＝動脈硬化対策であり，健康日本21や特定検診などの政策が実行されている。

　メタボの特定保健指導や中高年のスポーツ・運動促進の重要性が強調されているが，強度肥満の人が運動すると足腰の関節を痛める。有酸素運動での突然死に50歳前後が多いのは動脈硬化が進行しているためである。メタボの人は運動前にメディカルチェックが必須となっている。生活のための必死に狩猟を行っていた縄文以前の人類からみると，飽食の結果メタボとなり，スポーツジムに通う現代人の姿はどう見えるのだろうか？

　2008年からはメタボにターゲットを絞った健康診断である特定検診/特定保健指導が導入される。医師，看護師，保健師，管理栄養士，健康運動指導士などが積極的に食事指導・運動指導を行って，実効あるメタボ対策が期待されている。

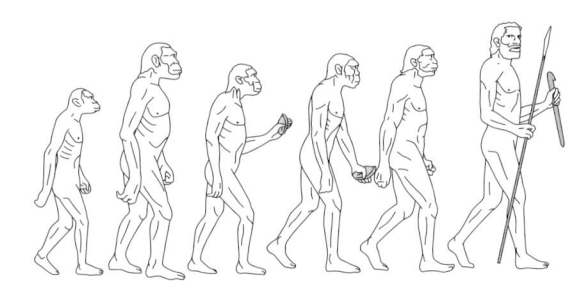

●図1　サルからヒトへの進化

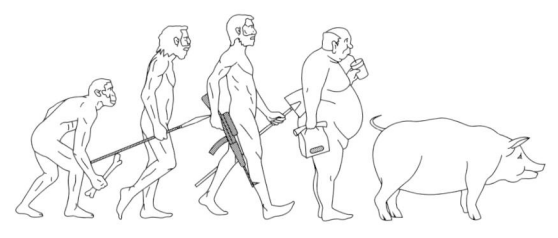

●図2　サルからヒト，そしてメタボへの進化

(髙橋　正行)

第1章 トレーニングと健康

2 スポーツ整形外科の役割

TARGET 1

スポーツ活動には，運動器のけがや故障，すなわちスポーツ外傷や障害の発生は避けられない。その際，正確な診断を行い，治療方針を決定し，それを実行し，さらに最終的なスポーツ復帰までの経過を支援するのがスポーツ整形外科の役割である。

KEYWORD スポーツ外傷　スポーツ障害　整形外科

1 スポーツ場面における整形外科

プロ野球のテレビ中継でデッドボールが発生した時，スプレー缶を片手に選手のところに駆けつけているスタッフの姿は誰もが一度は見かけたことがあるだろう。単なる打撲ならともかく，骨折を生じた場合には，選手はすぐに医療機関に搬送され，病院では主に整形外科医が診断や治療を担当する。最近ではスポーツによるけがや故障については，整形外科医の中でもスポーツを専門とする医師，すなわちスポーツ整形外科医（整形外科スポーツ・ドクター）が関与することが多くなっている。

ここでは，整形外科領域のスポーツ医学，すなわちスポーツ整形外科がどのようにスポーツの現場にかかわっているかを解説し，その役割について考えてみたい。

2 そもそも"整形外科"とはどのようなところなのか

人間が生きるためには，各種の器官（臓器の集まり）が必要である。スポーツに直接関係するものでは，酸素を取り入れる呼吸器（肺や気管など），その酸素を全身に運ぶ循環器（心臓，血管など），さらに栄養を取り入れる消化器（食道，胃腸など）がある。また情報を収集する感覚器（眼や耳など）や，運動を命令する神経器官（脳や脊髄）も重要である。そして，最終的に身体を動かすのは運動器と呼ばれている骨や関節，筋肉や腱である。この運動器の病気（骨の腫瘍や関節炎）やケガを取り扱ってきたのが「整形外科」である。

3 スポーツ整形外科が対象とする外傷や障害

スポーツが原因で発生する運動器のけがや故障を，整形外科では「スポーツ外傷」や「スポーツ障害」と呼んでいる。スポーツ外傷は，具体的には骨折や捻挫，脱臼，腱の断裂（アキレス腱など），さらには前十字靱帯損傷など，急に発生した外力による損傷であり，皮膚からの出血は関係ない。外傷は通常，いつ，どのような状況で発生したかを説明できる。これに対して，スポーツ障害は慢性に発生し，いつ症状が出現したかを

はっきり答えられないことが多い。例えば、疲労骨折や腱炎、慢性の腰痛症、シンスプリントなどがそうである。

① ── スポーツ現場での外傷とスポーツ整形外科のかかわり

　2006年5月にニューヨーク・ヤンキースの松井秀喜選手が試合中に打球をキャッチしようとして、左の手首を骨折したことは記憶に新しい(図1)。テレビでは痛々しい受傷時の模様とともに、すぐさまチームのトレーナーが駆け寄り、手首を保護しながらベンチ裏に姿を消す場面が繰り返し放映された。その後、松井選手はニューヨーク市内の病院に駆けつけ、診察の結果、橈骨の粉砕骨折と診断された。これは典型的なスポーツ外傷である。翌日の午前中に、コロンビア大学の整形外科医により手術が行われている。これらの模様は、シーズン後にテレビ番組で松井選手本人の了解のもとレントゲン写真を含めて詳しく公開された。

　整形外科に限らず治療に手術(観血療法という)をすることのある臨床部門では、手術をすべきかどうかの判断がもっとも重要である。松井選手の場合、先の番組によれば、手術以外の方法(保存療法という)、例えばギプス固定(外固定という)では元のようなバットスイングができないと判断された。そのため骨折部を直接目で見て元に戻し(整復という)、金属プレートやネジで固定する手術(内固定という)が行われたのである。

　このような決定は、とりわけ松井選手のようにまだまだ現役での活躍が期待できるスポーツ選手であればこその判断である。同じような粉砕骨折であっても、例えば一般の高齢者であれば日常生活に支障が残ることは少なく、保存療法が行われた可能性が大きい。骨折の治療法選択については整形外科の学会で論議されるが、スポーツ選手に関する治療成績は、主にスポーツ整形外科の学会や学術雑誌で報告され、治療する場合の大切な情報となる。

　病院に入院、あるいは外来通院中の期間は、整形外科医の指示の下で主に理学療法士(PT：Physiotherapist)がリハビリテーションを担当する。手術直後から1～2週間で患部の固定が除去されるが、その後は徐々に関節の動きの訓練(可動域回復訓練)が始まる。さらに骨折部の治り具合が整形外科医により定期的に判定される。松井選手の場合も手術を行った医師(執刀医)の許可により、バットスイングが再開された。これ以後は、チームのスポーツ外傷・障害を担当するトレーナー(AT：Athletic trainer)とともにスポーツ復帰を目指すプログラムが実行される。この時期にも整形外科医は患部に異常が発生していないかどうかを判定し、選手のさまざまな不安や質問にも答えなければならない。

　そして異常がなければ、整形外科医は、現場のトレーナーに対しさらに強度の高いトレーニングを許可することになる。こ

●図1　松井秀喜選手の骨折を伝えるNYの新聞各紙［写真提供：共同通信社］

れ以後は，選手は医師の監視下から離れることが多いが，骨折の場合は骨折部を止めた金属を取り出す手術(通常は1年以上経過して行われる)の際に，医師と再び対面することになる。

　以上のように，スポーツ外傷とスポーツ整形外科の関係は，その診断，治療方針の決定，治療の実施，その後の患部の治り具合の評価，スポーツ復帰を目指したアスレティックリハビリテーション(p.115を参照)の開始の許可，最終的なスポーツ現場への復帰の許可，およびその後の追跡ということになる。したがって，スポーツ整形外科を専門とする医師は，スポーツ外傷・障害の診断や治療だけでなく，スポーツ復帰に必要なリハビリテーションの知識や技術，また選手の心理状態を理解する能力，さらにスポーツ現場とのコミュニケーション能力が要求される。

②──スポーツ障害や健康スポーツにおけるスポーツ整形外科のかかわり

　スポーツ障害は，同じ動作を繰り返し行った場合に発生しやすい。例えば陸上競技の長距離種目では，疲労骨折(本項コラムを参照)やアキレス腱炎，ランナーズ膝といった典型的なスポーツ障害が発生する。これに対して整形外科医の診断がつけば，現場のトレーナーは選手のコンディショニングに注意を払い，医師の許可の下で温熱療法や電気療法などの物理療法や，ストレッチングはもちろん各種運動療法などの効果(の可能性)のあるあらゆる治療を試みることになる。選手はその後，定期的にスポーツ整形外科を訪れ，患部の診断を受けながら徐々にスポーツ復帰をめざすことになる。

　多くの場合，スポーツ障害には保存療法が適用されるが，時には観血療法を必要とするケースもある。筆者の経験でも，疲労骨折では脛骨跳躍型，足部の舟状骨と第5中足骨基部(ジョーンズ骨折)，腱炎ではジャンパー膝(ロールス分類4期，断裂型)，離断性骨軟骨炎では外側型野球肘，下腿コンパートメント症候群などで手術を行った。しかし，これらの治療の選択には，まだ意見の一致を見ていないところもあり，今後のさらなる研究成果が待たれる。

　また，スポーツ整形外科は，選手だけでなく一般社会人のスポーツ活動による外傷・障害の診断，治療を行う。最近では，中高年者の運動やスポーツがさまざまな理由から推奨されており，それにともなう運動器の外傷・障害が大きな問題となっている。特に変形性膝関節症は，50歳から60歳以上の年齢であれば程度の差はあれほとんどのスポーツ参加者に症状が出現する可能性がある。最近ではヒアルロン酸製剤の優れた注射薬が開発され好成績が得られるようになったが，運動療法の効果も大規模な臨床研究によって，経口薬と同等の効果が報告されている。今後とも中高年者のメタボリック・シンドローム対策，高齢者の転倒予防あるいは介護予防体操などで，ますますスポーツや運動の重要性が認識され各地で実施されるであろうが，逆に運動器の外傷や障害が問題になるであろう。

4　スポーツ整形外科の将来的課題

　運動器はスポーツの夢と感動を生み出す大切な器官である。さまざまに表現したい身体の動きを，最後に見せてくれるのが運動器である。しかし，どんなに注意を払ってい

ても,スポーツにはさまざまな事故が発生し,多くの場合,運動器が犠牲になる。

　スポーツ整形外科はいまだ発展途上であるが,スポーツ外傷・障害の正確な診断技術の開発,スポーツにとって正しい治療法の選択,人体に負担の少ない治療法の開発,さらには一日でも早く元のスポーツに復帰できるようなリハビリテーション・プログラムの開発など,スポーツに特化した臨床や研究に取り組んでいかなければならない。そして究極の目的は,スポーツ外傷・障害の予防法の開発にある。スポーツ外傷・障害に関する学術的研究も,ようやく治療から予防へと向かいつつある。スポーツ整形外科が今後,独立した学として,あるいは臨床部門として成立するためにも独自の研究方法を確立する努力が必要である。

参考文献
・大久保衞「スポーツ選手に起こりやすい外傷・障害(整形外科系)とその予防」藤本繁夫,大久保衞(編)『スポーツ医学』pp.82–109,嵯峨野書院,2002.
・大久保衞,市川宣恭「スポーツ」島津晃,浅田莞爾(編)『バイオメカニクスよりみた整形外科』(改訂第2版) pp.261–281,金原出版,1993.
・大久保衞(編著)「指導者のための整形外科学」『中高年の運動実践ハンドブック』pp.179–234,昭和堂,2007.
・福林徹「スポーツ医学の過去・現在と未来」『臨床スポーツ医学』25:39–42,2008.

Questions

設問1. これまでのスポーツ活動の中で経験したスポーツ整形外科とのかかわりについて具体的な例(自らの,あるいはチームメイトや友人の例など)を挙げて述べなさい。

設問2. これまでに各種メディアを通じて知っているスポーツ選手の外傷・障害の種類とスポーツ復帰までの経過について述べなさい。

Column ●疲労骨折は予防できるか？

　疲労骨折は，1回では折れない程度の力が骨に繰り返し作用し，ついには「ポキッ」と折れることもある代表的なスポーツ障害である。

　みなさんは，ペンチがない時にどうしても針金を切りたい場合，どうしますか？　針金を持って曲げたり伸ばしたりしませんか？しばらくすると曲げたところが熱くなって，ついには折れてしまうだろう。これは金属の疲労現象と言われるものであり，かつてこの現象によって航空機事故が発生したことがあった。スポーツ活動においても熱心にやりすぎると，骨で同じような疲労現象が起こり，折れてしまう。

　ただし，針金と骨とには大きな違いがある。それは，骨には治す力があることである。疲労骨折になりかけても練習量を減らせば，いつの間にか治っているのが普通である。ただ痛いのを我慢して練習を続けると，ある時期から治るより折れるスピードが速くなり，ついには完全な骨折になってしまうことがある。

　著者がこれまで疲労骨折として治療したことのあるアスリートでは，月間600kmを走っていた高校生の長距離ランナーや同じく月間400kmを走っていた40歳のママさんランナーがいた。しかし，一流のマラソンランナーになると，男女とも月間1,200kmも走ることがあるのだが，疲労骨折はほとんど起こらない（たまにニュースで耳にするが……）。果たして，どこが違うのだろうか。

　疲労骨折は，地面からの衝撃が直接骨に伝わることにより起こる。そのため，衝撃をいかに少なくするかが予防の鍵といえるだろう。そして重要なことは，その衝撃を少なくしているのは関節の動きであり，また関節の動きを支えているのは筋肉の作用であることを認識することなのである。

　テレビで見る一流マラソンランナーの脚の筋肉はどれもすばらしく発達している。これは，速く走ることのほかに，衝撃を吸収しているからなのである。

　ちなみに，彼ら彼女らのレース用シューズは片方で150gほどの重さしかない超軽量シューズである。速く走るためには少しでも軽いシューズがよいのだが，軽くすればするほど衝撃吸収機能が少なくなる。このようなシューズを選手以外の人が履くと，容易に故障をしてしまうだろう。軽いシューズを履くことができるのも強い筋力があるからなのである。そのため，初心者の場合は350g程度の底のしっかりしたジョギングシューズを使用するのがよいであろう。

　疲労骨折で有名なDevas先生は「地上で疲労骨折を起こす動物は3種類。競争犬と競争馬，そして人間である」と語っている。いずれも人間の心が深く関係している。スポーツでは「勝ちたい」という強い意欲が，競技力向上にはなくてはならないものなのである。しかし，自らの筋力と相談しながら適切な練習量を決めること，そして筋力をつけるための日常の地道な基礎トレーニングを行うことが疲労骨折の予防につながるのである。

（大久保　衛）

第1章 トレーニングと健康

3 TARGET

スポーツの生理学

スポーツ選手が日頃実践している筋力トレーニングや体力トレーニング法の進化は，間違いなく，スポーツ生理学の功績と言える。つまり，スポーツ生理学は競技力向上に大いに役立つ学問なのである。本当に強くなりたければ，スポーツ生理学を学ぶのがもっとも近道といえるだろう。

KEYWORD　筋肉　エネルギー　体力

1　スポーツはパワーこそ命

①――車のエンジンは，心臓なのか？　筋肉なのか？

「車のエンジンに相当する身体の組織はどこか？」と質問すると，「心臓」という答えがほとんどで，「筋肉」と正しく回答できる者はわずかしかいない。車のエンジンは，駆動することによってタイヤを回転させて車を動かす。つまり，エンジンは動力を発揮する機関なのである。確かに，心臓は身体の中で常に動き続けている器官であるけれども，外部に直接，力を発揮することはない。車を人間に置き換えて考えると，どうなるだろうか。歩く，走る，持ち上げるといったすべての運動や動作は，筋肉が収縮することで可能になる。つまり，筋肉が車のエンジンに相当すると考えられるだろう。筋肉が収縮することによって筋力が生まれ，外部に力を発揮することになる。このように，筋肉の収縮が〈筋力の発揮〉→〈身体活動(運動)〉→〈スポーツ活動〉へと発展するのである。

②――スポーツでは，筋力と同時にスピードも求められる

一方，パワーである筋力の大きさは，筋肉の太さに比例する。そのため，筋骨隆々な人ほど，筋力があるといえる。この筋力は，その動かし方によって2つの種類に大別することができる。例えば，腕相撲でお互いに張り合って決着がつかないような，動きのない時に用いられる筋力を「静的筋力」，走動作のようなスピードをともなった時に用いられる筋力を「動的筋力」という。どちらも大切な筋力であるが，実際のスポーツ場面では，静的な筋力を発揮する局面よりも，動的な筋力を発揮する局面の方が圧倒的に多い。これは，スポーツ活動では，筋力とスピードが同時に求められるからである。つまり，「筋力×スピード＝パワー」であるから，スポーツ場面では常にパワーを発揮することが求められていると言い換えることも可能である。

ただし，スポーツの競技特性によって，求められる"パワーの質"が異なる。お相撲さんには「大きな筋力とスピード」，スプリンター選手には「筋力とスピード」，そして卓球選手には「少しの筋力と高いスピード」が求められる。しかし，パワーのみがあればスポーツが強いという訳ではない。なぜなら，スポーツのパフォーマンス(競技力)に

は，スムーズな動きや敏捷性といった筋力やパワー以外に求められる要素はたくさん存在しているからである。スポーツに携わる者として，このことも忘れてはならない。

2 遅筋線維と速筋線維

①——筋肉の構造と特徴

筋肉は，筋線維が束になった構造をしている。この筋線維は2つに大別でき，速く力強く収縮する「速筋線維(FG線維)」と，遅く粘り強く収縮する「遅筋線維(SO線維)」がある。マラソン選手の筋肉にはSO線維が多く含まれ，スプリンターのそれにはFG線維が多く含まれる。なお，SO線維を「赤筋」，FG線維を「白筋」と表現することもある。

身体の部位で，常に動き続けている心臓や呼吸筋は「赤筋」の代表格である。この赤筋は，SO線維の中に酸素を貯蔵するミオグロビン(赤血球の中にあるヘモグロビンと同じ働きをする)というタンパク質がたくさん含まれている。そのため，赤い色をしている。このミオグロビンの多い心筋や呼吸筋は，常に酸素を使ってエネルギー(有酸素性エネルギー)を生み出し，動き続けている。一方，FG線維にはあまりミオグロビンが含まれていないので「白筋」と呼ばれている。

また，FG線維でも，持久的なトレーニングを繰り返すと，SO線維の特徴をもった中間的な筋線維(FOG線維)となる。つまり，持久的なトレーニングによって，FOG線維は，FG線維よりもミオグロビン含量が増加し，色も中間色(ピンク色)となる。特に，瞬発力が求められ，なおかつスタミナを要求されるサッカー選手は，FG線維よりもFOG線維が望ましいといえる。

しかしながら，SO線維とFG線維(FOG線維を含む)の割合(筋線維組成という)は，遺伝的要素が強い。つまり，一卵性双生児の場合，筋線維組成の割合はほぼ等しい関係にとなる。

②——人間以外の筋構造　—マグロとタイの筋肉は違う—

一方，生物の筋線維はどうであろうか？　回遊魚であるマグロの身は赤い(SO線維が多い)し，沿海に棲むタイは敏捷性があり，白身魚(FG線維が多い)である。また，面白いことに，げっ歯類のリスやねずみのあごの筋肉(咀嚼筋)は硬い物が食べられるようにFG線維でできているが，草食動物のそれはSO線維である。「バリバリ」と「ムシャムシャ」では確かに筋肉の質が違うように想像できるだろう。

3 呼吸と循環のしくみ

①——心臓と血液の役割—

心臓は四六時中，われわれが起きている時も寝ている時も休むことなく，血液を全身に送るポンプの役割を担っている。成人の身体には，体重の約8％に相当する血液量があり，例えば体重60 kgの人には約5 kgの血液があることになる。この血液は，酸素の含有量が多いものと少ないものとがある。酸素は，肺の中の肺胞から血液に取り込まれ，心臓の拍動によって動脈を通り，身体の隅々まで送り出され，静脈を通って心臓に戻

る。血液中の赤血球はヘモグロビンを含み，そのヘモグロビンが酸素と結合することで全身に酸素を運搬する役目を担っている。赤血球中の血液 100 ml あたり約 20 ml の酸素を運搬することができるといわれている。

② 運動による血液循環の変化

当然，運動中，筋肉は多くの酸素を必要とするので，心臓は全身に多量の血液を送り続けなければならない。心臓の拍動は，1 分間あたりの心拍数として表され，安静時であれば 60〜70 拍／分，ジョギングレベルであれば 120〜140 拍／分，全力の持久走ともなれば最高心拍数(180 拍／分)にも達することがある。

心臓の 1 回の拍動で送り出すことのできる血液量のことを 1 回拍出量という。安静時(心拍数は 60〜70 拍／分)では，心臓から 1 分間当たりの送り出される血液量(心拍出量)は約 5 l となる。一方，激しい運動時(最高心拍数レベル)での運動時(心拍数は 180 拍／分)では，1 回拍出量は 110〜120 ml まで達するので，心拍出量は約 20 l にもなる。つまり，心臓は，激しい運動時には 1 分間にポリバケツ 1 杯分の血液量を送り出しており，その結果，全身の血液が 1 分間に約 4 回転していることになる。

4 スポーツと体力

① スポーツ特性の違いとエネルギー供給系

体力には，「力強い体力」と「粘り強い体力」とがある。陸上競技の短距離選手であるスプリンターは前者が求められ，マラソン選手には後者が求められる。これらのスポーツでは，選手が力を発揮するためのエネルギーの作られ方も異なる。

力強い体力は，無酸素性の運動能力が必要となる。そのため，無酸素性エネルギー供給系の影響を受けることになる。一方，粘り強い体力は，有酸素性の運動能力が必要となる。そのため，高い有酸素性エネルギー供給能力が求められる。これらのエネルギーのもとは，アデノシン三リン酸(ATP)と呼ばれ，ATP がアデノシン二リン酸(ADP)となる時に，筋肉を収縮させる。しかしながら，筋肉中にある ATP の量は，激しい運動の場合，数秒も持たない。そのために，運動中は常に ADP を ATP に再合成しながら運動することになる。つまり，酸素を使わずに ATP を作り出す過程を「無酸素性エネルギー供給系」，酸素を用いて ATP を作り出す過程を「有酸素性エネルギー供給系」という。

無酸素性エネルギー系には，次の 2 つの方法(供給機構)がある(図 1：上中)。

* ATP–CP 系：骨格筋内に貯蔵されているクレアチンリン酸(CP)の分解から生まれたエネルギーを利用して ADP から ATP を再合成する。この系による ATP の産生はすばやく行われるが，高強度運動では CP は 7〜8 秒くらいで枯渇してしまう。

* 乳酸系(解糖系)：骨格筋内のグリコーゲン(糖)がピルビン酸に変化される過程で ATP を産生する。最終的に乳酸が産生されることから，「乳酸系」とも呼ばれる。ATP は比較的すばやく産生され，その産生量も ATP–CP 系と比べて多い。しかしながら，乳酸が蓄積すると筋内の pH が低下し，グリコーゲンからピルビン酸への化学変化が妨げられるため，ATP 産生が限定される。

一方，有酸素性エネルギー供給系は，次の1つの方法(供給機構)がある(図1：下)。

＊有酸素系：糖質や脂質をエネルギー基質として，筋内のミトコンドリアで酸素を使いながらATPを産生する。この系のATPを作る速度は他の2系と比較すると遅い。しかしながら，酸素がある限り無限にATPを産生できることが特徴である。

②――球技系選手の体力の特徴

サッカーの試合を観戦していると，選手の活動量の多さにはいつも驚かされる。なぜなら，選手には90分もの間，ダッシュとジョグの繰り返しが求められるからである。そのため，サッカー選手には粘り強い体力と力強い体力の双方が求められていることになる。高い筋パワーを持ち，持久性に優れたFOG線維を持っていなければならない。そして，試合中，動き続けられるように有酸素系によるエネルギー供給を維持しなければならない。それには，全身に酸素を送り続けるための強靭な心臓の働きが求められる。サッカーやラグビー，バスケットといった球技系の選手は，獲物を狙うヒョウのようなスピードと，長距離を走り続けることができるサラブレッドのような心臓がなければならないのである。

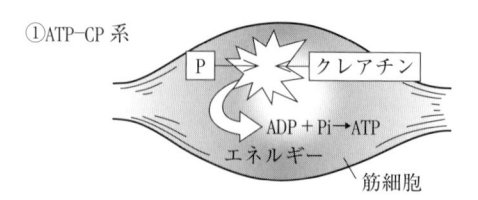

①ATP-CP系

クレアリンリン酸(CP)の分解によってATPは再結成される

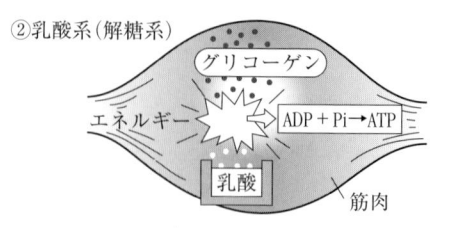

②乳酸系(解糖系)

グリコーゲンの分解によってATPは再合成される

③有酸素系

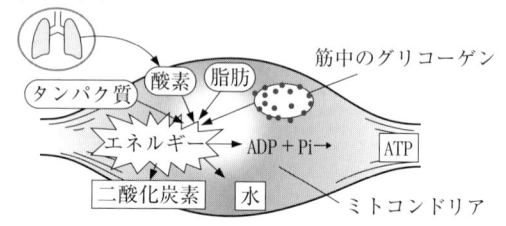

有酸素性反応によってATPは再合成される

●図1　3つのエネルギー供給
(フォックス，E.L.，朝比奈一男(監訳)『選手とコーチのためのスポーツ生理学』大修館書店，1982．より)

このようにスポーツにはそれぞれの競技特性がある。その特性と競技者本人の能力を考慮に入れたうえで，日々，年間のトレーニング内容を計画していかなければ，効率よく競技力を向上することはできない。そのためには，スポーツのスキルを磨くだけでなく，運動の基礎である筋収縮や，エネルギー発生機構，運動の結果として生産される乳酸といったスポーツ生理学の知識を身につけることが，遠いようで案外近い道なのかもしれない。

参考文献
・フォックス，E.L.，朝比奈一男(監訳)『選手とコーチのためのスポーツ生理学』大修館書店，1982．

Questions

設問1. 筋肉について，学んだことや興味を持ったことを述べなさい。
設問2. 心臓と血液の働きについて，学んだことや興味を持ったことを述べなさい。
設問3. スポーツ選手の体力について，学んだことや興味を持ったことを述べなさい。

Column ●高地トレーニングの今昔物語

　高地住民ではなく，平地に住むアスリートが，なぜ高地トレーニングをするようになったのだろうか？　それは1968年のメキシコオリンピックにきっかけがある。開催地メキシコシティは標高2,240mに位置し，酸素分圧が低く，体内に酸素が取り込みにくい分，有酸素エネルギーの供給量が激減する。そのため，高地で開催されるオリンピックにおいて好結果を出すためには，高地でのトレーニングが必要であったわけである。

　また，もう1つのきっかけもあった。それは1960年ローマオリンピック，1964年東京オリンピックのマラソンの金メダリスト，アベベ選手の存在である。エチオピア出身の彼は，高原地帯で生活しており，常に高地でのトレーニングを実施していたのである。マラソンレースにおける彼の圧倒的な強さに，「高地トレーニングは持久力の向上に大変効果がある」と誰しもが確信し，その後，多くの研究者によって，その有効性が科学の目で実証されてきた。

　近年，日本のトップスイマーのほとんどが，アメリカ，スペイン，そして中国まで出かけ，高地トレーニングを行っている。そのトレーニング期間も，3週間から4週間，高地で滞在し行っている。さらに，1年間に2回から3回の高地トレーニングを実施しているため，年間合計2から3ヶ月にも及ぶ。

　しかしながら，高地トレーニングは，身体に与えるダメージも大きく，コンディションを崩す可能性も高くなる。ある意味，ハイリスク・ハイリターンなのである。しかし，選手にとって，高地トレーニングは，それでもメダルへの近道であることに違いない。

●東京オリンピック・陸上マラソンでゴールインするアベベ選手［写真提供：共同通信社］

（若吉　浩二）

スポーツと栄養

TARGET 4

アスリートは厳しいトレーニングにより全身を消耗する。疲労した身体を回復し，よりたくましい身体を作るのが食事の役割である。トレーニング効果を伸ばし，ライバルと差をつけるには栄養の知識を身につけ，実践することが近道かもしれない。

KEYWORD エネルギー　栄養バランス　摂取タイミング

1 アスリートと栄養管理

パフォーマンス向上のために厳しいトレーニングを積むことはアスリートの常識である。しかし，「パフォーマンス向上のために栄養バランスのとれた食事をとるように心がけています！」と答えられる人は一体どれだけいるだろうか。

本来，食事には「活動のエネルギー補給をする」「身体の機能に必須の栄養素を摂取する」「心に潤いを与える」「生体リズムを整える」「健康を維持・増進する」などのさまざまな役割がある。アスリートの場合は，さらに「トレーニングで消費したエネルギーを補給する」「筋肉・骨・赤血球などの損傷した組織を修復する」という大切な役割が加わる。このような食事の役割を無視して偏った食生活を続けると「疲労が蓄積する」「トレーニング効果が現れない」「疲労骨折や貧血などの障害を招く」といったさまざまな弊害が出てくる。

2 主な栄養素の機能

①——即効性エネルギーの「糖質」

糖質の大部分は，グルコースとして脳や筋肉など体内のさまざまな組織のエネルギー源となり，一部はグリコーゲンとして肝臓や筋肉に貯蔵される。糖質1gが完全に燃焼すると4kcalのエネルギーを産生する。運動の初期には糖質がエネルギー源として速やかに利用され，運動強度が高いほど糖質の利用度が高くなる。また，筋肉のグリコーゲン量が多いほど疲労に至るまでの時間が延長されることが分かっており，運動前にあらかじめ筋肉グリコーゲン量を高めておき，運動中にその利用を節約することがスタミナ維持につながる。また，筋肉などの組織は糖質以外の脂質やタンパク質もエネルギー源として利用できるが，脳や神経系は糖質が唯一のエネルギー源であり，体内のグルコース量が低下すると集中力が欠けたりイライラしたりする。

このような糖質の主な供給源は，ごはんやパンなどの穀類・いも類・果実類であり，摂取エネルギーの60％程度を糖質から摂取することが望ましい。

②──持続性エネルギーの「脂質」

　脂質は肥満の原因になるなど悪いイメージが先行しているが，適切に摂取すると1gの燃焼で9kcalのエネルギーとなる重要なエネルギー源である。また，生体膜の材料となったり，脂溶性ビタミンの吸収をサポートしたり，一部のホルモンの材料となるなど多様な役割をもつ。低〜中強度の運動では，運動初期に糖質がエネルギーとして利用される割合が高いが，徐々に脂肪の占める割合が高くなる。有酸素運動では脂肪燃焼から得られたエネルギーの果たす役割が大きく，筋組織における脂肪利用能の向上がグリコーゲンの節約やスタミナ維持に貢献する。

　脂質の主な供給源は油脂類・肉や魚・種実類などである。しかし，脂質の過剰摂取は貯蔵脂肪量の増大につながり，肥満の原因となる。また，脂質は消化・吸収に時間がかかるだけでなく高脂肪食の摂取によりその他の栄養素の消化吸収を阻害することもあるため，摂取量はエネルギーの20％程度にとどめることが望ましい。

③──筋肉づくりに重要な「タンパク質」

　タンパク質は1gで4kcalのエネルギーとなるが，エネルギー源としての役割よりも筋肉などの臓器の材料となることや酵素やホルモンとして身体の機能を調節するという役割が大きい。体内のタンパク質は常に新しく作りかえられているため，できるだけ良質のタンパク質を食事から摂取しなければならない。タンパク質はアミノ酸の組み合わせにより作られており，食品の種類によりアミノ酸の組み合わせは異なる。植物性のタンパク質と動物性のタンパク質を組み合わせて食べることにより食事中のアミノ酸の偏りは改善される。

④──身体の機能を正常に保つ「ビタミン」・「ミネラル」

　糖質や脂質，タンパク質とは異なり，ビタミンやミネラルはエネルギー源として体内で利用されることはない。しかし，ビタミンやミネラルは糖質・脂質・タンパク質からのエネルギー産生をサポートしたり，骨や赤血球の材料となるなど重要な役割を果たす。ビタミンやミネラルは野菜・果物・海藻類などに豊富に含まれているため，このような食品を適量摂取する必要がある。

3 バランスのよい食事のポイント

　アスリートがトレーニング効果を高めるためにバランスのとれた食事が重要だとわかっていても，実際に食べている食事のバランスがとれているかを判断することはとても難しい。専門知識をもつ栄養士からアドバイスを受けることがもっとも有効であるが，定期的にアドバイスを受けることのできる人は多くない。

　そこで，自分の食べている食事の栄養バランスが適切かどうかを判断する簡易的な方法を知っておくとよい。それは，食卓に並んだお皿の数を数える方法である。一般の人が健康を維持するために理想とされるのに，(1)主食，(2)主菜，(3)副菜の3つのお皿が並んでいることが目安とされている。しかし，アスリートはこの3皿だけでは，トレーニングで枯渇したエネルギーの補給や各種栄養素の消費・損失を補うことはできな

い。そのため，次の5つの皿がきちんと揃っているかをチェックするとよい（図1）。
(1) 主食［ごはん，パン，麺類など］：エネルギー源の糖質が豊富である。
(2) 主菜［肉，魚，卵，豆腐など］：筋肉・骨・血液などの材料となるタンパク質が豊富である。
(3) 副菜（2皿以上）［野菜，海藻類など］：身体の調子を整えるビタミンやミネラルが豊富である。また，便通を整える食物繊維も含む。
(4) 乳製品［牛乳，ヨーグルトなど］：タンパク質，脂質，カルシウム，鉄などを豊富に含む。
(5) 果物：糖質や食物繊維の供給源であり，疲労回復やストレス・風邪に対抗するビタミンCが豊富である。

特に，成長期のアスリートはこれら5つのお皿が揃った食事を摂取することが，成長を妨げることなくトレーニング効果を高めるポイントである。

●図1 アスリートの食事：5つのお皿が揃っているか？

4 トレーニング効果を発揮するための食事の「タイミング」

アスリートは栄養の豊富な食事を摂取し，トレーニングによって基礎体力や技術を向上させるが，その効果を発揮するには食事のタイミングも重要である。

運動に適した骨格や筋肉を作り出すには「成長ホルモン」が大きな役割を果たす。成長ホルモンは，睡眠初期のいわゆる「深い睡眠」の時にその分泌が一日のピークとなる。成長ホルモンを分泌する因子としては，その他に高強度のトレーニングや成長期などがある。つまり，夕方に高強度のトレーニングをした後は骨や筋肉をつくる最大のチャンスといえる。また，トレーニング後は筋タンパク質が分解されており，この状態を長く放置することで筋タンパク質の分解が進み，疲労の蓄積や筋タンパク質量が減少する一因となる。

そこで，トレーニング終了後速やかに栄養を豊富に含んだ食事をすると筋タンパク質の分解が抑制され，しかもトレーニング前よりもたくましい筋肉が作られる。このような食事の力は，食事の時間が遅くなるほど弱まるため，たくましい身体を作るためにはトレーニング終了後できるだけ早く，遅くとも2時間以内に食事をし，質のよい睡眠で休養することがポイントとなる。

トレーニング終了後の食事としてはどのようなものがよいのだろうか？

できるだけ早く食べなければいけないからといって，脂肪の多いファーストフードを食べても食事の最大の効果を発揮できない。エネルギー源となるごはんなどの糖質と筋タンパク質の材料となる肉や魚などのタンパク質をしっかり摂ることが大切である。一方，過剰な脂肪は筋肉へのエネルギー蓄積やタンパク質合成の効率が悪くなるので控えるようにし，揚げ物などはできるだけ避け，脂身の少ない肉や赤身魚などを選ぶとよ

い。また，野菜・海藻類・果物に含まれるビタミンやミネラルは，糖質やタンパク質の体内利用をサポートしてくれるので，しっかり摂取するように心がけることが大切である。

5 朝食を食べずしてよい記録は出ない

　3食しっかりと食事をすることは1日に必要な栄養を摂取するうえでもっとも大切なことである。平成17年度国民健康・栄養調査の結果とスポーツ系大学に所属する大学生の朝食摂取状況を比較すると，スポーツ系大学の学生の方が朝食の欠食率は低い傾向にあった（図2）。これはスポーツ習慣を持つ学生が食事の重要性を認識している結果であると考えられる。朝食を欠食することは摂取栄養素量を確保できないこと以外にも，生体リズムの乱れや基礎代謝の低下などさまざまな体への影響を及ぼす。実際に，朝食の欠食によって学習能力の低下や運動能力の低下が起こることが報告されている（図3）。アスリートにとって食事の消化・吸収を効率的にし，食事に含まれる栄養素の効果を最大限に発揮するためには生体リズムを整えておくことがポイントであり，3食しっかり同じ時間帯に食べるように心がけることが重要である。

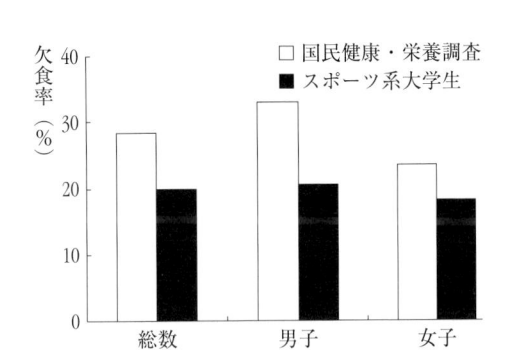

●図2　朝食の欠食率：国民健康・栄養調査（平成17年）とスポーツ系大学生との比較

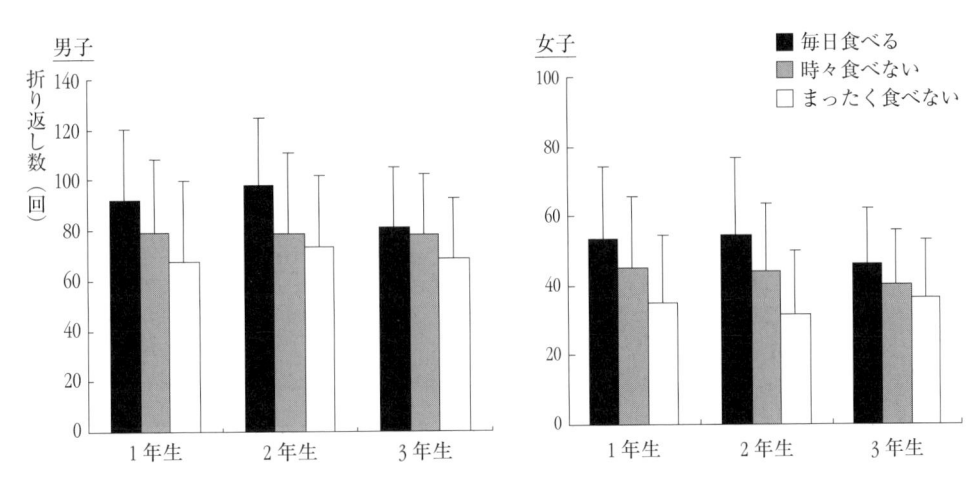

●図3　高校生の朝食摂取状況と20mシャトルランの結果（平成18年度体力・運動能力調査，文部科学省）

参考文献
・加藤秀夫・中坊幸弘（編）『NEXT栄養科学シリーズ　スポーツ・運動栄養学』講談社サイエンティフィク，2007.
・香川靖雄『科学が証明する新・朝食のすすめ』女子栄養大学出版部，2007.

Questions

設問1. アスリートの食事においてもっとも重要なポイントはどのようなことか？ その理由とともに述べなさい。

設問2. 朝・昼・晩と3食をしっかり食べるために注意すべきポイントはどのようなことか？ そのポイントを守るにはどうしたらよいか？ 具体例を挙げながら述べなさい。

Column ●"どんぶりごはん"で筋肉隆々になれるのか

　ごはんの主な成分は糖質であり，脳や筋肉，各種臓器のエネルギー源となる重要な栄養素を含んでいる。特に日本人にはごはんを主食とし，魚や豆腐料理の主菜，和え物などの副菜を食べ，味噌汁を飲むといった食文化がある。

　ところで「どんぶりごはんで筋肉隆々！」との説があるが，真相はどうなのだろうか？

　答えは「半分正解，半分不正解」である。残念ながら，どんぶり茶碗に盛ったごはんをたらふく食べただけでは筋肉はつけられない。また，筋肉の材料になるタンパク質のみを摂取しても筋肉が隆々になるわけではないから不思議である。タンパク質は，身体の中に十分なエネルギー量が確保されていれば筋肉などのタンパク質の合成が亢進する。そのため，糖質の主な供給源であるごはんをきちんと食べることでエネルギー量を確保し，魚・肉・大豆製品などのタンパク質源を摂取することがたくましい筋肉をつくるポイントである。また，糖質，タンパク質を身体の中で効率よく利用するためには，ビタミン，ミネラルなどの豊富な副菜をきちんと摂取する必要がある。バランスの悪い食事では，食品中に含まれる栄養成分も無駄にしてしまう危険性がある。

　つまり，ライバルに差をつけるためには，たくさんの「ごはん」と一緒に食べる「おかず」も十分に配慮しなければならない。

　即効性のトレーニングが存在しないのと同様に，即効性のある食事というものも存在しないのである。

（中村　亜紀）

スポーツ環境とパフォーマンス

スポーツを行う際，周りの環境がアスリートのパフォーマンスに影響する。温度が高すぎても低すぎても，また，グラウンドが硬すぎても軟らかすぎてもよい結果にはならない。スポーツ環境を理解して，スポーツを楽しもう。

KEYWORD　スポーツ環境　スポーツグラウンド　温度　硬さ

1 競技パフォーマンスに影響を与えるスポーツ環境

スポーツを行う際，例えば陸上トラックを走る場合，その硬さによって競技の成果(パフォーマンス)は影響を受ける。あまりに軟らかいと脚力が吸収されて走りにくくなる。反対に，コンクリートのように硬すぎると反発が強く，足への負担が大きくなり，この場合も走りにくくなる。また，サッカーを行う場合，ピッチの温度が熱すぎると競技を行う選手のパフォーマンスは低下するとともに，熱中症の危険性が高まる。

選手にとってのスポーツを行う環境にあたるトラックやピッチといった施設および，それらの状態を含めて，ここでは「スポーツ環境」と称し，スポーツ環境がどのような特徴を持っており，選手にどのような影響を与えるのかについて，「温度」と「硬さ」の2点に注目して紹介したい。それらのことを知ることは，競技のトレーニングやパフォーマンスの向上，および運動障害の予防に役立つであろう。

2 スポーツ環境の「温度」

近年，維持管理の容易さからサッカー場やフットサル場，およびテニスコートなどに人工芝，陸上トラックに全天候型の有機ポリマー製のスポーツグラウンドが敷設された施設が増えている。特に，民間の専用のフットサル場は全国で200施設を数えており，その大半が人工芝である。人工芝の年間の敷設率は200％近い伸びであるという報告もあったくらいである。

人工芝ピッチや全天候型トラックの表面温度は，夏期(6-9月)の晴天時には65℃近い高温になる。これらの表面温度を上げる最大の要因は，表面の材質が太陽光をよく吸収することである。

図1は，滋賀県の琵琶湖湖西にある幼稚園に敷設された人工芝のフットサルと天然芝グラウンドである。それらの表面温度の平面分布を図2に示している。表面温度の最大値は，人工芝では63.8℃，天然芝では43.1℃であった。人工芝の最大温度は，天然芝よりも20.7℃も高かった。天然芝の方が人工芝より表面温度が低かった要因は種々考えら

れるが，大きな要因としては植物のもつ蒸散作用により気化熱を奪い，温度が相対的に低く抑えられたためと考えられる。

測定日は典型的な夏日で，湖陸風として昼間は湖からの東南の風(10分間平均風速1m/秒)が吹いていた。図2では，東南にあたる右側が湖からの低い温度の風が入り，両芝においても図右側の温度分布が他に比べて低くなっていた。

このように人工芝表面の最大温度が60℃を超える高温になるのは，夏期(6-9月)の晴天時の昼間である。近年，温暖化などで熱中症が問題になっているが，有機ポリマー製のスポーツグラウンド上での夏場を中心としたスポーツの遂行には，注意を喚起する必要がある。特に子ども達のスポーツ場として，学校のグラウンドにも施工されてきており，相対的に抵抗力の低い子どもたちを守るために温度対策に対する適切な指導が必要である。

●図1 志賀北幼稚園（手前が人工芝，奥に天然芝）

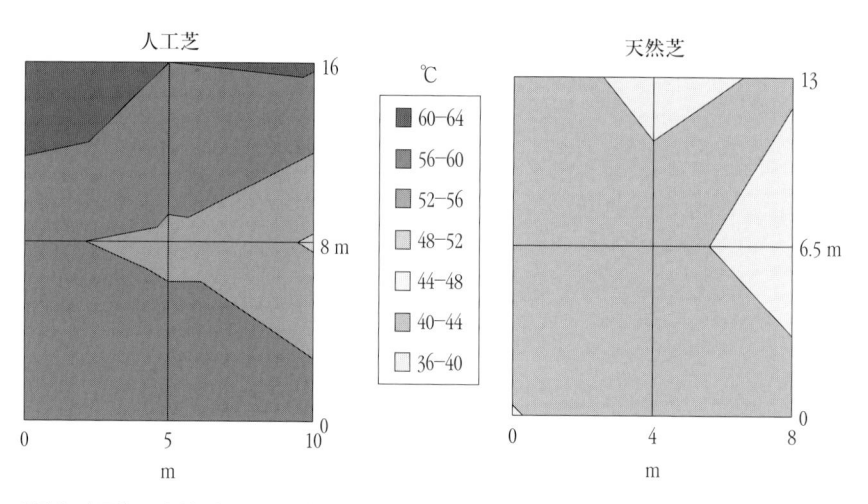

●図2 人工芝フットサル場と天然芝グラウンドの表面温度の等温度分布
（測定日：2003年9月18日・晴天・11：30-12：00）

3 スポーツ環境の「硬さ軟らかさ」

　暑熱的な影響だけでなく，グラウンドの力学的な特性もスポーツ活動に影響を与える。この力学特性としては「着地の衝撃性」や「水平面の滑り特性」などがある。衝撃性に注目した場合，運動時にグラウンドの硬さによる足の踵にかかる衝撃が適度なグラウンドは，一般的には身体の安全性が高い。このような観点も含めて，近年，陸上競技場に全天候型トラックを導入する施設が増えてきているが，現在までのところ，従来の土のクレイトラックなどとの衝撃度についての評価の比較は十分なされていない。

　ドイツでは，あるグラウンドでの足踵への衝撃がコンクリートでの場合と比べてどの程度減衰するかの相対値(衝撃減衰率：Fr)で，ランニング時の着地衝撃度を決めている。各種のスポーツグラウンドの衝撃減衰率を，新しい方法で調べてみた(表1)。グラウンドがコンクリートと同じ硬さで，足への衝撃が大きい場合，Fr＝0になり，逆に完全に力が吸収されればFr＝1となる。これらの極値に近い場合，運動時の足への負担は大きくなり安全性に問題が生じる。現行のロングパイル人工芝の衝撃吸収性は，天然芝にかなり近い状態であると考えられる。両芝から得られたFrの値はともに0.5以上で，日本サッカー協会が定めている基準(0.5以上)に合致するものであった。

●表1　スポーツグラウンドの衝撃減衰率（Fr）

スポーツグラウンド	平均
全天候型トラック	0.561
クレイトラック	0.767
天然芝	0.792
ロングパイル人工芝	0.822
砂入り人工芝	0.523
アスファルト（細粒）	0.059
コンクリート	0

　現在，日本においては，全天候型トラックの衝撃特性や水平方向の滑り特性などに関する規定はなされていない。運動時に足の踵にかかる衝撃が適度な，安全性の高いトラックの評価を行い，競技者の身体にやさしいトラックを追求していく必要がある。

　以上，簡略にスポーツ環境がスポーツのパフォーマンスやトレーニングに与える影響の可能性について記述した。筆者は，スポーツ場と人との共存をめざす新しいスポーツ環境学を構築することをめざしている。読者のみなさんも新しい道を切り開くことにチャレンジしてもらいたい。

参考文献
・青木豊明「からだにやさしい人工芝」『スポーツの百科事典』，丸善，pp.103-104，2007．
・青木豊明「有機ポリマー製の屋外スポーツサーフェスは熱い」月刊トレーニングジャーナル，No.312，pp.38-39，2005．
・青木豊明「屋外スポーツサーフェスの衝撃度の比較」，月刊トレーニングジャーナル，No.320，pp.32-33，2006．

Questions

設問1. あなたが関心のあるスポーツを行う際，温度や硬さ以外にどんな要因がパフォーマンスに影響するかを述べなさい。
設問2. また，それらの要因は身体にどのように影響するかを述べなさい。
設問3. さらに，それらの影響を防ぐためには，どのようなことが必要かを述べなさい。

Column ●地球温暖化とスポーツ

　年々，暖かくなっているのを実感する。毎年のように夏の猛暑日の日数が記録を更新したと，気象庁が発表している。その主な原因物質として考えられているのが二酸化炭素で，石油や石炭などの化石燃料の燃焼によって生成する。中国やインドが，今後一層の産業発展をはかるであろうから，二酸化炭素はますます増加すると思われる。この二酸化炭素が大気中に増加すると地上から宇宙に放射している赤外線（熱）を吸収して，温室のように熱くなってくる。そのため，今後，猛暑日がさらに増えるであろう。

　そのような環境のもとでスポーツを行うとどうなるであろうか。体温は通常36℃ほどであるが，スポーツを行うと体温は上昇する。体温が40℃近くになると，運動機能がほぼ停止し，運動の持続ができなくなる。体温を下げるメカニズムとしては，伝熱や放射，発汗がある。伝熱は身体の周りの空気に熱を放熱し，放射は熱を赤外線として出し，体温を下げることである。しかし，これらの放熱メカニズムは気温が体温より低い場合に生じるが，気温が36℃以上の猛暑日では，反対に周りから身体に熱が入ることになる。このような状況では，発汗により身体から気化熱を奪う発汗メカニズムのみで体温を下げなければならない。

　このような時，スポーツを行う前後に，ミネラルを含んだ水を摂らないと熱中症にかかる危険性がある。水の摂り方もこまめに摂る必要がある。一度に大量の水を摂っても身体が吸収できないからである。

　熱中症を予防するうえでも，地球温暖化を防ぐ努力をする必要がある。地球の未来を健全に保つため，自分にできることから始めてみよう。

（青木　豊明）

第1章 トレーニングと健康

6 TARGET アスレティックリハビリテーション

スポーツ活動中に起こってしまったケガから，スポーツ選手は無事にスポーツ活動に復帰できているのだろうか？ 何度も同じケガを繰り返していないだろうか？ ケガから安全に競技復帰したり，ケガの再発を予防するのが「アスレティックリハビリテーション」である。

KEYWORD　アスレティックリハビリテーション　スポーツ外傷・障害　アスレティックトレーナー

1 競技復帰に必要なアスレティックリハビリテーション

　スポーツ活動中にケガが起きた時や，練習後に違和感を覚えた時に，はじめに行うのは応急処置のRICE処置である。その後，整形外科などの医療機関を受診し，医師がケガの部位や程度を診断して治療を行う。治療では医師の指示により，投薬や物理療法が行われ，内出血が消えたり痛みがなくなったりするが，それだけで，「早く治った！」「完全に治った！」と満足している選手が時々いるようだ。しかし，そのような選手は，グラウンドやコートに戻ると，同じ部位の同じケガを再発してしまう(図1)。

　「なぜ再発したのだろうか？」 スポーツによるケガの再発の原因として，ケガをした部位の不完全治癒や必要な体力の回復が不十分なことが考えられる。病院の中で行われる一般的なリハビリテーション(リハビリ)は，日常生活に戻れることを目標にしており，一度ケガをしてしまった関節や靭帯や筋肉は，通常の生活を送るには十分治っていたとしても，スポーツに必要な運動能力と競技種目の特徴に合わせた動作には，十分耐えられるかどうかはわからない。このようなスポーツ活動に求められる運動能力を再び獲得していくリハビリのことを，特に「アスレティックリハビリテーション」と呼んでいる。

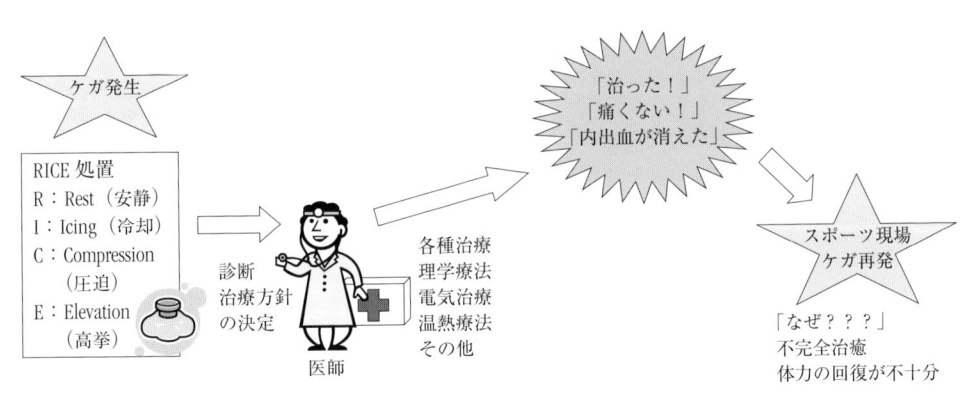

●図1　ケガの発生から再発までの流れ

2 ケガとトレーニング効率

①――ケガとパフォーマンス

スポーツ選手は，パフォーマンスを向上させるために，日々トレーニングを積んでいる。ケガはパフォーマンスの向上を停止させ，右上がりのはずのパフォーマンスの向上曲線に「凹み期間」を作ってしまう(図2)。スポーツ選手を対象としたリハビリでは，この凹みの期間をなるべく短くしたいために，積極的に物理療法などの治療を行う。具体的には，受傷の初期にはRICE処置を行い，その後ケガをした部位の炎症が治まったら，温熱療法を行ったり，超音波を使って壊れた細胞に刺激を入れたり，低周波の電気刺激で筋肉を収縮させたりする。しかし，これらは必ずしも，無理にケガをした靱帯や軟骨，骨折した骨の再生を速くするのではない。ケガが治る過程にはさまざまな段階があり，組織が修復するにはある一定の期間が必要になる。そのため，受傷の初期には医師の指示に従って，必要な固定や治療を確実に行うべきである。

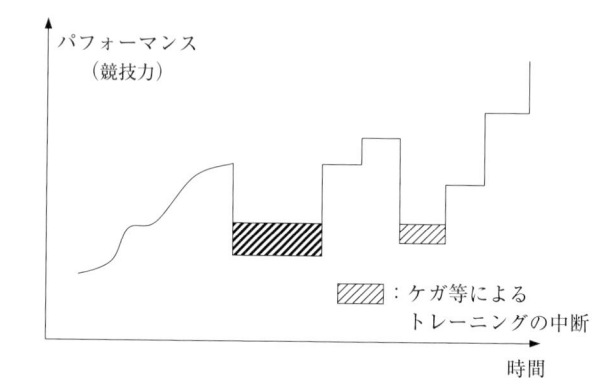

●図2　競技力の向上モデル
適切なトレーニングにより競技力は向上するが，ケガやスランプ等によりその向上曲線は一時停滞する

②――ケガとアスレチックリハビリテーション

では，なぜアスレチックリハビリテーションを行うとケガが早く治ると思われるのだろうか。「凹み期間」を少なくするには，患部に悪影響がないように工夫しながら筋力トレーニング等を行う。これは固定等により，ケガをした部位の周囲の筋肉が萎縮してしまうことを防ぐためである。また関節をまたぐ靱帯や腱がこわばってしまうのを防ぐために，ゆっくり運動を行う。もちろん，ケガに関係のない部位は，受傷前と同様に運動能力を維持するためのトレーニングを行う。例えば足にケガのある時には腕を使い，体重をかけることができなければ体重を受傷部位にかけないようにして，運動を継続する。このように早い時期から治療と並行してさまざまな運動が行われ，結果的に競技への完全復帰がスムーズに行われるので「アスレティック・リハビリテーションを行うとケガの治りが早い」と思われているのである(図3)。

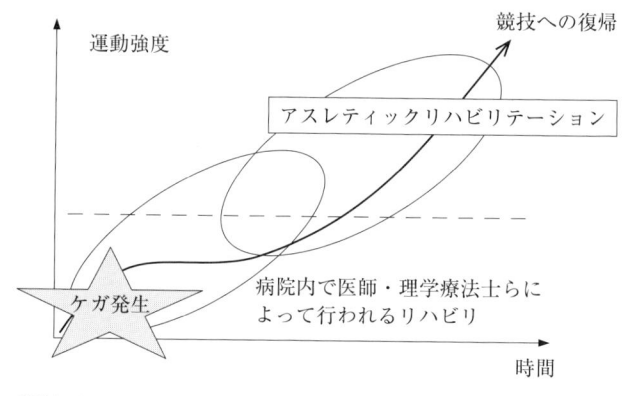

●図3　アスレティック・リハビリテーションの位置づけ

③──アスレティックリハビリテーションと休養

　前述のように，ケガをした部位に影響がない運動は積極的に行う。そのため選手はケガをしたからといって，練習を休んでいる暇はなくなる。アスレティックトレーナーは，スポーツ現場のコーチらと相談をして，ケガを凹み期間にせず，ケガをした時とばかりに，日頃後回しにしている他のトレーニングを，積極的にリハビリメニュー以外のプログラムに取り入れる。時には通常のトレーニングよりも練習メニューがつらく思えることもあるだろう。

　また，全身持久力については，ケガをしている期間に低下させてしまうと，動けるようになってから再度獲得するのはロスが大きい。そのため医師の許可を得て，ギプスをしていながらも自転車エルゴメーターをこいだり，水泳などを行って有酸素運動を行うとよい。

3 アスレティックリハビリテーションの奥深さ

　一般的なリハビリテーションと比較して，アスレティックリハビリテーションでは，スポーツ種目特有の体力や動き作りのためのメニューが加わる。足関節の内反捻挫の場合，「チューブなどを用いた足関節周囲の筋力トレーニング」→「体重をかけた状態での筋力トレーニング」→「ツイストやピボットの技術練習」→「カッティングやターンの練習」→「ランニングからダッシュ・ストップ」→「ジャンプ運動」→「助走やブロックのジャンプ（バレーボール），リバウンドなど不規則で連続するジャンプ（バスケットボール），スパイクなどを履いて切り返し動作をともなったジャンプ（サッカー，野球），長距離の練習にも耐える小さなジャンプの繰り返し（陸上）」といったさまざまな練習メニューが考えられる。ケガにより長期の凹み期間を作ってしまった選手は，小学生が運動を学んでいく時のように，段階を追って一つ一つの動きを再学習しなければならない。筋力が落ち，関節の可動範囲が限られ不安と焦りで一杯になっている選手に，少しずつ自信を取り戻してもらうことが大切なのである。

　アスレティックリハビリテーションでは，スポーツの複雑な運動を分析し，どのように行えば安全に，鋭くすばやい動きや滑らかで力強い動きができるようになるかを考え，順にプログラムしていく。スポーツの動作は，滑らかで速くて優雅で力強いといった特長がある。コーチングの視点とケガをしている部位の構造をよく理解して，アスレティックリハビリテーションに取り組み，選手がケガをする前よりも上手になり，ケガの再発の不安もなく復帰できれば，いうことはない。

参考文献
・（財）日本体育協会『アスレティックトレーナー専門科目テキスト⑦』2007.

Questions

設問1. 一般的なリハビリテーションとアスレティックリハビリテーションの違いを述べなさい。

設問2. アスレティックトレーナーの特徴を述べなさい。

Column ●アスレティックトレーナーになるには何が必要か？

　スポーツの現場でアスレティックトレーナーに求められることは，ケガをしたスポーツ選手が，安全に効率よくスポーツ活動に復帰するためのアスレティックリハビリテーションプログラムを，それぞれの目的に合わせて自由自在に作成し，また指導することである。具体的には選手がケガをした時，スポーツ現場にいて適切な応急処置ができ，医療機関へ搬送した時に適切に状況説明ができ，医師の診察・病院内のリハビリテーションを経て，医療関係者らと連携してアスレティックリハビリテーションプログラムを作成する。次にスポーツ現場のコーチらと練習内容を調整し，スポーツ現場で実際にプログラムを指導する。そのためには次のような知識が必要といえる。

①人の解剖学と生理学に関する基礎知識
②リハビリテーションとスポーツ医学に関する専門知識
③スポーツ生理学やトレーニング理論
④応急処置やテーピング，ストレッチングなどの理論

　また，これらの知識と理論を用いて実際に指導するので，アスレティックトレーナーはコーチと似た能力を求められる。その時に必要な能力としては，次のようになる。

①応急処置，トレーニング，テーピング，ストレッチング，リハビリテーションなどの実践力と指導能力
②コーチや医師らと連携するためのマネジメント力（コミュニケーション，計画，分析調整力等）
③誠実，向上心など教育者として備えるべき人格を磨く気持ち
④スポーツを愛好する気持ち

　医療とスポーツ現場をつなぐ「橋渡し的役割」は，両方のことを勉強しなければならない。選手とコーチが毎日の練習で切磋琢磨しているのだから，それ以上に頑張る覚悟ができた人は，学生トレーナーの仲間入りができるはずである。

●競技直前に細心の注意を払ってパートナーストレッチングを行う著者（選手は外ノ池亜希選手。2003年1月，スピードスケート世界スプリント選手権大会にて）

（佃　文子）

第1章 トレーニングと健康

7 フィットネスと健康

TARGET

適度な運動が身体によいということは誰でも知っている。一度しかない人生なので，誰しも美味しいものを食べ，趣味を楽しみ，明るく過ごしたい。それには生活習慣を見直し，健康寿命を延ばすことが必要である。

KEYWORD フィットネス　生活習慣　エアロビクス

1 フィットネスと健康

　フィットネスとは，健康増進のために各種運動を行うこと，健康づくりのスポーツであり，健康の維持，増進を目的とした運動のことである。心身ともに健全であること，良好な体調を目指すために運動・スポーツを実施し，健康の維持，増進，回復という効果を得ることは個々人にとっても，社会にとっても大変重要なことである。そのような運動を「フィットネス」と呼んでいる。

　一方，1946年，世界保健機関(WHO)は，その憲章の中で「健康の定義」を，「健康とは単に病気あるいは虚弱でないというだけではなく，肉体的，精神的，社会的に完全に良好な状態である」と定義している。生理的な状態だけではなく，社会的にも健康な状況が含まれている。

2 フィットネスに対する要求の高まり

①——平均寿命の向上と医療費の高騰

　日本人の平均寿命は，年々更新している。平均寿命とは，今生まれた赤ちゃんが今後何年生きるか，という平均生存年数である。厚生労働省によると2006年の日本の女性の平均寿命は85.8歳と世界第1位，男性は79.0歳とアイルランドに次いで第2位であった。男女とも過去最長を更新した。

　この平均寿命に対し，健康寿命という考え方がある。生きている長さの中で，元気で活動的に暮らすことができる長さのことを示し，現在では，単に寿命の延伸だけでなく，この健康寿命をいかに延ばすかが大きな課題である。それには生活習慣病の予防が大きな鍵となっている。

　世界一の長寿国になり85歳まで生きられたとして，その時に自分の身のまわりのことが自分ででき，適当な趣味を持ち楽しく健康な生活を送っているか，脳卒中や骨折により寝たきりでベットの上で過ごしているかは，それ以前の生活習慣に大きく影響される。多くの人は，少しでも長く活動的な生活，健康寿命を長くし，人の手を煩わせずに

人生を終えたいと願っているであろう．
　医療費についてみると，平成16年度の国民医療費は32兆1,111億円，前年度に比べ5,737億円，1.8%の増加となっている．国民一人当たりの医療費は25万1,500円，前年度の24万7,100円に比べ1.8%増加している．今後，65歳以上の人口が減少することはない．個人個人ができること，生活習慣を見直し，健康診断の受診や疾病の予防に努め，医療費の削減を実現すべきである．

②──運動不足から生活習慣病へのリスクとフィットネス
　「運動不足と栄養摂取過多」という生活をしていたら肥満症になるのは誰でも理解できるであろう．特に，運動不足になると脂質の沈着による疾病が起きやすい．肥満の指標として，体格指数(Body Mass Index)がある．計算式は次のとおりである．
$$BMI = 体重(kg) \div (身長(m) \times 身長(m))$$
標準はBMI 22 kg/m^2 であり，肥満にかかわる健康問題はBMI 25 kg/m^2 以上になると増え，BMI 25〜29.9 kg/m^2 を「過体重」，BMI 30 kg/m^2 以上を「肥満」と定義している．
　2008年度より，医療保険者に対し特定健診・特定保健指導の実施が義務づけられた．保健指導の管理は，医師・保健師・管理栄養士が行い，食生活と運動に関する実際の生活指導はそれぞれ管理栄養士，健康運動指導士等が行うとされた．健康運動指導士は専門知識を生かし，メタボリックシンドロームの腹囲の減少に着目した運動の意義を理解し，早期予防や改善のための運動指導を行わなければならない．
　生活習慣病とは，肥満症，高血圧症，脂質異常症，虚血性心疾患，糖尿病，痛風，骨関節症などであり，生活環境や食習慣，運動習慣，睡眠，アルコール，喫煙や遺伝などによって誘発される疾病の総称である．予防および治療には，食事療法，運動療法，禁煙，禁酒などの生活習慣の改善によって健康水準を保持・増進することが必要である．
　日本人の死因は，1位悪性新生物(がん)，2位心疾患(心臓病)，3位脳血管疾患(脳卒中)である．これらの死因となる疾病をフィットネスが改善する．
　例えば，がんの中で結腸がんは，運動によりリスクが低下するとされており，肺がんや乳がんについては，運動がリスクを低下させる可能性があるといわれている．また，心疾患，脳血管疾患などの循環器疾患もフィットネスにより改善される．
　また，寝たきりの原因では，1位脳卒中，2位老衰，3位骨折である．骨折は転倒によるものが多く，特に高齢者に多い骨折部位は橈骨(手首)，上腕骨頸部(肩)，脊椎，大腿骨頸部である．フィットネスプログラムの中にも転倒予防トレーニング等もあるが，転倒をしないようなからだづくりが大切である．骨粗鬆症は特に女性に多く発症するが，運動により改善される．女性は，30歳頃に骨密度のピークを迎え，以降骨密度の減少は徐々に進み閉経後は急速に減少する．骨密度の減少には個人差があり，ピークの30歳までに骨に刺激を与える適切な運動が必要である．

③──生涯スポーツ時代の運動の意義
　年齢によって運動の目的は変わってくる．成長・発達期の子どもが適切な運動を行うことは，身体的にも社会的にも活動的で望ましい成長をするだろう．生活習慣は子どもの頃に身につくものであり，生活習慣病は子どもにも発症する．動脈硬化症は10歳代

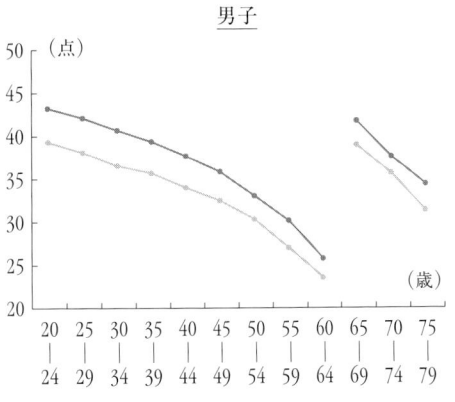

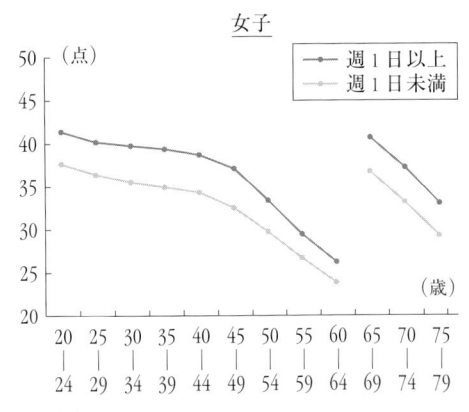

(注) 1. 合計点は，新体力テスト実施要項の「項目別得点表」による．
2. 得点基準は，20〜64歳，65〜79歳並びに男女により異なる．
3. 週1日以上とは，運動・スポーツを「ほとんど毎日（週3〜4日以上）」実施している群，または「ときどき（週1〜2日程度）」実施している群．
4. 週1日未満とは，運動・スポーツを「ときたま（月1〜3日程度）」実施している群，または「しない」群．
   http://www.mext.go.jp/b_menu/houdou/19/10/07092511/005.htm#01 より

●図1 運動・スポーツの実施頻度別新体力テストの合計点（「平成18年度 体力・運動能力調査報告書」，文部科学省）

から始まっている．子どもの時から生涯を通じた健康づくりを考えることが重要である．

　成人以降，加齢とともに一般的に体力は低下する．それに相まって運動をする機会，時間が減少し，運動不足と栄養摂取過多から生活習慣病への予備軍となるであろう．

　生涯を通して，目的にあわせた運動を行うことは健康的な生活を送ること，それが健康寿命を延伸する近道である．また，そのためには子どもの時からの運動習慣が大変重要である．

　健康日本21より運動習慣から体力の状況をみると，20〜64歳および65〜79歳において，運動・スポーツを実施（週1日以上）している群やスポーツクラブに所属している群の新体力テスト合計点は，男女ともすべての年代において運動・スポーツを実施していない群やスポーツクラブに所属していない群よりも高い値を示している（「平成18年度体力・運動能力調査」の概要，文部科学省）．運動しないより，運動した方が体力もあるのは当然のことである．

3 フィットネスのための運動プログラム

　では，フィットネスのための運動とは具体的にどのようなものがあるのだろうか．

　運動の種類は，大きく分けてエアロビック（有酸素性）運動とアネロビック（無酸素性）運動の2種類に分類される．エアロビックエクササイズとアネロビックエクササイズは，目的も方法も違うがどちらも必要な運動である．

①——エアロビックエクササイズ

　エアロビックエクササイズ（エアロビクス）とは酸素を多くからだに取り入れて運動する有酸素運動のことである．その目的は，(1)心肺機能の強化，改善，(2)脂肪の燃焼，

(3)気分転換・ストレス発散である。具体的な運動の種目としては，ジョギング，ウォーキング，水泳，水中運動(アクアエクササイズ)，エアロビックダンス，サイクリングといったものが挙げられる。

　このエクササイズは，軽強度で長時間運動を行うことによって総消費エネルギーが大きくなり脂肪を燃焼する。時間や体力のない人が運動を行う場合，1回10分の運動を3回行ってもよい。それにより，脂質異常症，高血圧症，肥満症といった生活習慣病の危険因子の改善ができ，運動を続けることで動脈硬化を防ぐHDLコレステロールが増加し，さらに毛細血管の増加により虚血性心疾患の予防，再発防止に効果がある。

②——**アネロビックエクササイズ**

　アネロビックエクササイズとは無酸素性運動である。その目的は，筋力や筋持久力の維持・向上である。具体的な運動の種目としては，レジスタンストレーニング(フリーウエイト，マシン，自体重，チューブ，ダンベルなどを利用した筋力トレーニング)が挙げられる。

　このエクササイズは，特定の筋に負荷を課すことによって筋力，筋持久力を向上させる。弱い筋を強化することで，筋力のアンバランスが矯正され，正しい姿勢の保持，障害の予防につながる。高齢者の転倒は，筋力の低下からつまずくことが多い。その予防のために筋力トレーニングを行うことは有効である。

　なお，フィットネスを実施していくためには，(1)安全であること，(2)楽しくできること，(3)効果的であること，がベースとなり，自分の好きな種目や続けられそうなものを選んで継続することが大切である。

●図2　エアロビックダンスは音楽に合わせて身体を動かすトレーニングである

以上のように，より健康な生活を少しでも長く送るために，生涯を通して目的にあったフィットネスを行っていかなければならない。自分自身さらには自分の周りの人にも健康な生活をおくってもらえるよう，運動の意義を十分理解し，生活習慣改善の方法並びに目的にあったフィットネスプログラムが提供できる指導者が望まれる。

参考文献
- 健康日本21　http://www.kenkounippon21.gr.jp/index.html
- 小澤治夫・西端泉（著），(社)日本エアロビックフィットネス協会（編）『最新フィットネス基礎理論』第6版，2008.

Question

設問1．　各年代におけるフィットネスの目的と具体的な運動例を挙げなさい。

設問2．　骨粗鬆症を予防するためにはどのような運動をしたらよいか述べなさい。

Column ●エアロビックダンスエクササイズプログラムはフィットネスか？

クーパー博士のエアロビクス理論に基づき，1969年にジャッキー・ソレンセンがダンスの要素を取り入れて考案したのがエアロビックダンスエクササイズプログラムである。それから25年，プログラムも見直され，多くのフィットネスクラブではエアロビックダンスを運動の強度，体力レベル別，多様なプログラムでレッスンを行うようになった。エアロビックダンスの1番の楽しさは，音楽に合わせてからだを動かし，仲間とともに汗を流すところだろう。

基本的なプログラムは，①ウォーミングアップ，②メインエクササイズ，③筋コンディショニング，④クーリングダウンからなっている。メインエクササイズがダンスパートでありエアロビクスである。筋コンディショニングパートは筋の強化で主に，自体重を使ったアネロビクスである。2種類の運動を行えるため，エアロビックダンスはトータルフィットネスプログラムと言えよう。

（藤松　典子）

第2章 スポーツとコーチング

1 コーチとコーチング

アスリートが競技人生という道を進んでいくうえで問題にぶつかった時，また転機を迎えて迷った時，そこにはともに悩み考え，アスリートをサポートしながら目的地まで伴走してくれる人がいる。その「人」こそが「コーチ」なのである。

KEYWORD　コーチ　コーチング　アスリートの育成　自立したアスリート

1 コーチとは，コーチングとは

　スポーツの世界では，コーチとは「目的を持った人(アスリート)を目的地(目標達成)まで導く」人のことを呼び，その導くための方法・手段をコーチングという。したがって，コーチングにかかわる学問領域は非常に広範囲で多岐にわたり，「コーチとはなにか」ということを探求するコーチ学(コーチング原論)をはじめ，競技力の重要な構成要因である「心・技・体」になぞらえるならば，スポーツ心理学・スポーツ技術論・バイオメカニクス・スポーツ戦術論・種目別方法論・指導論・トレーニング論・スポーツ生理学・スポーツ医学・スポーツ栄養学といったものがコーチングの中核となるであろう。さらに，近年のスポーツ界の動向を概観すると，スポーツ社会学・スポーツ文化論・スポーツマネジメント・スポーツ行政学・スポーツ法学，さらには語学や情報処理といった分野もコーチングと密接に関連していることがうかがえる。

　このように，コーチングとは複雑で奥深さを持つ領域ではあるが，実際にコーチングを行う人であるコーチはわかりやすく言い換えると「オーケストラの指揮者」あるいは「レストランのシェフ」のようなものである。すなわち，さまざまな楽器や食材・調味料(＝スポーツ科学の知見)を吟味し，それらを適切かつ絶妙のバランスで駆使すること(＝コーチング)によって，すばらしい演奏や料理(＝アスリート・競技成績)を創り出す人といえるだろう。

●図1　選手に的確な指示を与える柳本晶一・バレーボール全日本女子チーム監督［写真提供：共同通信社］

2 コーチ，コーチングの現状と問題点

現在，コーチングの現場において次のような課題・問題点が議論されている。

①──経験則に頼ったコーチングの問題

スポーツ界には「名選手必ずしも名監督ならず」という格言がある。その意味は，アスリート時代にすばらしい競技実績を持っていたとしても，そのアスリート時代の経験則だけでは優れたコーチになるには不十分だということだ。実際に，オリンピックや世界選手権で活躍したアスリートが現役引退後にコーチになる事例は多いが，すべてがコーチとして成功いるとはいえないし，加えて多くの代表選手を輩出しているコーチが現役時代にすばらしい競技実績を残しているかというと，意外にそうとは限らない。

スポーツ界は日々変化・進歩している。もちろん，競技自体もアスリートも同様である。つまり，たとえアスリート時代にメダルを獲得できた手法であった，また時代を経て受け継がれてきた手法であったとしても，同じことがそのまま現在の競技・現役のアスリートに通用するとは考えにくく，優れたコーチになるためにはアスリート時代の実績を土台として，さらにコーチングについて改めて学習・研鑽を積む必要があるということである（図1）。

コーチは，自らも常に進化し続けなければならない。

②──頭の固いコーチ，頭でっかちなコーチングの問題

近年，社会の急速な高度情報化にともない，スポーツ科学も目覚しく発展してきた。そして，多くの新しい発見や理論が生み出された結果，筆者が現役アスリートだった頃に「常識」「あたりまえ」とされていたことが，今となっては「間違いであった」「別の考え方があった」などということも少なくない。したがって，コーチは常に自身のアンテナをピンと張り，これらスポーツ科学のさまざまな分野の最新の知見などを収集することが必須である。しかし，その一方でスポーツの現場ではそれらの理論を鵜呑みにし，そっくりそのままアスリートに当てはめようとするコーチングが散見される。確かに科学的データに基づく理論は正しく，重要であることに間違いはないのだが，コーチにとって重要なことはそれらの理論を個々のアスリートに対して「正しく伝えることができるか」，また「いかにうまく使いこなせるか＝アレンジできるか」ということである。もちろん，そうするためにはまずコーチ自身がその理論を自らの実践を通してしっかりと理解し，身につけておくべきであろう。アスリートもコーチも生身の人間である。理論（数値データなど）だけでは決してはかり知ることはできないのではないだろうか。

また，テレビコマーシャルではないが，昨今のスポーツの現場では「3＋2＝□」スタイルのコーチングをよく見かける。これだと，答えの5（スポーツでいうなれば到達目標）を導き出すには，3と2を足す一通りの方法しかない。一方で，「5＝○＋○」というスタイルにすると，答えを導き出すためには少なくとも6通りの方法（0＋5，1＋4，2＋3，…，5＋0）が考えられるのである。そして，この答え（到達目標）が大きく複雑になればなるほど，またレベルが高くなればなるほど，答えを導き出す方法は何百何千通りにもなる。つまり，到達目標が同じであっても，そこに至るまでの方法は個々のアスリートに

よって異なり，いわば無限大に存在するわけで，コーチはその莫大な数の方法論の中からもっとも効率的で有効な方法を見つけ出さなければならない。

コーチには「創造性・独創性」に加え，優れた「勘(かん)とセンス」も要求されるのである（図2）。

③──勝利偏重（勝利至上主義）のコーチングの問題

競技スポーツとは，読んで字のごとく「技(わざ)を競い合う」スポーツであると考えられる。したがって，競技スポーツにおいて「勝利する＝勝つ・克つ」とは，己の技（競技力＝体力・技術・戦術・精神力・知識など）を磨き，その技をもって自分自身やライバルと競い合うことで，競技スポーツのより高いステージへレベルアップすることを意味しているのである。

加えて「勝利する＝勝つ・克つ」ことは，アスリートやコーチの成長を促進するために必要不可欠な要素となる。なぜなら，勝利に至る過程でアスリートやコーチは創意工夫したさまざまな取り組みを行い，「チャレンジ」「成功・失敗」「勝つ喜び・負ける悔しさ」「楽しさ・厳しさ」「プレッシャー」を自分自身の体で感じる。そして，競技スポーツに真剣に取り組んだ者にしか得ることのできない資質を身につけることができるのである。競技スポーツの本質は，競い合って「勝利」を目指すことであるといわれている。しかし，それは決して「勝つためには手段を選ばない」「勝たなければ意味がない」というものではなく，また「蹴落とし合い・足の引っ張り合い」でもない。「勝利」に至る過程で，どのように競い合い高め合ったかという，取り組みの「質」が問われているのである。

④──教え過ぎなコーチ，過剰なコーチングの問題

アスリートが普段からどのようなコーチングを受けているのか（またはコーチの考え・レベル）は，そのアスリートの試合・レースにおける競技状況に如実に現れる。いったん試合・レースが始まってしまうと，頼りになるのはアスリート自分自身である。アスリートは刻々と変化する状況・局面に対し，瞬時に対応（感知・分析・考察・判断・実行など）しなければならない。つまり，アスリートには，いつどのような状況に置かれても常に自分自身をコントロールできる能力が要求され，この能力を備えた者が優れたアスリートと成り得る。いわゆる，自立したアスリートである。

ところが，一方で実際のスポーツ現場では，中

●図2　中国チームの演技を見つめる井村雅代・シンクロナイズドスイミング中国代表ヘッドコーチ（右）［写真提供：共同通信社］

学・高校の各カテゴリーにおいて最高の競技成績を求め過ぎるあまり，アスリートに対してすぐに答えを教えてしまったり，基礎が不十分であるにもかかわらず，安易に応用編へ進めてしまうコーチも少なくない。アスリート自身が「なぜ」「どうして」と考え，試行錯誤する機会をなくしてしまうのである。もちろん，アスリート側（保護者を含む）の要求によることも多い現況では，一概にコーチ側だけの問題とは言えないかもしれないが，アスリートの成長・自立を促すためには，個々のアスリート競技人生を見通したうえで，多少の遠回りや積極的なミスを許容する「待ちのコーチング」が必要であろう。

3 これからのコーチ・コーチングに求められるもの

　ここまで，コーチ・コーチングについて述べてきたが，「優れたコーチを目指すのであれば，まず優れたアスリートになることを目指すべきである」という言葉に表されるように，スポーツ大学においては「コーチ≒アスリート」の関係が成り立つ。つまり，まずはアスリートとして「強くなる」「向上する」「勝つ」ことを目指して一生懸命競技に取り組むことが重要であり，そのためには競技に対する限りない「情熱」と，簡単にはあきらめない「根気・粘り強さ」が必要不可欠であるということはコーチも同様だということである。一朝一夕で優れたコーチになれるものではない。アスリート時代に体験した実践・試行錯誤のすべてが，将来的に優れたコーチになるために必須の資質となるのである。

　それでは，コーチ自身は自分の行ったコーチングの成果をどのようにして評価すべきであろうか。これまで述べてきたように，コーチは全力を傾けて自分のアスリートに対してコーチングを行い，アスリートの目標達成をサポートする。そのため，一般的には直接コーチングしたアスリートの競技成績および人間としての成長度合いなどがコーチングの成果として評価されがちであるが，本当の意味で「よいコーチングができたか否か」の答えは実はまだその先にある。それは，自分が直接コーチングしたアスリートが目標を達成することは当然のこと，すなわち「コーチの使命」であり，肝心なことはその目標を達成したアスリートがやがて自分と同じコーチという道を選び，試行錯誤しながら全力を傾けてコーチングした結果，また優れたアスリートを育成するという「（優れた）コーチングの継承」が成されているかどうかということである。言い換えると，親（＝コーチ）の育て方（＝コーチング）がよかったかどうかは，子ども（＝直接コーチングしたアスリート）を見るだけではなく，その子の子ども，つまり自分にとっては「孫の世代」がどのように育っているのかを見て判断すべきなのである。

　したがって，コーチには自分自身と自分のアスリートの世代をコーチングするにとどまらず，5年後，さらには10年後にも通用し，後世へと受け継がれていくような「未来を見据えたコーチング」を目指しながら，日々スポーツの現場に立ち続けることが求められる（図3）。

　さて，いささか私論が過ぎたかもしれないが，いよいよ次項からは本学コーチングコース教員それぞれのコーチング論が展開される。その内容はオリジナリティに溢れ，体力・トレーニングに関する切り口から，メンタル面から，戦術面から述べられたものなどさまざまである。しかし，これらは決して「最終的な答え」「ゴール」ではない。

●図3　コーチングの継承の実例
本学サッカー部の練習風景。選手を見守る松田監督（右）は，望月コーチ（左）の高校時代の恩師である。

　そして，ここでもっとも重要なことは，各論の筆者は長年にわたってスポーツの現場で直接的にスポーツにかかわり，いくつもの壁にぶつかりながらも，その壁を身をもって乗り越えてきた，そしてこれからも進化し続けようとしている現役の「コーチ」だということである。
　アスリートである貴方たちが，この「現役コーチ」の生の声を聞き，頭だけではなく身体でも感じ，自らの実践に活用してくれることを期待しつつ，本章の導入とする。

参考文献
・勝田隆(著)河野一郎(監修)『知的コーチングのすすめ』大修館書店，2002.
・久保正秋『コーチング論序説』不昧堂，1988.
・森昭三(編著)『スポーツの知と技』大修館書店，1998.
・(財)日本体育協会指導者育成専門委員会(編)『21世紀のスポーツ指導者』日本体育協会，2004.
・(財)日本オリンピック委員会　選手強化本部編『指導者の義務と責任』日本体育協会，2001.

（渋谷　俊浩）

第2章 スポーツとコーチング

2 TARGET

陸上競技のコーチング01 —中・長距離，駅伝，マラソン編—

近年，男子学生駅伝がこれほどまでに隆盛であるにもかかわらず，日本男子マラソン界の国際競技力が停滞状況を打破できないのはなぜだろうか。選手の素質やトレーニング方法だけではなく，コーチングという観点からのアプローチで解決方法の糸口を探る。

KEYWORD 　国際競技力　マラソン・駅伝　コーチ・コーチング

1 コーチ，コーチングとは

「Be your own best coach」（自分にとって最高のコーチは自分自身である），「自分の力でトップアスリートになるのであって，コーチによって作り上げられるのではない」という2つの言葉は，筆者がもっとも感銘を受けた言葉であるとともに，自身のコーチングの柱（バックボーン）となっている。

筆者はこれまで多くの「コーチ」（「先生」「監督」と呼ぶことが多い）と出会ってきた。そのタイプはさまざまであったが，競技人生の岐路に立った時，常に大きな影響を受けたのは「コーチ」であった。今日の自分があるのも，まさにスポーツを通して出会った「コーチ」のおかげといっても過言ではない。しかし，その一方で，今日のスポーツの現場では，国際競技力の低下，種目の偏重，早期専門化，陸上競技離れ，特待生問題など，多くの問題が生じていることも事実である。これらは必ずしも「コーチ」だけの問題ではないが，これらの課題・問題に直接的にかかわり，なおかつ大きな影響を与えることができるのもまた「コーチ」なのである。

2 世界レベルから見た日本男子マラソン

2007年9月ベルリンマラソンにおいて，エチオピアのゲブラシラシェ選手が2時間4分26秒の驚異的な世界最高記録を樹立した。1988年に同国のデンシモ選手が人類初の2時間6分台を出して以来，約20年間で6人目の世界記録の更新である。さらに，日本男子マラソン陣にとって脅威なのは，歴代ランキング上位選手の多くが現在も現役選手ということだ。これらの状況と比較して，現在の男子マラソンの日本最高記録は高岡寿成選手の2時間6分16秒である。これは2002年シカゴマラソンでの記録であり，現在の世界記録との差は1分50秒，距離にすると600m以上離されたことになる。しかし，思い起こせば筆者が現役マラソンランナーであった1980年代，日本男子マラソン界は世界と互角に戦っていた時代があった。瀬古利彦選手や中山竹通選手をはじめ，国内外のレースで活躍し，なおかつ「勝つ」ことのできる名ランナー達が存在していたのだが，

その後1990年代に入るとアフリカ勢の台頭が加速し，当時日本のトップランナーであった谷口浩美選手や森下広一選手をもってしても，徐々に勝てなくなってしまった。そして21世紀，マラソン界の勢力図はアフリカ勢一色に塗りつぶされているといっても過言ではない。

3 記録から考える陸上競技

表1は，中長距離・ロード・マラソンの種目別最高記録と，世界と日本のタイム差を示したものである。この表をよく見ると，意外なことに気がつく。それは，トラック種目よりもロード種目，そしてレースの距離が長くなれば長くなるほど，世界と日本との差は少ないという点である。実際のレースにおいて，10,000 m レースでの1分以上の差はどうしようもないが，マラソンレース(42.195 km)での2分弱の差は「何とかなる，何とかできる差」と考えることができる。事実，2007大阪世界陸上をはじめ近年の国際レベルでのトラックレースを見てみると，残念ながら日本選手の多くは予選通過もままならない状況であるが，マラソンにおいては優勝こそないものの，オリンピックや世界選手権で8位以内に複数入賞するなど，比較的善戦しているのである。

●表1　中長距離種目の世界記録と日本記録，およびそのタイム差　(2008年1月現在)

○中長距離記録

種目	800 m	1,500 m	3,000 m	5,000 m	10,000 m
世界記録	1分41秒11	3分26秒00	7分20秒67	12分37秒35	26分17秒53
アジア記録	1分43秒11	3分29秒14	7分30秒76	12分51秒98	26分38秒76
日本記録	1分46秒18	3分37秒42	7分41秒87	13分13秒20	27分35秒09
世界との差	5秒07	11秒42	21秒20	35秒85	1分17秒56

○ロード・マラソン記録

種目	ハーフマラソン	マラソン	10 km	20 km	30 km
世界記録	58分33秒	2時間04分26秒	27分02秒	55分48秒	1時間28分00秒
アジア記録	60分30秒	2時間06分16秒	27分59秒	57分26秒	1時間28分00秒
日本記録	60分30秒	2時間06分16秒	28分48秒	57分26秒	1時間28分00秒
世界との差	1分57秒	1分50秒	1分46秒	1分38秒	―

4 競技スケジュールから考える陸上競技

近年，秋から冬にかけて，祝日のテレビのスポーツ番組では「駅伝」が花盛りである。テレビ放映があるものだけでも10大会以上が開催され，中でも男子学生駅伝の人気が高い。特に，新春に行われる東京箱根間往復大学駅伝競走，いわゆる「箱根駅伝」は平均視聴率が20％近く，両日の沿道の観客数は10数万人ともいわれる国民的一大イベントである。このような現象と並行して，学生長距離界では近年2つの大きな問題が論議を呼んでいる。

1つめは，「箱根駅伝人気」にともなう有望高校生の関東への集中である。その結果，学生長距離選手の競技力は必然的に東高西低となり，競技力のみならず競技に対する意

識の面においても格差を生んでいる。一般的に，長距離種目とは5,000 mからマラソン・駅伝までをさすが，関東の大学生の長距離種目に対する意識は20 km（箱根駅伝）がベースとなるため，トラックでも積極的に10,000 mに挑戦する傾向がある。これに対して，関西では依然5,000 mがベースにあり，それ以上の距離のある種目に挑戦しようとする意識が低い。

2つめは，年間競技スケジュールの過密化である。本来，理論的にはトレーニングの流れは＜準備期→試合期→移行期＞というサイクルで成り立っており，1年間に1～3サイクル（＝ピークが年間1～3回）で計画される。ところが，1980年代前半に始まった駅伝・マラソンブームの影響もあり，特に秋期・冬期に数多くのレースが乱立したため，主要レースへ向けて十分な準備期・回復期が取れない状況が生じている。例えば関東のトップレベルの学生長距離選手の場合，図1のような年間スケジュールとなる。これだけ多くの試合と強化をこなすには，フィジカル・メンタル両面において相当の管理・コントロールが要求され，ひとつ歯車が狂う（ケガ・故障・意識の低下など）と長期の競技離脱などの問題が起きることが懸念される。コーチや選手が目先の試合や結果にとらわれず，個々の特性に応じた長期ビジョンを持つことが重要である。

月	4月	5月	6月	7月	8月	9月	10月	11月	12月	1月	2月	3月
試合・合宿・その他	記録会（テストレース）	春期サーキット（複数試合）／関東インカレ（複数種目）	日本インカレ（複数種目）	日本選手権	前期試験	←合宿（延べ1ヶ月程度）→	出雲全日本大学選抜駅伝／長距離記録会	全日本大学駅伝	強化期間／調整期間（短期合宿など）	箱根駅伝／後期試験	ロードレース（ハーフなど）	←合宿→

●図1　関東のトップレベルの学生長距離選手の年間スケジュール例（～2007年度）

5　競技歴から考える陸上競技

昨年，日本の主要マラソンランナー36名（オリンピック・世界選手権・アジア大会代表選手）に，競技歴に関するアンケート調査を実施した。その結果，「陸上競技開始は13.4歳」「初マラソンは23.2歳（年代的には大学卒業後，社会人5年目）」「初日本代表が27.1歳」という結果であった。また，この13歳から27歳までの15年間について「あなたが高い競技力を獲得するにあたってもっとも影響を受けた要因は？」という設問では「指導者」という回答が，さらに「どの年代の指導者にもっとも影響を受けたか？」という設問では「19～22歳」という回答がもっとも多かった。加えて，この年代では選手ほぼ全員に専任の指導者がおり，他の年代と比較してもっとも「民主的・協力的」な指導者であると評価されていた。これらのことから，日本代表レベルの競技者においても「指導者」の存在意義は大きく，特に「19～22歳（＝大学生）」の年代に，どのような「コー

チ・コーチング」と出会う(コーチの立場からは行う)のかということが非常に重要であると推測された。

6 コーチ，コーチングの目指すもの

　ある新聞のコラムで，作家井上ひさし氏の随筆『聖母の道化師』(中央公論社，1981)の一説が紹介されていた。「医者と学者と易者，この三者こそあらゆる職業の王である」なぜなら「自分の意見で他人の生き方を変えることができるから」だそうである。
　まさしく，この言葉が意味することは，コーチ，コーチングの真髄に通ずるものといえる。「コーチは(自身のコーチング次第で)アスリートの競技人生を変えることができる」のであり，これこそがコーチのもっとも重大な責務・使命なのである。競技歴・コーチ歴・コーチングスタイルなどはさまざまであるかもしれない。しかし，「アスリートとともに常にベストを探求し，前進し続ける」ことは，コーチが決して忘れてはならないことである。

参考文献
・テューダー・ボンパ(著)尾縣貢・青山清英(監訳)『競技力向上のトレーニング戦略』大修館書店，2006．
・日本体育協会(編)『B・C級コーチ教本』2008．
・金子公宥・福永哲夫(編)『バイオメカニクス　身体運動の科学的基礎』杏林書院，2004．

Questions

設問1．　日本の国際競技力はなぜ低下したのか，競技力を向上させるためにはどのようなことが必要だろうか。各々の専門種目について考えてみよう。

設問2．　自分の競技について，トレーニングを中心に振り返り，強くなる，勝つためには，どのようなトレーニングが適切かを述べなさい。

設問3．　自分が出会ったコーチ，受けてきたコーチングについて考えてみよう。あなたが考える理想のコーチ・コーチングとはどのようなものだろうか述べなさい。

Column ●マラソンを完走するためには何歩走らなければならないのか？

　テレビのマラソン中継などを見ていると，「ピッチ走法」「ストライド走法」という専門用語を耳にすることがある。ピッチは一秒間の歩数，ストライドは一歩の長さのことで，一般的には回転数の高い走りを「ピッチ走法」，歩幅の長い走りを「ストライド走法」とイメージすればよい。例えば，アテネオリンピック女子マラソン金メダルの野口みずき選手や，前出の高岡寿成選手はストライド走法，東京世界陸上男子マラソン金メダルの谷口浩美選手は典型的なピッチ走法と分類できる。これら3選手のおおよそのピッチとストライドは，野口選手(身長150 cm)が3.48歩/秒・145 cm−身長比0.97，高岡選手(身長186 cm)が3.09歩/秒・180 cm−身長比0.97，谷口選手(身長171 cm)が3.67歩/秒・150 cm−身長比0.88であることから，野口選手は29,100歩，高岡選手は23,442歩，谷口選手は28,130歩でマラソンを走り切ることになる。つまり，どちらの走法でもフルマラソンを完走するためには30,000歩前後も脚を動かし続けなければならない。

　それでは，どちらの方が速く走ることができるのだろうか。ピッチとストライドはランニングスピードを決めるもので，速く走るためにはピッチとストライドの両方を同時に高められればよい。しかし，ピッチを高めようとするとストライドが狭くなり，ストライドを伸ばそうとするとピッチが低下するという関係があり，一概にどちらの走法が優れているとはいえない。また，人にはそれぞれ固有のピッチとストライドがあるとされており，その人の体格や筋力，関節可動域などの影響を受けている。加えて，近年バイオメカニクスの研究が進んだことから，長距離ランナーにはもっともエネルギー効率のよいピッチとストライドがあり，それらは固有のピッチとストライドとほぼ同じであるということがわかってきた。実際に，マラソンランナーはトレーニングで「超長距離走」「長期間の走り込み」を行う。これは，徹底して走ることによってランニングフォームやエネルギー効率の無駄な部分を削っていき，自分にもっとも適したピッチとストライドを獲得することを目的としているのである。これまで，マラソントレーニングの現場では「マラソン選手は跳ねるような走りをしない方がよい」「ピッチを意識して走れ」といったコーチングが多く行われてきたが，野口選手らの活躍によって「その選手にもっとも適したピッチ・ストライドで走る」ことの重要性が再認識され始めている。

（渋谷　俊浩）

第2章 スポーツとコーチング

TARGET 3 陸上競技のコーチング02 ―短距離編―

陸上競技の歩くことや走ること，さらにはスピードをコントロールして走ることなどを題材にして，歩きや走りの知識を増やしながらコーチングをするときに役立つ情報を提供する。

KEYWORD　ピッチ　ストライド　腰

1　走行時の速度とピッチとストライド

①――ピッチやストライドって何？

われわれが走る場合に最大の関心事というと，それは「タイム」である。このタイムに大きな影響を与えるのが速度である。そして，この速度はピッチとストライドの掛け算で決定される。このことから，走る際にピッチとストライドが非常に重要であることがわかる。陸上競技における「ピッチ」とは，単位時間内の歩数を示すものであり，「ストライド」とは，一般的に歩幅を示し，片足が着いて次の片足が着く，その前後方向の距離ということができる。これらピッチとストライドの変化や各々の特徴を理解して，トレーニングを効率よく行うことが陸上競技では重要なことである。

②――全力疾走時における速度とピッチとストライドの変化

われわれ人間が全力で走った場合に，速度やストライド，ピッチはどのように変化するのであろうか。

一流選手が100 mを全力で走った時の速度は，50 m付近まで緩やかに増加し，その後，維持区間がみられ，ゴール付近でわずかに上昇するものの，全体の傾向として低下を示す（図1）。一方，一般の学生が走った場合には，速度はおよそ30-40 m付近で最大となり，わずかな速度維持区間がみられ，その後ゴールに向かって速度は低下する。よって一般人が100 mを全力で走った場合には，一流選手よりも最高速度が低く，そこに到達するまでの距離が手前になると推察できる。

また，ピッチは，一般的に20 m付近まで上昇し，その後，低下傾向になる。これは図1に示す一流選手でも一般の学生でも大きく変わらない。

一方，ストライドは，スタートから30 m付近まで増加を示し，その後も緩やかに増加をしながらゴールをしていくパターンが一般的である。図1に示した選手は，ゴール付近でストライドをわずかに減少させてピッチを上げるというパターンを示したことにより，減速区間での速度低下を最小限にしている。

上記の陸上競技の知識を頭に入れながら，100 mで速く走るためのトレーニングを考

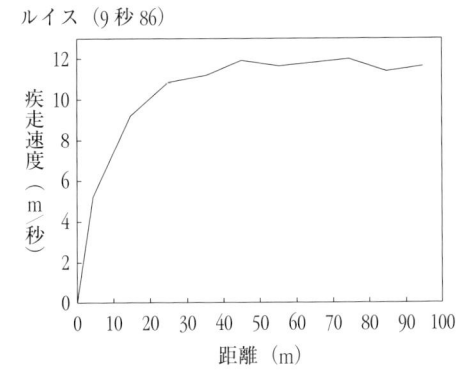

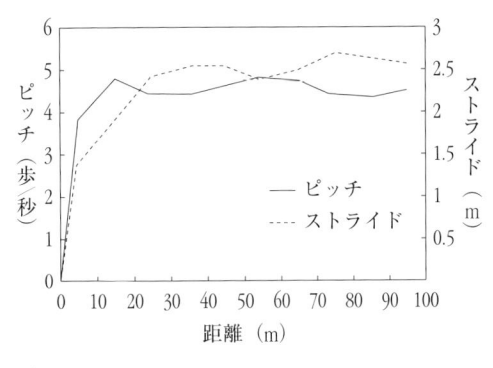

●図1　疾走中の速度，ピッチ，ストライドの変化（阿江，2004）

えてみる。例えば，トレーニングで150mや200m走の練習をする時に，後半部分にゴムバーやテーピングなどを用いてマーキングをする。マークをおき，ストライドを制限することによって，ピッチを高めることができる。これはどのような選手であっても100mの後半では速度が落ちて，ストライドが伸び，ピッチが低下傾向になることから，後半部分で少しでもピッチを高めるというねらいのトレーニングである。また，ロングスプリントの終了直後に，ラダートレーニングを入れることも同様の効果を期待できるだろう。このように疲労感のある中で高いピッチを作り出すトレーニングを行うことによって，後半部分の減速を最小限にすることができる。

なお，一般的な高校アスリートでは，最高速度が30m付近で出現する。そのため，この最高速度をいかに後半部分に移行するかが課題になる。陸上競技のコーチとして考えると，この課題を解決するためには次の3つのポイントがある。

(1) 上半身の前傾を維持させたままの動き作り（ドリル）をすること。
(2) 走る練習の中で，上半身の起こし動作を練習すること。
(3) 腕振りを前後から前横に切り替えていくイメージをもつこと。

特にスタートから加速していく段階では，身体が上に浮き上がるような感覚がある。それを防ぐために(1)の上半身の前傾を保った状態で，足を動かすドリルや地面を押す感覚をつかむドリルを行うことが重要である。

さらに，一般の選手は，最大疾走速度そのものを高めることも忘れてはならない。その手段としてオーバースピードトレーニングがよく知られている。その具体的な方法として，坂下り走，チューブや機械によるトーイング（索引して自分の力以上のスピードを出すこと）などがある。このトレーニングによって筋と神経の働きを高めることができる（実際の導入には，コーチが選手の状態やコンディションを把握したうえで工夫する必要である）。

このように陸上競技のコーチングの秘訣は，陸上競技に関するデータの理解や知識を深め，そこから発想豊かなトレーニングアイデアを生み出すことである。

③──走る速度（主観的なパーセント）を意識させるコーチング

陸上競技では速く走るためのトレーニングとして，主観的なパーセント（％）を変化させてコーチングする場合がある。ここでは陸上競技の基本として，走る人の意識を変え

た場合の速度とピッチ，ストライドの対応を解説する。

　われわれの身体が行う出力変化は正確なのだろうか。図2からわかるように，走りでは，主観的な努力度の割合(%)が下がると，速度(客観)も段階的に下がることがわかる。この時，速度に影響を与えるピッチも段階的に低下する。一方，ストライドは増加することが明らかである。

　なかでも努力度60-70%の場合では，ストライド，ピッチともに大きく変化する。この努力度を下げた場合のさまざまな変化は，主に足が離地してから脚全体を前に引き付ける時の動作速度が低下したものと考えられる。それによってピッチは低下し，鉛直方向への速度が増加し，空中に浮いている時間が長くなり，ストライドが増加していると考えられる(伊藤，2006)。

　このように，走ることの努力感を下げることで走ることの質(動作)も変化する。例えば60%の努力感で走る場合，動作の印象として足部が前後・上下に大きく動く感じになる。これはストライドが大きく伸び，ピッチが低下することが影響している。つまり，60%程度で走らせる場合は，全力と動き(質)が異なるため，(1)筋持久力を高めること，(2)上半身の動作修正を意識すること，(3)下肢の部分的な動作修正をすること，などに意識焦点を向けさせるとよいであろう。

　また，陸上競技の跳躍種目の助走において，助走の前半をどの程度の出力で行うのか，後半ではどの程度の速度に高めておくか，自分の力の出し方を理解しておくことが非常に重要になってくる。そのため，努力感を変えて何本も走るトレーニングやWave走(走りの中で出力を強弱させるトレーニング)を取り入れることは有効である。これらのトレーニング中に，選手のピッチやストライドがどのように変化するのか，個別のパターンを理解しておけば，助走のリズムづくりや踏切のズレを防ぐヒントになるであろう。

　このように意識を変えることでわれわれの身体にどのような変化が起こるかを理解し，トレーニングの目的を明確にしてコーチングをするようにしたい。

2　陸上競技は腰周りが命である！

①——歩行時，走行時，あなたの腰はどうなるの？

　人間は簡単に歩いたり，走ったりを繰り返すことができる。しかし，これらの動作はわれわれが考えるよりも複雑に動く。なかでも腰の部分(骨盤)は複雑に動きながら，今まで想像もしなかった動作をすることが明らかになってきている(図3，深代)。例えば，歩きの中で腰の回転は右足部を前に出した場合に右腰が同様に回転し動くことになる。一方，走りでは着地前や離地前に腰が足部をリードして動くという特徴がわかった。このように歩きと走りの腰回転は異なることがわかっている。また松尾(2006)が，走りにおける腰の回転角度(回旋角：上から見た場合の両肩と両腰のなす角度)を調べている。この研究から，走りにおける巧みな腰の動きは，キック脚をすばやく前方へ出すための先行動作であり，体幹部分をねじらないようにする動作であるといえる。

②——腰(体幹)部のトレーニング

　これらの科学的な知見を参考に，陸上競技のコーチングを考えてみよう。まず，走っ

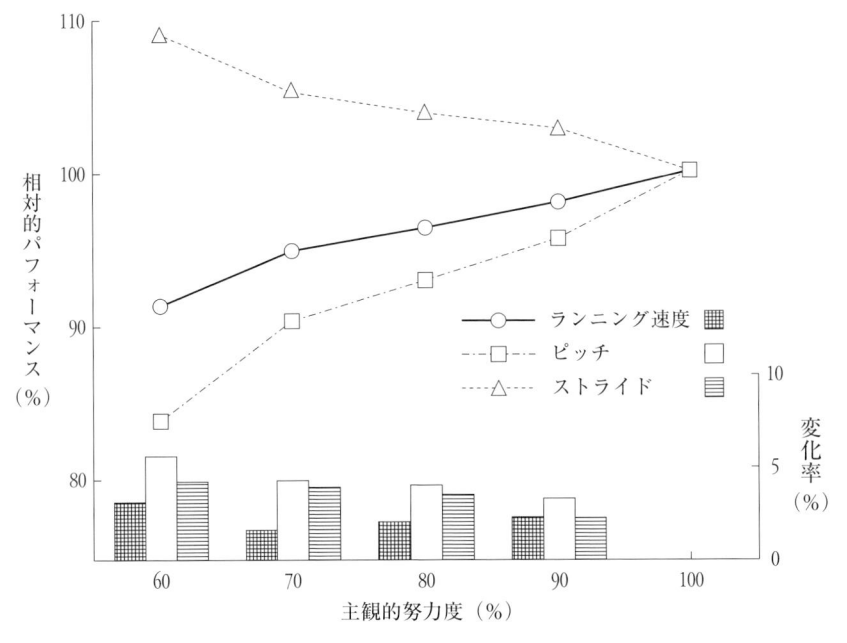

●図2 主観的努力度と速度，ピッチ，ストライドの変化（伊藤，2006）

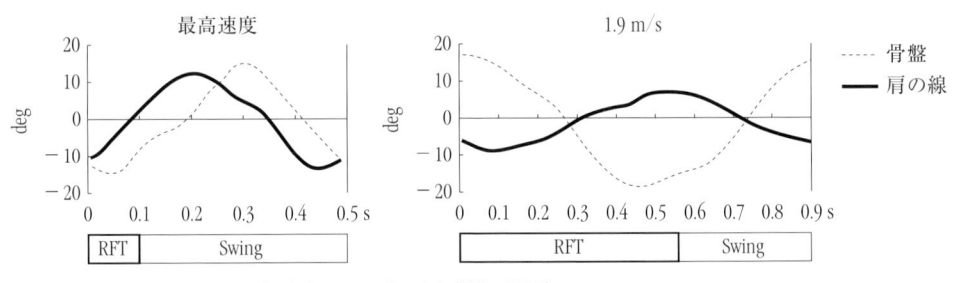

●図3 疾走時（左）とウォーキング時（右）の肩と骨盤の変化（深代，2007）

た場合に腰の回転運動が複雑に動くことがわかった．しかし，これらの腰の動きは意識して回転させるものか，そうでないか現在のところよくわかっていない．そこで，ここでは(1)走りのための歩きのトレーニングとして腰を意識的に回転させること，(2)実際の走るトレーニングでは腰の回転を抑えること，という2つの観点でコーチングのポイントを紹介したい．

〈歩きから走りをイメージする〉ということは，陸上界の基本的な考えである．しかし，通常の歩き方では上記のように歩きと走りの腰の動きが異なる（図3）．そのため，走るトレーニングとして行う歩きを考えることが必要である．ここでは〈歩き→走り〉をイメージするために，走りに近い腰の回転で歩くドリルを考える．例えば，歩きながら，(1)接地前に腰で脚全体をリードして振り下ろす歩きドリル，(2)支持足が地面から離れる前に支持足側の腰を前に送り出す歩きドリルを行わせる．これらのドリルによって走りに近い腰の回転動作をイメージすることができる（図4，右上）．

一方，走り全体において意図的に体幹部を大きく動かすことは，すばやい動きにつながらない，エネルギーのロスにつながると考えられる．よって体幹（腰・肩）をねじらな

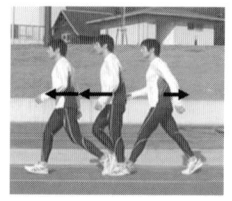

●図4 右：通常の歩き（矢印は右腰が回転しようとする力）
中：スプリントをイメージした歩き
左：スクラムウォーク（補助者が軽く抵抗をかける）

いようにしたい。例えばスタートの前半部分を考えた場合，ラグビーのスクラム姿勢が有効なトレーニングと考える（図4，左）。この動作をすることによって前方向に体を押し出すこと，脚で体をおくり出す感覚を得られるだろう。また，走りの中盤から後半の局面をイメージする，ねじらない走りではタオルやチューブを利用するとよい。二人組みによって，一方の者がタオルやチューブで後ろから腰を引く。走る者は腰がブレないように走り，腰の安定を保つ。この時に適度な負荷によって肩の先導動作を誘発し，同時に腰や体幹を前に押し出す感覚をつかませるのである。

また，体幹幅くらいの2直線のライン引き，その上を走ることも有効であろう。さらに，体幹の幅程度のボールや板を抱えて2直線上を走ることも，腰の安定，肩と腰の連動動作のヒントになるといえるだろう。

このように陸上競技の歩く，走ることの理解やそのコーチングは，これまで末端の動作に焦点があてられていた。しかし，これらのことから発展して体幹部・腰の動作に着目することで，パフォーマンスを大きく伸ばす可能性が広がってきている。

参考文献
・阿江通良「カールルイスはなぜ速いのか」『科学』2004．
・伊藤浩二「最大下努力度でのスプリント走パフォーマンスの特徴とその利用効果」『筑波大学博士論文』2006．
・深代千之「スプリントを斬る」『コーチングクリニック』5月号，2007．
・松尾彰文「走動作の骨盤と肩の動き」『体育の科学』2006．

Questions

設問1．　100mの全力疾走時にピッチとストライドはどのような変化を示すか述べなさい。
設問2．　努力度を下げた時のピッチ，ストライドの変化を述べなさい。
設問3．　歩きや走りにおける骨盤の動作について述べなさい。

（志賀　充）

第2章 スポーツとコーチング

4 TARGET 水泳競技のコーチング

水泳競技は水という特異な環境で行われるスポーツである。そのため、陸上で行う競技と比較して、トレーニングにおいて水泳独自の要素を考慮する必要がある。ここでは水泳競技のトレーニングを考えるうえで必要な情報を提供する。

KEYWORD 水泳競技の特性　トレーニングの立案　よいコーチ

1 水泳競技の特性を知る

　水泳競技は、決められた距離を決められた種目で泳ぎ、その距離に要した時間を競う競技である。この点では陸上のトラック競技と同様である。しかし、水泳競技は「水」という特異な環境で行われ、個体ではなく流体に力を与えて身体を推進させなければならない。陸上で走ったり、跳んだりするための力は直接的に地面(陸)に伝えることが可能であるが、水中では手や足などの角度や身体姿勢、そして動く速度などにより「水」に伝わる力が大きく変化する。また、水中では前方へ推進するために大きな抵抗を受ける。つまり、水泳競技のパフォーマンスを高めるためには、泳者が発揮する力を効率よく水に伝える技術、推進する時の抵抗を減少させる姿勢、高い速度を維持して定められた距離を泳ぐ体力(パワー、持久力)が必要なのである。

2 何からトレーニングすればいいのか

　水泳競技に必要な技術や姿勢、そして体力(持久力・パワー)などは、一朝一夕には獲得できず、シーズンを通してバランスよくトレーニングしていく必要がある。また、年齢や競技レベルによっては水中でのトレーニングだけに限らず、より高い体力を獲得するために陸上での補強トレーニングやウエイトトレーニングを必要とする。

　ただ、大きな試合から逆算し、1シーズンが約4～6ヶ月の期間である場合、オフシーズン明けのシーズン初期の2～3週間は体力トレーニングの立ち上げを行うとともに、技術を中心としたトレーニングを行うことが多い。これはオフシーズン明けで「水」から離れていた筋の神経系へ正しい動きの刺激を与え、より高い技術を意識させるために有効であると考えられているからである。基礎的なスカリングやストローク技術やキックのトレーニングを多く取り入れたり、ビデオで動きの確認を行ったりすることよい姿勢やより効率的な技術を獲得するうえで重要な情報となる。

3 トレーニングに自由形や個人メドレーを用いる

シーズン立ち上げの時期が終わると基礎的な持久力強化の時期に入る。この時期は専門種目ではなく自由形や個人メドレーを用いて，基礎的持久力強化のトレーニングを行うことが多い。自由形は一般的に最初に習得する泳法であり，他の種目と比較してエネルギー効率のよい泳法であり，競泳競技のトレーニングにおいては持久力を強化するために狙った運動強度で長い時間の運動（インターバルトレーニング）を持続することが可能となる。また，4種目すべてが含まれる個人メドレーでトレーニングを行うことで，全身の筋にバランスよく刺激を与えながら，さまざまな技術（動き）を用いて身体を推進させるため基礎的な水に対しての推進技術を高めるとともに，さまざまな動きの中から「水」の中での身体を動かす感覚を獲得することができる。また，一般的に基礎的持久力強化の時期にもスプリントトレーニングを入れていくが，スプリントトレーニングも個人メドレーで行うことで全身の筋に乳酸生成・耐性や速く動く刺激を与えることができる。

ジュニア期においては，基礎的持久力強化のトレーニングだけでなく年間を通して個人メドレーを用いてトレーニングを行うことが多い。これは技術レベルが低いことや，身体が発育発達段階であるため，基礎的な技術や体力を獲得することが目的である。さらに，低年齢での専門種目の絞り込みを防ぐことで，競技レベルが上がった時に選手に適した専門種目を決定できることも目的となっている。

4 よい技術とは何か？

前述したが，水泳は「水」という特異な環境で行われるスポーツであり，決められた距離を決められた種目で泳ぎ，その距離に要した時間を競う競技である。つまり，速く泳ぐ技術がよい技術と考えられている。ただ，距離によってその技術の解釈は異なる場合もある。例えば，50m自由形からみて1,500m自由形は，泳距離で30倍，泳時間で約40倍である。よって，50mではより爆発的な力を「水」に与えてより速く推進する技術が必要となり，1,500mでは高い速度を維持するエネルギー効率のよい技術が求められる。ただ，種目や泳距離を問わず，「水」から受ける抵抗を減少させること，発揮する力を効率的に「水」に伝えることはよい技術として共通するものである。

推進する際に泳者が受ける抵抗を減少させるには，前面から受ける抵抗面積を小さくすること（形状抵抗の減少）が重要である。これには身体を水面に対し水平に保つこと，水中に沈み込み過ぎないことで改善できる。実際，泳いでいる間の形状抵抗は動きにともない変化しているので，自由形と背泳ぎではローリング技術，バタフライと平泳ぎではグライド局面の姿勢とポジションを注意することが重要となる。

発揮する力を効率よく「水」に伝え推進力に変換するには，手や腕に受ける効力や揚力を大きくするために角度を調節することが重要である。つまり，身体が前に速く推進するような動き（ストローク）を行わなければならない。これには正しい姿勢を保持することや腕や手だけでなくキックとの協調性や体幹の動き，そして身体全体の動きの連動性を意識する必要がある。

5 トレーニングの立案

トレーニングは，基本的には以下に示すトレーニングカテゴリーを考慮し，事前に期分けしたシーズンに適した強度・距離のバランスをとり，計画されなければならない。

- 持久トレーニング
  - 基礎持久トレーニング（EN1）
  - 閾値持久トレーニング（EN2）
  - 過負荷持久トレーニング（EN3）
- スプリントトレーニング
  - 耐乳酸トレーニング（SP1）
  - 乳酸生成トレーニング（SP2）
  - パワートレーニング（SP3）

簡単に説明すると，シーズン初期は基礎的な持久力強化や技術の改善を行うので，自由形や個人メドレーを用いてEN1，EN2が中心となる。シーズン中期になると専門的持久力強化を行うため，自由形や個人メドレーだけでなく専門種目を用い比較的強度の高い持久トレーニングであるEN2やEN3を行う。さらに，SP1のスプリントトレーニングを入れて乳酸の刺激を入れる。シーズン後期は，目標とするレースに向けて，EN3やSP2のトレーニングを取り入れ，よりレースに近いトレーニングを多く入れるようになる。シーズン初期から中期にかけては比較的長い距離を多く泳ぎ，シーズン後期にかけて徐々に減少していく。技術の練習はシーズン初期だけでなく中期や後期でも行ない，EN1やEN2の持久トレーニングはシーズン後期においても持久力の低下を防ぐ程度に入れることが多い。

トレーニングには「過負荷の原則」があるが，一定期間の強化期間が終了後に回復期を入れることによって，「超回復」を引き出すことが重要である。これは体力的な回復だけでなく，厳しいトレーニングを行うための精神的な回復も狙う意味で重要である。

シーズン期分け	一般的持久期 4週間	専門的持久力期 8週間	試合期 5週間	テーパー期 3週間	2週間の休息
目的	1. 筋力 2. 柔軟性 3. 持久力 4. ストローク 5. スタートとターン	1. 陸上での筋持久力とパワー 2. 柔軟性 3. 持久力 4. ストロークメカニクス	1. 水中でのパワー 2. 柔軟性 3. スピード 4. ペース 5. 精神面 6. スタートとターン	1. 休養 2. スピード 3. ペース	
月	4月	5月	6月	7月	8月
週	1 2 3 4	1 2 3 4 5 6 7 8	1 2 3 4 5	1 2 3	1 2
メゾサイクル	First	Second	Third	Fourth	Fifth

長水路シーズン 22週間

強度：高い／低い

距離 1,000 yd/week:
- First期: End-1 60%, End-2 20%, End-3 10%, Sprint 10%
- Second期: End-1 40%, End-2 40%, End-3 10%, Sprint 10%
- Fourth期: End-1 40%, End-2 30%, End-3 15%, Sprint 15%

●図1 夏季シーズンの計画（例）（EW. マグリシオ『スイミング・イーブン・ファースター』ベースボールマガジン社，1999より）

6 計画の変更

シーズンが進んでいくと，選手のコンディション不良や不意のケガなどによって計画の変更を余儀なくされる場合がある。この場合，コンディション不良やケガであれば完全休養が回復への近道ではあるが，水泳競技の場合は「水」に入らない日が多くなると体力(持久力・パワー)や感覚・技術の低下が著しいため，重い外傷でなければなるべく水中で比較的量や強度を抑えたトレーニングを継続しながら回復を待つことが多い。目標とするレースまでに日数にもよるが，毎日選手の回復具合を確認しながら，選手が回復するまで無理のないトレーニングを慎重に計画する必要がある。

7 よいコーチとは

水泳競技において「よいコーチ」とは，水の特性や水泳の技術そしてトレーニング論についての知識が豊富であること，技術の感覚に鋭く個々の技術に関して適切なアドバイスをすることができること，そして選手や関係者(親・学校・他のコーチ等)とのコミュニケーション能力に優れ，選手の将来を見据えた指導ができることが備わっていることが望ましい。

近年ではインターネット等の普及で世界中の情報が簡単に手に入れることができる。水泳競技のコーチングやトレーニングにおいて，「このトレーニングがよい」とか「こういうコーチングが一番だ」というものはまだ完全には確立されていない。数多くの情報を取捨選択し，担当する選手に適したものを選ぶ能力も最近のコーチには必要であろう。また，日本では小学生から高校生をジュニア期，大学生以降をシニア期と呼ぶことが多い。ジュニア期においては水泳競技だけでなく人間として成長していくうえで必要な礼儀や行動も指導する必要がある。シニア期以降は一人の大人として，または大きな集団(チーム)の一員として組織の中で行動すること，そしてジュニア選手の見本となるような言動をとれるよう指導していかなければならない。水泳競技だけを教えるコーチは「よいコーチ」ではないことを再認識する必要がある。

参考文献
・E.W. マグリシオ(著)，野村武男・田口正公(監訳)『スイミング・イーブン・ファースター』ベースボールマガジン社，1999.

Questions

設問1．　水泳競技の特性はどのようなことかを述べなさい。
設問2．　水泳競技における技術とはどのようなことかを述べなさい。
設問3．　水泳競技における段階的な練習方法を立案しなさい。

Column ●世界と戦う日本競泳チーム

　1992年のバルセロナオリンピックで当時14歳の岩﨑恭子選手が200m平泳ぎで金メダルを獲得して以来，日本競泳チームはアトランタ・シドニーの両大会では金メダルを獲得することはできず，獲得メダル数もアトランタ大会では0個，シドニー大会では銀2・銅2の計4個であった。

　北島康介選手がアテネオリンピックの前年にバルセロナで行われた世界水泳において100m平泳ぎ・200m平泳ぎで世界新記録を樹立し，翌年のアテネオリンピックでは平泳ぎ2種目で金メダルを獲得した。伏兵と見られていた柴田亜衣選手も800m自由形で後半に強烈な追い込みを見せ，金メダルを獲得した。女子自由形で日本人が金メダルを獲得したのは史上初の快挙であった。アテネオリンピックで日本競泳チームが獲得したメダルは金3・銀1・銅4の計8個で，過去最高の成果をあげることができた。この背景には，シドニー大会で代表選手選考問題を機にアテネオリンピックの選考会では決勝レースで2位以内に入賞し，かつ日本水泳連盟が独自に定めた派遣標準記録を突破しなければオリンピック代表権を獲得することができないという規定を設けたことがシドニー以降の選手の根本的なレベルアップだけに限らず，選手がオリンピックで準決勝・決勝レースで戦う意識や精神的な強さを身につけることにつながったと予想される。

　北京オリンピックの代表権は「選考会の決勝レースで過去3年間の世界ランキング16位以内の記録を出し，かつ2位以内に入賞しなければならない」という厳しいものであった。選考会前には「代表は20名前後になるのでは？」という不安の声もあったが，リレー種目での代表を含めると計31名の選手が北京オリンピックの代表権を獲得した。下馬評を覆し，多くの選手が代表権を獲得できたのも国内での争いだけでなく，常に世界と戦うことを見据えた選考基準の設定，そしてこの3年間の日本水泳連盟の強化策の成果であろう。さらに，選手だけでなく日本のコーチたちが絶えず世界の動きに敏感になり，チームの枠を越えた情報交換を活発に行い，北京オリンピックで日本競泳チームが活躍できることを信じて努力してきた成果であろう。

　2008年6月のジャパンオープン（東京辰巳）において，北京オリンピックに出場する日本競泳チームのレベルが世界と比べて決して劣っていないことは証明された。選考会以降「水着問題」で大きく揺れた日本競泳チームであるが，北京オリンピックではチーム一丸となって最高のパフォーマンスを発揮し，過去最高の戦いをしてくれるであろう。そして，日本の水泳のレベルが世界のトップと互角にあることをガチンコのレースで証明してくれるに違いない。

●図　アテネオリンピック競泳男子100m平泳ぎで優勝し，雄叫びを上げる北島康介選手［写真提供：共同通信社］

（白木　孝尚）

第2章 スポーツとコーチング

5 TARGET

テニスのコーチング

「日本人は練習熱心である」これは海外のコーチの評価である。この熱心さと練習にかける時間を正しい方向に向けることができたならば，日本人はもっと上手になるはずである。選手達の練習への情熱が報われるために，試合に即した練習方法への改善が鍵となる。

KEYWORD 　　時間　テニスの原則　自分を知る

1 テニスは時間の奪い合い

　テニスにおける「速さ」とは何か。打たれたボールの速さ，打球時のタイミングの速さ，予測の速さ，判断の速さ，動きの速さなどが挙げられる。これらの中でも注目されなければならないものは，「正確な予測と判断の速さ」である。これは反応や走力の速さ以上に大切なことであり，コート上で相手プレーヤーが準備する時間を奪い，ラリーを優位に展開するためのものである。

　反対に，劣勢のラリーを回避するためには，いかにして「速さ」をしのぎ，自分の時間を作れるかがポイントになる。追い込まれた状況下でのラリーは，体勢を立てなおすだけの時間を必要とし，その意味からも空間を使うことが求められる。センターへ戻る余裕，ラケットを準備する余裕，打球ポジションに入る余裕，作戦を考える余裕といった時間をあやつれたなら，その試合を支配下におくことができるであろう。

　また，テニスでは世界トップレベルになると，3時間を越える試合や長いラリーの応酬などが行われ，われわれには手の届かないものに思えるだろう。しかしながら，試合の中で実際にラリーしている時間は，実はクレーコートでは試合全体時間の3分の1以下，ハードコートでも4分の1以下と言われている。ウインブルドンの芝コートのようにバウンドが低く速いコートになればもっと少ない。そのことから試合時間の4分の3(または3分の2)を占めるラリーしていない時間をどのように使うかは，試合の勝敗に大きく影響してくるといえる。試合の流れを引き寄せたり失ったり，勇気を持てたり落胆したり……。すなわち過去のミスショットに対して時間を引きずられるのか，次のポイントに向かう準備に使うかでは大きな違いとなる。是非とも次のポイントに向けて準備する時間に使ってもらいたいものである。

●図1　エンドチェンジでのコーチングは試合の流れを作る重要な時間である

2 現実的な練習方法へ導く テニスの原則

　試合中に1ポイントを獲得するまでの平均ラリー数は，ハードコートで5-6回(全得点の79%)，クレーコートでは6-7回(全得点の62%)となっている(Richard Schonborn, 1999)。ハードコートでは，一人のプレーヤーが打つショットは平均2.5-3回となる。サービスとリターンを除けば，1.5-2回のラリーが約8割を占めていることになる。これはゲームプランに即したドリルを作るうえで重要な手がかりといえるだろう。

　試合中にプランを持つためには，練習でプランを持ったプレースタイルを磨くことが大切である。そして，そのゲームプランが実行できるテクニックの練習との繰り返しが，試合中の動きを自動化することにつながる。

①──テニスはエラーのゲームである

　アテネオリンピック女子シングルスにおけるゲームの中で，獲得ポイントの76%(USTA「Coaching Tennis Successfully」によれば85%との分析結果もある)は，相手のエラーによるポイントである。すなわちゲームの4分の3以上はエラーでポイントが決まっているのが現状である。エラーを減らすために，ネットの1-1.5 mの高さを通し，相手コート深く，相手プレーヤーが攻撃しにくいようベースライン後方にくぎ付けにするようなプレースメントショットを打つことが大切である。また，どのエリアから打っても，相手ベースライン内側1.5 m以内にコントロールできるようにしたい。そのためには，ネット上をボールが通過する時，どのくらいの高さを通過するように打てばよいかを知る必要がある。そして，さらに重要となるのは，相手のミスを誘うような攻撃的な仕掛けこそが試合を支配していくのである。

　このような状況を想定した練習法としては，下記の場所からラリーしてショットの精度を確認するとよい。

- ベースライン後方(約2-3 m)から相手コートのベースラインへのラリー
- ベースライン上から相手コートベースラインへラリー
- ベースラインの内側(ミッドコート)からベースラインへラリー
- それぞれをミックスしたラリー

②──テニスはサービスから始まる

　どんなに多くのストローク練習を行ったとしても，ゲームに即した内容にしていかなくては意味がない。テニスのショットの中で唯一自分のリズムで行うことができる，しかも静止した状態に近い形からモーションを開始できるのはサービスだけである。この優位性をもっと有効に使うべきである。いわゆるサービス後の最初のショット(3本目)をいかに優位に使えるかがポイントになる。

　このような状況を想定した練習法としては，サービスとリターンのコースをあらかじめ決めておき，3本目を自由に展開していくような練習法がある。コントロールが難しい場合は，ペースを落として，ラリーの流れを掴み取ることを優先して練習するとよい。

■デュースサイド
  ・サービス・ワイド＋リターン・クロス＋フォアハンドでの攻撃
  ・サービス・ワイド＋リターン・ストレート＋バックハンドでの攻撃
  ・サービス・ミドル＋リターン・ストレート＋バックハンドでの攻撃
  ・サービス＆ボレー
  ・その他(相手のアタックリターン対するロブや足元へのパス，深いリターンに対し，さらに深くコントロールなどがある)
■アドバンテージサイド
  ・キックサービス・ワイド＋リターン・クロス＋フォアハンド or バックハンド攻撃
  ・キックサービス・ワイド＋リターン・ストレート＋フォアハンドでの攻撃
  ・スライスサービス・ミドル＋リターン・逆クロス＋バックハンドでの攻撃
  ・サービス＆ボレー
  ・その他(相手のアタックリターン対するロブや足元へのパス，深いリターンに対し，さらに深くコントロールなどがある)

　以上のように，サービス後，いかにオープンコートや逆をつくか，あるいは，ネットへ行くか，さらにはもう一度深く打ってベースラインにとどまるかの状況判断を加えた練習をするとよい。

③──テニスはリターンから始まる

　リターンは受身である。しかし，相手セカンドサービスに対しては，自ら攻撃することを心がけるが大切である。その結果，相手の強烈なファーストサービスにプレッシャーをかけることにつながる。
　このような状況を想定した練習法としては，コースの甘いセカンドサービスに対しての攻撃リターン練習がある。
■デュースサイド
  ・セカンドサービス＋フォアハンドリターン・深いストレート＋オープンコート攻撃
  ・セカンドサービス＋バックハンドリターン・深いストレート＋オープンコート攻撃
  ・セカンドサービス＋フォアハンド深いクロスリターン
  ・リターン＆ボレー
  ・その他(ネット際へのドロップショット，センターへ深いリターンなどがある)
■アドバンテージサイド
  ・セカンドサービス＋フォアハンドリターン・深い逆クロス＋オープンコート攻撃
  ・セカンドサービス＋フォアハンドリターン・深いストレート＋オープンコート攻撃
  ・セカンドサービス＋バックハンドリターン・深いクロス＋オープンコート攻撃
  ・セカンドサービス＋バックハンドリターン・深いストレート＋オープンコート攻撃
  ・その他(ネット際へのドロップショット，センターへ深いリターンなどがある)

3 具体的な計画作りを通して自分を知る

① コートに出る前にできること

　トッププレーヤーのプレーは，コートのどこからでも自由自在にボールをコントロールする。しかし，彼らも最初からできたわけではなく，長い時間を積み重ねてきた賜物なのである。そのために一歩ずつの正確な歩み出しにエネルギーを注ぎ込まなくてはならない。今，自分自身がどれくらいのレベルにいるのか，そして目標とするレベルまで，どのくらいの距離があるのかを探ってみるとよい。そのうえで，計画を立て，目標をより明確にすることが大切である。

　「とにかく上手になりたい！」これは，テニスをするすべての人が思うことであり，具体的にどうなりたいのか，どういう方法でやるのかを考えなければ選手としての資質は上がらず，効果が期待できない。

　技術的には，どれくらいのスピード（サービスのスピードなど）を生み出さなくてはならないのか，また試合中のショットの正確さをコントロール（試合中のアンフォースドエラー数，エースの数など）できるのかがポイントになるが，自分の試合のデータから割り出せるものは多くある。

　また，体力的には，どれくらいの試合時間（セット数など）を全力で動くことができ，その状態を何日間（大会で優勝するまで）続けられるかがポイントになるであろう。さらに，メンタル的には，試合に臨む闘争心を何週間持続できるのか，そして戦術的には，ポイントを取れる展開の幅がどれくらいあるのかといったことがポイントになる。これらのように具合に考えていくと，少しずつ練習の目的が見えてくるであろう。そのうえで，コートへと向かうことが大切なのである。

② 練習と試合を通して磨くこと

　実践力は練習と試合の繰り返しの中で磨かれるものである。練習してきたものがどれくらいできるのかを，〈確認〉→〈評価〉（自己評価とコーチによる客観的評価）を行って，それを次の練習へとつなぐフィードバックすること，それらのプロセスを正確に行うことが競技力向上のカギを握る。

　また，映像（ビデオカメラなどの活用）によるイメージ作りは，言葉による指導を大きく助けるだろう。聴覚からの刺激（言葉でのコーチング）よりも，視覚からの刺激（映像によるコーチング）の方がより効果的であり，トッププレーヤーが共通して持っている豊富なイメージ作りに貢献するといってよい。

　コーチは，プレーヤー本人の持つ能力を最大限引き出してあげることが何よりも重要なことであり，コーチングの目指すところである。

参考文献
- Richard Schonborn, *Advanced Techniques for Competitive Tennis*, 1999.

Questions

設問1. ラリーを優位に展開するためにはなにが必要かを述べなさい。

設問2. 試合全体時間で実際のラリー時間はどのくらいだろうか。また，1ポイントに要するラリー数の平均はどのくらいだろうかを述べなさい。

設問3. 試合に即した練習方法とはどのようなものか。具体例を挙げて述べなさい。

設問4. 自分を知るために自己分析を行うにはどのような方法があるかを述べなさい。

Column ●テニスのサーフェスは競技力にどのように影響するのか？

　1970年代半ばまで，4大大会（全豪・全仏・全英・全米）のうち，全仏オープン（クレー）以外の3大会が芝コートで行われていた。当時は，芝コート特有の低く速いバウンドのため，プレースタイルはサービス＆ボレーが主流であった。

　その後，ハードコートの到来を機にストロークもサービス＆ボレーも行いやすいコートの開発が進み，オールラウンド性が求められるようになってきた。球足の速いサーフェスでは当然サービスの威力が重要となり，試合はラリーの少ない淡白な内容になってしまう。また，クレーコートのようにボールが大きくバウンドするサーフェスではストローク戦が続き，戦術やテクニックの幅，メンタル面のタフさが試される。最近の球足の遅いハードコートでは，以前よりさらに攻撃的オールラウンド性が必要である。すなわちコートサーフェスはプレースタイルとその基本となる技術習得に大きく影響を及ぼすものである。

　現在，日本は砂入り人工芝コート全盛の時代であり，世界に類を見ない環境下にある。このコートは足元が滑りやすく踏ん張りが利かないため，ネットプレーでのすばやい動きが難しく，ベースラインで相手ミスを待つ受け身のプレースタイルになりやすい。本来，身体的に小柄な日本人は敏捷性を生かしオールラウンドにプレーしていく戦術を身につけなくてはならないのだが，現状では展開の遅い守備的なプレースタイルが多くなっている。

　プレースタイルの幅やテクニックの多彩さは，窮地に追いやられた時の戦術行動として頼りになるものである。特にジュニア初期には，クレーコートや遅めのハードコートでプレーしテクニックとプレースタイルを学ぶことは，国際舞台で大きな助けとなるだろう。

（植田　実）

6 サッカーのコーチング

強くたくましい個の育成なくして，強いチームは創れない。ここでは個の育成とチームワーク（チームの創り方と戦い方），そして育成強化に携わる指導者の養成とそのシステムであるライセンス制度について学び，サッカーにおけるコーチングの基礎を紹介する。

KEYWORD　強く逞しい個　チームワーク　ライセンス

1　「いざ鎌倉」と世界標準の強くたくましい個の共通点

戦国の武士が日常は領地で百姓をしていても，一大事があれば即刻闘いの準備を整え戦場に駆けつけるという，戦国武将の心構えを謳った言葉が「いざ鎌倉」である。

人間の真価が問われる一番厳しい時や苦しい時，さらには勝負所で，命を懸けて戦える心身の鍛錬と，武器や装備などの準備を常日頃から習慣化する生き方は，チャンピオンスポーツのプロフェッショナルな選手の生き方そのものである。「一日一生」「朝に生まれ夕べに死す」といった死生観や，日々の精進によって鍛え抜かれた反射神経と気性・感性・知性をもった強くたくましい個の精神は，武士道や大和魂として日本人の根底に流れ続けている大切なスピリットである。

親日家のイビチャ・オシム日本代表前監督（2007 年）は，2003 年 JEF 千葉のオファーを受けて来日した。予算も成績も万年下位のチームを1年で優勝を争うチームにまで育て上げ，就任3年目にはナビスコカップで優勝させた。長い監督歴の中，引き受けたすべてのクラブチームを優勝させている世界でもトップクラスの指導者である。

オシムの指導法で面白いところは，練習場に着くまで今日のメニューは誰にも知らされないということである。いきなり，コーチやマネージャー，選手にメニューが知らされ，どんな困難な局面にも即座に対応できるようにチーム全員を鍛えあげた。オシムは

●図1　イビチャ・オシム前監督と田嶋幸三日本サッカー協会専務理事［写真提供：アフロフォト］

サラエボ紛争の真只中に家族の離散やユーゴスラビア代表チームの分裂(当時の監督),仲間の死などの壮絶なる体験をしている。そんな自らの体験を通して「人間の我慢に限界はない」と言い切っている。まさしく「いざ鎌倉」を身をもって体験してきた指導者であり,その自立した生き方をチーム全員に浸透させ,Jリーグで勝てる強い個とチームを創りあげたのである。オシムが来る前は普通の選手が,やがて強くたくましい個に成長して日本代表に入り,一時は最大8名の選手がJEF千葉から日本代表に選ばれていた。オシムが日本代表監督に就任した時に「日本の日本化」という言葉でチームづくりのコンセプトを述べた。いつまでもサッカー大国の物真似ではなく,「忠誠心・勤勉さ・俊敏さ・器用さ・我慢強さ・協調性・賢さ」といった日本の長所(ストロングポイント)を生かしたオリジナルなサッカーをするべきだと説いた。「賢く走る」サッカー,「考えながら走る」サッカー,「危険な」サッカーなどと表現している(図1)。

　世界スタンダードの強くたくましい個を創るために重要な「気性・感性・知性」は,胎児期から乳幼児期の家庭などの生育環境に大きく影響されて創られ,「三つ子の魂百まで」といわれるように生涯大きく変わることのない性格や個性のベースとなる。さらに,キッズ年代からの発育発達に応じた一貫指導による学習や経験の刷り込みによって「気性・感性・知性」はオリジナルに磨かれていく。野球のイチロー選手やサッカーの中田英寿選手のような世界のトッププレーヤーを育成するためには,U-16で世界スタンダードの自立したクリエイティブな強くたくましい個,すなわち,16歳までに自立の証である学ぶ身体つくり(自己教育力)ができていなくてはならない。キッズからの一貫指導において,個の持つ素材を最大限に引き出すためには,到達度別の早期教育やエリート指導の取り組みが必要となる。

2　友情は最高の戦術

　サッカーはチームスポーツであるが,強い個があってはじめて強いチームが生まれる。個の強い思い,願い,夢,目標がクリエイティブな出会いを創り,強い組織を創るために必要な縁や絆を創る。小野伸二選手や稲本潤一選手,高原直泰選手,そして中村俊輔選手の年代を日本のサッカー界は「黄金世代」と呼んでいるが,親友であり強烈なライバルとしての出会いがお互いを触発し,個が持つ素材を最大限に引き出したといえる(図2)。

　友情は人類最大の財産であり,思い,願い,夢,目標を同じくする同志である仲間の友情は,互いの個を最大限に引き出し,共感・共鳴しながら強い絆の組織や集団を創る。

　スポーツは,友情や平和を築いてくれるすばらしい文化であり,友情は喜びを2倍にし,悲しみを半分にするクリエイティブで,ポジティブな生き方を教えてくれる。

　　"ワンフォアオール　オールフォアワン"　[チームワークの原点]
　　"オーケストラ的チームワーク"　[個がインバイト(招き入れる)されて融合し,共感共鳴
　　　して互いに成長しあえる出会いがよいチームワーク　近江達:枚方FC創部者]
　　"よい選手がよい指導者を創り,よい指導者がよい選手を創る"　[創造的出会い]
　　"リーダーのセンス"　[デザイン・物語・シンフォニー・共感・遊び心・生きがい]

●図2　第3回U-17世界大会（1995年8月，エクアドル・キト）
先頭が筆者（監督）。3人目が古賀選手，4人目が稲本選手，12人目が小野選手。

　"交流・出会いの拠点づくり"　［クラブハウス　サッカースタジアム］
　"スポーツは人生そのもの"　［人種・民族・異文化の融和　世界平和］

3　指導者はライセンスが必要
　　～無免許運転の禁止～

　スポーツ大学のコンセプトは，社会に出て即戦力のスポーツを支える専門家を養成することである。スポーツは実践学問であり，指導者の学びは指導現場を持って指導を実践して初めて学べるものである。スポーツ大学は，プレーヤーとしての学び・指導者としての学びを同時に実践できる現場でもある。

　よいプレーや勝利を追及するために双方向の視点で学ぶことは，プレーヤーとして，指導者として多くの気付きと成長をもたらす。この学びの効果は，プレーヤーと指導者を両立してきた教員経験者からよく耳にすることである。

　　"ライセンスは学びのパスポートである"
　　"学ぶことを止めたら，教えることを止めなければならない"　［ロジェ・ルメール］
　　"ライセンスを持たないで指導することは車の無免許運転と同じであり，大きなトラブル（誤った指導によって子供たちの将来を大きくスポイルすること）に繋がる"
　　"リフレッシュ研修制度"　［ライセンス更新のポイント制度化］
　　"クリエイティブな選手を育成するためには，クリエイティブなコーチになろう
　　　そのためにコーチングの基本を身につけよう"
　　"サッカーの楽しさとフェアープレーの大切さを教えよう"

　キッズからの一貫指導の現場に立ち，学びのパスポートであるキッズリーダー，D級ライセンス，C級ライセンス（図3）を取得して，指導現場で悩みながら苦しみながら失敗しながら，子供たちとともに学び成長する喜びを体験してゆくことは，互いの将来にとって大きな財産になるはずである。誰もが持っている才能を最大限に引き出すのが指導者の役割であり，指導者の質が世界スタンダードにならなければ，世界のトッププレーヤーを育成することも，世界制覇を実現することもできない。

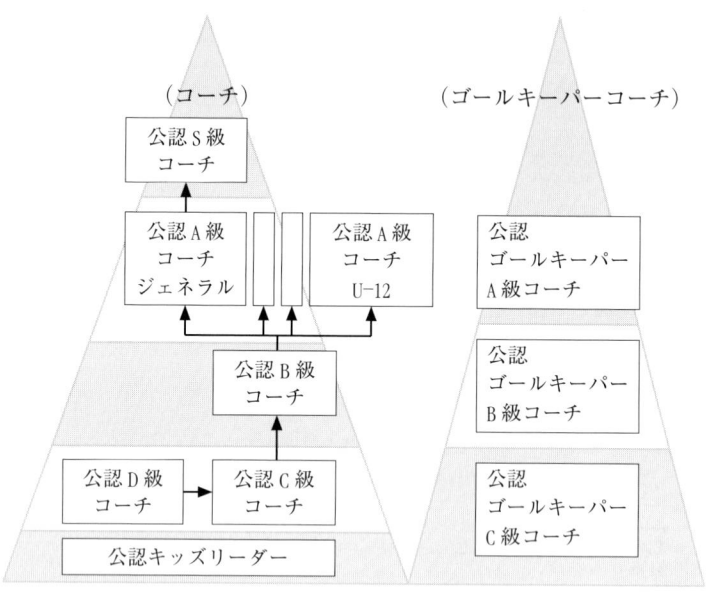

●図3 日本サッカー協会指導者ライセンス体系（JFA　HPより）

Questions

設問1．　世界制覇をするためにはU-16世界スタンダードがなぜ必要か述べなさい。

設問2．　理想のチームワークについて述べなさい。

設問3．　ライセンス制度の重要性について述べなさい。

Column ●日本がW杯に優勝するのにあと何年かかるか？

　2002年日韓W杯において日本代表は，初めて予選リーグを突破しベスト16に入った。ポスト2002年日本サッカー協会は「2050年までに世界のサッカー王国となり，W杯で優勝する」と宣言し，W杯の収益金70億円を多くのプロジェクトに積極的に投資した。

①――キッズプロジェクト

　その中でもっとも注目すべきものが「キッズプロジェクト」である。U-6・U-8・U-10カテゴリーのすべての子ども達に運動遊びやボール遊びを楽しく面白く指導し，仲間とともに運動すること感動することを大好きにさせ，キッズからのスポーツ習慣を生活化させることが目的である。

　2003年にスタートしたキッズからの一貫指導によって，スポーツフォアオール（キッズからの百年構想）を実現し，スポーツ人口の底辺を拡大し，日本のスポーツやサッカーを世界の頂点に導くためのすばらしい土壌とすることをめざしている。

②――U-16世界スタンダード

　小野伸二選手・稲本・高原選手・中村俊選手らがU-17，U-20（1999年準優勝）に続き，オリンピックの世界大会で活躍し，2002日韓W杯でベスト16入りを果たした。日本がW杯に優勝するためには，U-16の年代で世界に注目される自立した強くたくましい個（スーパースター）が育成され，FIFA U-17やU-20，オリンピックの各世界大会で歴史を塗り替える成績を収めなくてはならない。2003年に始まったU-6からの一貫指導が成功し，その年代が世界で活躍するのは，2015年のU-17，W杯以降であり，U-20，オリンピックの活躍を経て，2022年アジア2回目（未定）のW杯が夢の世界制覇を狙う大会となるだろう。

③――世界一の指導者

　キッズからの一貫指導，そしてU-16における世界スタンダードの強くたくましい個の育成，さらにはその強い個を融合させ，日本のオリジナリティをもったチームを創り，W杯で優勝するためには，世界一質の高い指導者が必要である。学びのパスポートであるライセンス制度を定着させ，世界で活躍する指導者が育成されなくてはならない。そのためにはスポーツ省の新設など国策レベルの社会改革やスポーツ行政が実施され，スポーツ文化が全ての地域に根ざす世界のスポーツ大国になってゆかねばならない。

　世界制覇への挑戦は，2003年のU-6キッズからの一貫指導の成果が試される2022年W杯からであり，さらに2050年まで数回の挑戦によって世界制覇を果たすために，世界のサッカー大国を上回る指導者の質と一貫指導の質を向上させてゆかねばならない。

　『DREAM　夢があるから強くなれる』［JFA2005宣言より］。

　この言葉の通り，指導者も夢を持って指導にあたってほしい。

（松田　保）

第2章 スポーツとコーチング

TARGET 7 バレーボールのコーチング

近年，バレーボールは幅広い層にわたり多様なスタイルで行われている。馴染みの深い6人制はもちろん，生涯スポーツとしての9人制，ソフトバレーの4人制。さらにはビーチで実施される2人制。ここでは集団競技としてのバレーボールに共通するコーチングにフォーカスをあて，コーチが知っておくべきことを紹介する。

KEYWORD ディスプリン（秩序・規律）　考動の実践　PDCA

1 バレーボールの競技特性

コーチングの解説に入る前に，まずはバレーボールの競技特性を十分に理解しておかなければならない。チーム競技は種々様々あるが，バレーボールは敵と味方がネットを隔てて競技する特性をもっている。したがって，敵の身体と接触するといった直接的な妨害は受けない。また，自陣コート内にあるボールをキャッチすることなく正確なコントロールで，チームメイトと連続的にリズムよくレシーブし，トスをあげ，スパイクを打つというようにボールを繋げていくスポーツである。

また，球技種目は，眼で見たり，音を聞いたり，極めて瞬間的な情報をキャッチして，とっさの判断で行動（アクション）しなければならない。とくにバレーボールでは，常に「ボールを空中で弾く」動作であるため，時間的余裕が極めて少ない。したがって，ネットやボール，自分自身と他プレーヤーとの距離や全体的な状況を判断する瞬間的な思考能力が必要になる。つまり，瞬時に身体のバランスを知覚する能力なども持ち合わせていなければならない。さらに，スパイクやブロックの場面では，その運動を時間的に空間で統合させる協応性や，三次元の空間関係をすばやく認知し，次のアクションを正確にとらなければならない。このような身体支配能力を身に付けさせることなども，バレーボールのコーチングに求められることである。

2 バレーボールのコーチング原則

競技を実施するうえで大きな目的は，集団的競技行動を通し，チームへ所属している誇りや，自身の成長と自己実現を行うことにある。コーチは，バレーボール競技を通じ，選手の人としての根源的欲求を満たすための支援をしなくてはならない。

活発な筋肉運動を通じ，「心・技・体」および「知」の成長を促し，その目的を結実したい。ここでの「心」は何事へも絶え間なく挑戦していく力強い意志の鍛錬である。また，「体」は日常の健康管理を基盤としたフィットネスの向上，「技」は絶えず研究し，新たな技術の習得を目指すこと，「知」はどのようにしてより高い体力・技術を習得し

ていくかを探求する脳力を身に付けることを意味している。

「心技体知」の成長をはかるには，その基盤に「ディスプリン(Discipline)」が土台となる(図1)。チームマネジメントするうえで，組織の規律正しさや秩序を保つことができなければ，個々の選手やチームが成長していくための土壌はできない。したがって，コーチは技術指導を施す前に，チームマネジメントとして目に見えない組織風土を明確(クリア)にし，選手たちが迷うことなくプレーに専念できる環境を整えなくてはいけない。ディスプリンとなる基盤・環境を重視することによって，選手個々の「知」の力がついていく(心のエネルギーが高まる)ことが可能になる。その結果，チーム内で個々の選手がおのずと自立していく構図が生まれてくる。

前述したように，バレーボールは瞬間的スキルを要求されることが多い競技である。そのため，選手にそれらを身につけさせるには何度も繰り返し実行する反復練習が有効になる。その中では，選手が自ら判断し練習の意義を考える習慣(くせ)をつけて練習に取り組み実行していくことで，さらなる効果を生む。反復練習では，意識しないとできない「顕在意識」から，無意識レベルでできる「潜在意識」へ落とし込んでいくことを目的にするが，その時の選手の取り組む姿勢が，能動的に自ら進んでやる場合と受動的にやらされる場合とでは，練習成果は大きく違ってくる。ここで重要なのは，選手の自立を促すコーチングマネジメントである。

選手たちが主体的に考え判断し，自らの意志で動いていく「考動の実践」を身に付けさせるコーチングを指導理念の第一義として備えたい。

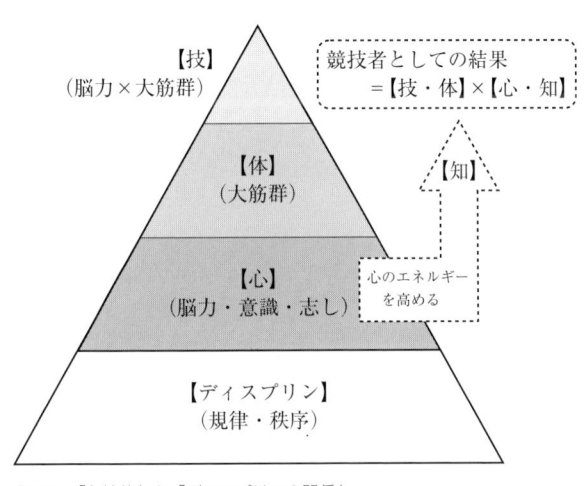

●図1 「心技体」と「ディスプリンの関係」

3 コーチングスキルとモチベーション

コーチングスキルとは，一言で言うと『相手の「自発的」行動を促進させるためのコミニュケーションスキル』をさす。受身の選手達の集団体では，困難を乗り越えることは難しい。自ら進んで問題解決できる，自立した選手の集合体(チーム)を創造していくことが望まれるのである。

コーチあるいは選手自身が実践することによって，成長する(強化)コーチングが成立していくためには，図2に示したような「PLAN → DO → CHECK → ACTION」サイクルを設定しなければならない。PLANとは「目標・ゴール地点(値点)をチーム内でコンセンサスを得て定めること」，DOとは「目標がもっとも効果的に達成されるよう全力を尽くし，ひたすら実行すること」，CHECKとは「実施した成果を客観的に分析し，チーム内で経過を評価すること」，ACTIONとは「目標や課題を修正し，それに向かい前向きに再挑戦

すること」をさしている。このサイクルを回していくことにより，コーチ自身がコーチングスキルを上達させ，選手個々のモチベーションを高めていくことができる。そして，その結果として，チーム全体を成長させていくことができるのである。

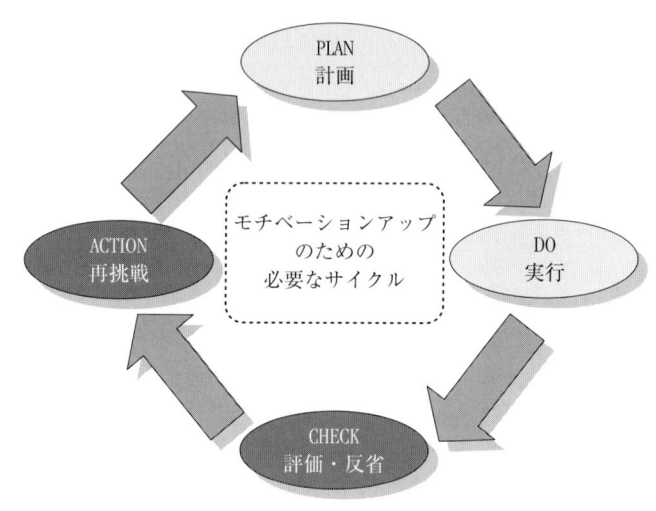

●図2　モチベーションアップのためのPDCAサイクル

4　バレーボールのスキル構造

　バレーボールスキルは，おおよそ次の4点で構成されている。それぞれのスキル指導についてのコーチングについてはここでは触れないが，共通していることはさまざまな能力を瞬間的に発揮できることを身に付けさせるためのトレーニング方法が必要になるということである。

①——スムーズにボールを味方へ送るコントロールスキル

　自陣コート内のボールをリズムよく，連続的に攻撃(スパイク)まで繋げるための基礎的なパス能力の充実が要求される。パスの正確さを持ち合わせなければ，チームプレーは成立しないため，コーチングにおいて見逃してはならない基本となるスキルである。両手または片手でのコントロールされたパスやトスおよびレシーブ(ディグ)が求められる。

②——相手コート(ゴール)へボールを落とすスキル

　ボールを相手コートに落とす空中でのスキルで，得点源として必要となる。アタックの種類は，クイック攻撃(速攻)とオープン攻撃とがある。クイック攻撃は，アタッカーが空中でスパイクフォームをほぼ完成した状態でトスを待ち，トスが頂点に達する以前にスイングしてスパイクを放つものである。それに対し，オープン攻撃は，コートのネット際のサイド寄り，もしくはバックアタックといわれるアタックラインより後方からジャンプして打つスパイクである。これによって，トスされて高く頂点に達し，落下してくる途中のボールを相手コートへめがけて放つことができるようになる。

③——相手攻撃を阻止するスキル

　相手のスパイク攻撃を味方コートへ落とされないように，攻撃されたアタックボールを敵のプレーヤーとほぼ同時にネット際でジャンプし，両手若しくは片手で阻止するス

キル(ブロックスキル)である。これには，いくつか種類があるが，ここでは代表的な2つのスキルを紹介する。まず，コミットブロックは，クイック攻撃に対し，相手スパイカーと同じタイミングでジャンプしブロックする。一方，リードブロックは，クイック攻撃に対し，ボールの軌道にあわせブロック動作に入る。

④——ゲーム中，最初に行われるスキル

勝敗の決め手といわれているほど重要なスキルがある。それが，このサーブスキルである。サーブで，いかにアドバンテージを取るか(相手レシーブを乱すか)は得点に大きな影響を与える。基礎的なスキルとしては，アンダーハンドサーブ，サイドスローサーブといったものがある。これらを身につけたのちには，高度なスキルとして，スパイクのようにスピードボールを放つことができるジャンプサーブや，ボールに回転を与えないで空気抵抗を利用し変化させるフローターサーブがある。

5 バレーボールの戦略・戦術

チームの戦略・戦術は，競合相手との実力差が拮抗している場合に，勝利するための1つの手段・方策として有効に働くことがある。

チーム戦略は，長期的な視点に立ち，チームの特性に配慮しながら計画する必要がある。その要素としては「いつ試合が実施されるか」あるいは「どのような試合方式(例えば，リーグ方式，あるいはトーナメント方式)なのか」によっても戦略の方向性は違ってくる。また，前項に挙げたようにバレーボール競技は，多様なスキルで構成されているために，選手の得意，不得意なスキルによってポジショニングを設定し，適材適所へ選手を配置する必要がある(図3)。

近年では，トップチームの多くがチーム戦術を練るのにコーチ陣の一員としてアナリストを擁している。彼らは相手チームの特徴あるいは，相手選手のくせなどもビデオ撮影し分析を実施する。それらの情報をゲーム前，あるいはゲーム中も即時的に無線技術などを駆使し，味方チームが有利に働くように選手たちへフィードバックする。

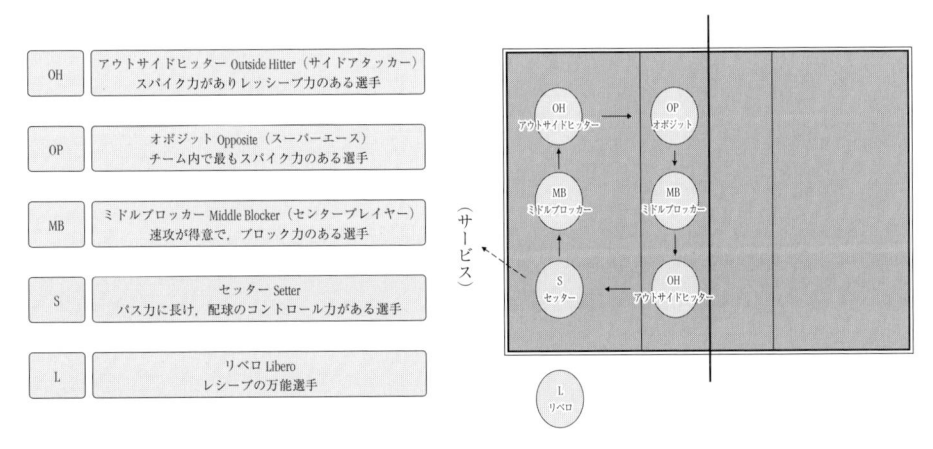

OH	アウトサイドヒッター Outside Hitter (サイドアタッカー)	スパイク力がありレシーブ力のある選手
OP	オポジット Opposite (スーパーエース)	チーム内で最もスパイク力のある選手
MB	ミドルブロッカー Middle Blocker (センタープレイヤー)	速攻が得意で，ブロック力のある選手
S	セッター Setter	パス力に長け，配球のコントロール力がある選手
L	リベロ Libero	レシーブの万能選手

●図3 バレーボール競技のポジション(セグメンテーション)

参考文献
・遠藤俊郎「バレーボールのメンタルマネジメント」大修館書店，2007．

Questions

設問1． バレーボールに代表される集団競技をコーチングするうえで，選手個々の意思統一をはかるための方策を考えてみよう。

設問2． バレーボール競技における各スキルにおいて，必要なトレーニング方法を考察しよう。

設問3． 選手のモチベーションをアップさせるためのコーチングについて考えてみよう。

Column ●「再び日本バレーボールが五輪でメダルを獲得するためには」

　日本が世界のトップに君臨していた時代は，好敵手といえば，ソ連，東ドイツ，チェコスロバキア，ポーランドといった共産圏の国が主であった。

　その後，西側と東側諸国の隔たりがなくなった後に，世界のバレー地図は目まぐるしく変化した。イタリアにはプロバレーボールリーグ（セリエA）が誕生し，西側の長身選手がこぞって参加した。さらに欧州各国ではイタリアに負けまいと，フランスやロシアといった国々においてプロリーグが隆盛の時代となった．同時期に欧州チャンピオンズリーグも華々しく実施され，近年では五輪メダリストの経験者などが多数参加する，事実上世界1位を決める頂上対決の桧舞台となっている。

　日本バレーが再度世界のトップと肩を並べるには，そのような世界スタンダードのリーグへ参加できる選手を輩出しなくてはならない。他競技では，言葉の壁などの環境を乗り越え，海外で成功を収めているたくましい日本人アスリートが多く出現してきた。しかし，彼らのほとんどがプロ選手である。残念ながら現況では，100％バレーだけで生計を立てられるプロ選手は存在していない。そのため，まずは，国内にプロ選手を出現させたい。

　それには，国内のトップリーグであるVリーグの繁栄が欠かせない。運営としては，Vリーグはプロ化に一歩を踏み出してはいるが，組織立ててプロ選手を育てるところまでは発展しているとはいえない。そのため，例えばVリーグをアジアリーグとして発展させ，欧州チャンピオンと対戦するといった構想も含めて，Vリーグを強化していなかければならない。現状では，企業スポーツチームは日本のひとつの文化だが，今後はその発展型を模索し，強化に結び付けていかなければ，再び日本バレーがメダルを獲得することは難しいだろう。

（鳥羽　賢二）

第2章 スポーツとコーチング

8 バスケットボールのコーチング

空中を舞うような華麗なプレーや格闘技のような激しいボールの奪い合いは，バスケットボールの醍醐味である。人々を驚かせ，みる人を惹きつける華麗で正確なプレーはどのような取り組みによって成し遂げられているのだろうか。ここでは，魅力のあるプレーヤーやチームを作り上げるためにコーチが着目すべき点を整理する。

KEYWORD ハビットゲーム ファンダメンタル 段階的指導 コーチの資質

1 バスケットボールはハビットゲームである

バスケットボールは，「ハビットゲーム」と呼ばれる。「ハビット」とはいわゆる「習慣」のことで，バスケットボールではプレーにかかわるよい習慣を常日頃の練習で身につけておくことが勝利への近道となることを意味している。習慣はよくも悪くも日々の練習で身についてしまうため，日々の取り組みを間違えれば悪い習慣も身についてしまう。すなわち練習を通して悪い習慣が身についてしまったチームは，試合で敗れるのである。

それでは，よい習慣とはどのようなことをさしているのだろうか。一般的にディフェンスの練習は，オフェンスの練習に比べて，体力的にきついことや面白みがない。しかし，本番で相手のオフェンスを抑えようと強く思うのならば，体力的にきつくても，面白くなくても，正しい取り組みを継続し，「よい習慣」を身につけるべく努力しなければならない。「きついからやらない」や「つまらないからやらない」，もう少し細かくいえば「しんどいので今日は少し膝を伸ばして楽にやろう」とか「いつもよりも少しくらい楽に…」といったような取り組みでは本番の試合では上手くできるはずもない。つまり悪い習慣が身についてしまうのである。

しかしながら，悪い習慣に比べ，「よい習慣」はそう簡単に身につくものではない。

●図1 NBAでも試合前にドリブル練習などを行う

「よい習慣」を築きあげるには多くの時間と神経(心がけ)が必要になるが，わずかな妥協や気の緩みによって一瞬で悪い習慣に変わってしまう。そのため「よい習慣」を身につけるためには，プレーヤーの継続的な取り組みに加え，第3者の細かいチェックが必要となる。その第3者こそコーチであり，チェックこそがコーチの仕事である。コーチは日々の練習でプレーヤーの取り組みを細かく観察し，「悪い習慣」が身につきそうな時には，チェックを繰り返し，方向修正をしなければならない。

2 ファンダメンタルは重要である

多くの指導者から「ファンダメンタル(基礎)は，いつ，どの年代でやるべきでしょうか？」と質問される。答えは「いつも」「いずれも」である。

ファンダメンタルと聞くと初心者に必要なものと思いがちである。それでは，トッププレーヤーたちはファンダメンタルの練習をやらないのだろうか。もちろん答えは「ノー」である。バスケットボールの本場である米国では，シーズンオフになると「○○サマーキャンプ」といったようなファンダメンタルクリニックがいたる所で開催され，若手プレーヤーはもちろんのことシーズンを戦い抜いたトッププレーヤーたちも基礎から自らの技術を磨くために，あるいは新たな技術を獲得するためにクリニックに参加する。日本における実業団トップチームにおいても，パスやドリブルなどのファンダメンタルを必ず練習に取り入れ，日々基礎技術の強化・維持を行っているそうである。"ファンダメンタルにミニバスケットも実業団も違いはない"のである。

米国バスケットボール界において「コーチの神様」と呼ばれたジョン・ウドゥンもコーチング哲学「成功のピラミッド」の中でファンダメンタルを中心部のひとつに挙げ，本質的要素としている。そこでは「確実なプレーは，基礎となるファンダメンタルを速やかに実行できるかどうかにかかっている」と記され，その重要性を説いている。バスケットボールにおいてファンダメンタルはまさに"礎"であり，欠かせない重要な要素なのである。

3 計画性のある段階的な指導で判断力の獲得しよう

ゲームや練習の場面で「判断しなさい」と指示している場面をしばしば見かける。バスケットボールにおいて正確な判断によってプレーを成功させることはもちろん重要である。しかし，その判断力はどのように身につけていくことができるのであろうか。

バスケットボールの練習方法(ドリル)は近年の情報化社会の進歩によって，優勝チームのドリル，NBAのチームで行われているドリルなどが指導書やインターネットに紹介されるなど，誰でも簡単に手に入る時代になった。では，それらのドリルをやっていればプレーヤーは技術を伸ばし，判断力を身につけることができるのだろうか。

ほとんどの場合，それらのドリルを意図なく羅列し，ただ練習するだけではプレーヤーが自分自身で判断する力を獲得することはできないだろう。当然，経験する回数や年数が増えれば，それだけ判断力はつくはずである。しかし，プレーヤーやチームには時間的な制限があり，成長をのんびり待っていては試合や大会に間に合わない。まして

や自分自身でなかなか成長できないプレーヤーは誰にも助けてはもらえない。すべてのプレーヤーが独自で判断力を身につけることができるのならばコーチは必要とされない。的確なアドバイスと綿密に計画された練習によってプレーヤーの成長を導くことが，まさにコーチの仕事なのである。

　それでは，判断力を獲得させるにはどのような練習を行うのがよいのだろうか。それは，「段階的な指導」である。段階的な指導とは，プレーを順序立て，〈動きの理解や習得〉→〈プレーの判断〉→〈応用〉といったように順を追って練習を進めていくことである。プレー中に正しい判断を行い，ミスなくプレーするためには自分本位のプレーは禁物である。バスケットボールにはオフェンスでもディフェンスでもすべての状況において相手が近くにいるため，その相手の動きに対応してプレーができなければミスが増え，逆に相手の動きに正しく対応してプレーができればその成功はおのずと増えるのである。すなわち，まずはプレーの成り立ちや動きを覚え，相手の動きに応じて判断する練習を行い，実践に近い形につなげていくといった順序をとることが重要で，段階的な練習を組むことにより，相手の動きに対応した的確なプレーを判断できる力を身につけることができるのである。

4 バスケットボールのコーチに求められる資質とは

　バスケットボールに限らずスポーツにかかわる監督やコーチは，組織（チーム）の指揮官であり，指揮官の資質の善し悪しがチームやプレーヤーの命運に大きな影響を与えることは周知の事実である。それでは，スポーツのコーチはどのような資質を持ってスポーツの指導にあたるべきなのだろうか。スポーツやビジネスの場面における指南書として有名な「孫子の兵法」では，軍将（スポーツの場面ではコーチ）の持つべき資質として，「智」（洞察力・判断力・決断力・深い知識），「信」（嘘をつかないこと），「仁」（思いやり・愛情），「勇」（勇気），「厳」（厳しさ）の5つを挙げている。バスケットボールに置きかえると，バスケットボールに関する深い知識を持ち（「智」），チームやプレーヤーに嘘をつかず（「信」），練習や日常生活に対する厳しさ（「厳」）とともに深い愛情を持ち（「仁」），勝敗や周りの圧力に惑わされず常に最善を尽くせる信念や勇気（「勇」）を持つことと言い換えることができるだろう。つまり，バスケットボールのコーチたるは，常日頃からチームやプレーヤーをよりよく，上手にすることを望み，飽くなき探究心をもってバスケットボールの勉強や指導に情熱を注ぎ続けることが求められる。まさに「学ぶことをやめたら，指導することも辞めなければならない」（ロジェ・ルメール：1998年FIFA W杯フランス大会でエメ・ジャケ監督の下でアシスタントコーチを務めフランス代表チームの優勝に尽力）である。また，指導の場面では，ジョン・ウドゥン（プレーヤーおよびコーチの両部門でネイスミス記念バスケットボール殿堂入り）の「指導者は若者を心から愛し，選手が親しみを持って近づける存在であること」という言葉を借りれば，チームの目標に向けて厳しく妥協のない練習を行いながらも，プレーヤーを尊重し，愛情を持って接することでプレーヤーとの信頼関係を築いていくことが求められる。コーチと選手の信頼関係がなければ「戦う前にすでに負けている状態」（孫武）になってしまうのである。

参考文献
・ジョン・ウドゥン(著)武井光彦(監訳)『UCLA バスケットボール』大修館書店，2000．
・吉井四郎『バスケットボール指導全書1』大修館書店，1986．
・勝田隆『知的コーチングのすすめ』大修館書店，2002．
・森下義仁『コーチの為の兵法「孫子」』拓殖大学論集第149号，1984．

Questions

設問1．　バスケットボールにおけるよい習慣と悪い習慣を3つずつ挙げ，それぞれについて説明しなさい。

設問2．　バスケットボールで行われるプレー(例えば，スクリーンプレー)を1つ選び，そのプレーについての段階的な練習方法を立案しなさい。

設問3．　コーチのあるべき姿(資質や取り組み)をバスケットボールの練習場面など具体例を挙げて説明しなさい。

Column ●日本人バスケットボール選手はNBAで通用するのか

2004年田臥勇太選手が日本人で初めて世界最高峰のプロバスケットボールリーグ，NBA (National Basketball Association) でプレーをした。身長200 mを超える世界のトップ選手が多い中で，田臥選手の身長は173 cm。小柄な日本人でもNBAでプレーできる希望の光が差した瞬間だった。

そんな田臥選手の快挙の一方，隣国中国や韓国では一足先にNBA選手が輩出されている。彼らはいずれも大柄で，中でも中国出身の姚明選手はオールスターに選出されるほどのスター選手。その身長は229 cmで体格はNBAでもトップクラス。ではなぜ小柄な田臥選手がNBAの舞台に立つことができたのだろうか。それはNBAのルール変更にともなうメンバー構成の変化と田臥選手の持つ類い稀なスピードと巧みなテクニックにある。NBAは2001-2002シーズンのルール改正でゾーンディフェンスが解禁された。ゾーンディフェンスの導入は，小柄な選手の大きな弱点の一つであるゴール下を守らなければならない不利の解消につながり，小柄な選手がゴール近辺で大柄の選手を1対1で守る必要がなくなったのである。それによりNBAでは司令塔であるポイントガードを小柄でもスピードがあり，得点力のある選手を起用するチームが多くなったのである。田臥選手はその実力もさることながら，時代の流れにもマッチしていたのである。

この流れに乗れば小柄な日本人でもすばやく，巧みなテクニックを磨くことで田臥選手のようにNBAの舞台で活躍することも夢の夢ではないかもしれない。

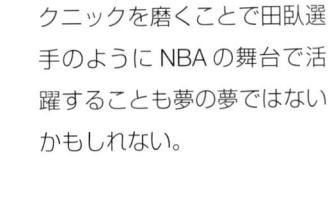

●図　NBAでプレーする田臥勇太選手

（佐々木　直基）

第2章 スポーツとコーチング

TARGET 9 柔道のコーチング

国際化とともに進み行く柔道のスポーツ化は，勝利至上主義という側面がますます色濃くなってきたと指摘されている。われわれ指導者は，創始者嘉納治五郎師範が目指した「人間教育」である柔道をこれからどのように指導していくべきかを考えなければならない。

KEYWORD 精力善用　自他共栄　素直な心

1 柔道の誕生

　柔道は，1882（明治15）年，嘉納治五郎師範によって創設された。少年時代，嘉納は身体が病弱だったこともあり，いじめを受けることが多く，「強くなりたい」という願いから柔術を学び始めた。嘉納は柔術の修行を通して，自分の身体が丈夫になり強くなっていくことや，性格が忍耐強く変化していくことに気がつき，柔術はさらに工夫や改善を取り入れれば，単に敵と戦うためだけのものではなく，体育として，また精神を鍛錬していくうえにおいても優れているという考えに至った。そこで，嘉納は多くの各流派の長所を集約し，危険な技を除外し，自身の工夫と改善を取り入れ，新しい柔術を体系化した。これが柔道である。そして，柔道を指導する場所を「講道館」（図1）と名づけた。

2 柔道の理念「精力善用」と「自他共栄」

　嘉納は1892年，柔道の修業にあたって「精力善用」と「自他共栄」という理念を創出した。精力善用とは，心身の力をもっとも有効に使用することを目指し，これによって己を完成させることを意味する。一方，自他共栄とは，こうして完成させた己の力を社会全般に活かし，世の進歩・発展に寄与するという意味であり，柔道の極意というものは社会生活全般にも応用できる普遍の理論であると嘉納師範は唱えている。また，熱烈な柔道愛好家として知られているロシアのプーチン元大統領はDVD『学校教育に柔道を』の中で，次のように述べている。

●図1　講道館玄関前の嘉納治五郎像

● 図2 「精力善用」「自他共栄」は社会全般に通じる柔道の理念（資料提供：講道館）

　「相手の力を利用するという考え方は，最初はわかりませんでしたが，練習を繰り返すうちに理解できるようになりました。相手が何をしようと考えているのか，どのような得意技があるのか，そういうことをあらかじめ知ったうえで，それに打ち勝っていくわけです。相手の体重，体の特徴や技のくせなどを利用して自分の戦いを有利に進めるのです。また，短気な性格は好まない結果につながることも柔道で知りました。大切なのは自分の気持ちを抑えるということです。冷静になることです。冷静になれば，どんな状況でもすばやく，かつ適切に対応することができるのです。柔道を通して私の人生観，考え方は大きく変わりました」。

　柔道の「精力善用」と「自他共栄」という理念は，柔道を学ぶ者にとって高い目標となるべきものであり，また，このことが，非常に教育的価値が高いものと広く認められ，現在，国内外を問わず柔道が広く普及・発展し，日本では体育教育として学校教育にも導入されている（図2）。

3　柔道コーチングの留意点

①——競技的価値と教育的価値のバランスをとる

　柔道の国際化は，1964（昭和39）年の日本で開催された東京オリンピックで正式種目となったのが始まりであり，それ以降，国際柔道連盟への加入国は現在，199カ国・地域（2007年9月現在）に及んでいる。その中で，日本の柔道人口は約20万人に昇り，生涯スポーツとして広く発展していることは周知の通りである。

　柔道がここまで定着した理由の1つに，学校体育として柔道が取り入れられていることは，着目すべき点である。なぜ，柔道が学校教育として取り入れられているのか。そ

の理由の1つ目には「柔道が体育として心身の鍛錬に適していること」，2つ目には「相手を尊重する態度として礼を重んじていること」，3つ目には「柔道の修行を通して，社会の役に立つ人間を育成するといった目標が，教育的に価値が高いと評価されていること」と理解することができる。

しかし，現在の柔道はもはや柔道ではなく，JUDOだという意見もある。それは，スポーツ化・勝利至上主義という競技的側面が一層色濃くなり，柔道が本来持ち合わせている競技的側面と教育的価値の側面とのバランスが崩れてきたことを危惧したものである。

その一方で，教育現場では2012(平成24)年から施行される新しい学習指導要領の中で中学校における保健体育の授業に武道を必修化するという動きも出てくるなど，これからの柔道のコーチングを行う場合において，柔道の持つ競技的側面と教育的価値の側面とのバランスをいかに取りながら指導していくかということに配慮していくことが望まれる。

②──選手一人ひとりの「素直な心」を育てる

著者が指導者として大切にしていこうと心がけていることは，とてもシンプルなことである。それは選手一人ひとりに柔道の修行を通して「素直な心」を持ってもらうこと，そして，その心を育んでもらうことである。

「人の話を素直に聞けることが，強くなるために必要なことなのだ」

これはかつて，私が恩師にいわれ続けた言葉である。なぜ，素直な心が必要なのか。私のいう「素直な心」とは，単に「人にやさしい」，「心がきれい」といった類のものだけ意味しているわけではない。本当の意味での素直さとは，強いエネルギーをまとい，かつ積極的な姿勢を持っていることだと考えている。わかりやすくいうと，「自分に入ってくるさまざまな情報に対して，ひとつのことだけにとらわれるのではなく，その情報をあるがままに見ようとする姿勢を養おう」というものである。

こういう姿勢からは，実際のありさまを見極める能力も自ずと育ってくるであろうし，善悪の区別も明らかにでき，事の判断も誤ることなく，なすべき方向性も見出せるようになるであろう。つまり，素直な心が身につけば，適切な判断・決断のもとに行動ができるようになるのではないかというのが私の考えである。

アスリートは勝負がかかった時，そこには一瞬の判断ミスも許されない。なぜならば，常に最高の力・技といったものを発揮するためには，「正確な判断を繰り返し行なうことができるか」ということが，大きく関係してくるからである。その能力を高めていくために，やはり私は素直な心を持つということが，大切なことであると感じている。もちろん，時にはその決断が挫折や苦悩といったものにつながっていくこともないとはいいきれないが，そこを出発点として，再び前をめざして進んでいく術もある。そういったことも，素直な心があればこそ，きっと見出せるのではないかと思っている。

著者は，試合というものは「生き物」だと考えている。それは，どんなに自分が相手より有利にことを運んでいても，時として一瞬で状況が変わってしまうような「含み」を常に持っているからである。選手は「変化する状況へ，どのような対応ができるのか」，このような問題解決能力を高めていくために素直な心を持つことが望まれる。私

の知りえる限り，ジャンルにかかわらず，「本物」だと呼ばれている人たちには素直な人が多い。私の仕事は，選手一人ひとりの素直な心を育てていくことなのだ。

③──素直な心が人を育てる

素直な心というものは，単に柔道が強くなるためだけに必要なものとなるのではなく，その心を育んでいく過程を通して，社会に貢献できる人間の資質を養っていることも，もっと認識すべきである。そこに嘉納師範は柔道の教育的価値を説かれているのではないだろうか。柔道を競技スポーツとして強さを追及していくことは，本来，素直な心を育てるうえでも，とてもよいことである。大切なのは指導者のわれわれが，強さを追求していく過程で，教育的な意味を選手一人ひとりに伝えながら，そのことが理解できるように育てていくことではないだろうか。素直な心が柔道を伸ばし，素直な心が人を育てる。それがこれから望まれる柔道のコーチングといえないだろうか。

参考文献
- 『Le judo dans l'education scolaire』(学校教育に柔道を)DVD FIGHTING FILMS．
- 吉井妙子『トップアスリートの決断力』アスキー，2007．
- 原島由美子『オシムがまだ語ってないこと』朝日新聞社，2007．
- 松下幸之助『素直な心になるために』PHP研究所，2004．

Questions

設問1．柔道は海外で大きく普及・発展し，国際化を果たしたが，なぜ競技的側面と教育的価値の側面とのバランスが崩れたのであろうか。理由を述べなさい。

設問2．「素直な心を持つこと」は，自分が行っている競技において，どのような影響があるか考えてみよう。

Column ●柔道と JUDO

　武道の持つ意義が崩壊しようとしている。現在の柔道はスポーツ化が進み，柔道はもはや武道ではなく JUDO となり，スポーツそのものだという意見もある。カラー柔道着をはじめ，ヨーロッパを主体とした国際化・商業化へと進んでいく JUDO は，競技化・勝利至上主義という競技的側面が一層色濃くなってきた。

　一方，教育現場に目を転じてみると，2007（平成 19）年 9 月に中央教育審議会の専門部会は改定を予定している学習指導要領の中で，中学校での保健体育の授業で武道を必修とする案がまとめられ，新聞紙面に発表された（その後，この度の改訂で中学 1・2 年生において必修化された）。

　こういった武道に関する動きが論じられている中，日本武道学会では，「武道の国際化に関する諸問題」や「武道の国際化－その光と影－」などといったテーマで，これからの武道の国際普及と課題について活発に議論がなされている。

　柔道は今，武道本来の意義である教育的価値の軽視が指摘され，競技的価値とのバランスをいかに上手く取っていくかが真に求められているといえるだろう。

●図　柔道の国際化はどこに向かうのだろうか？

（村田　正夫）

10 野球のコーチング

"Crack of the bat is the heart of the game."（バットがボールを弾く音こそが，ベースボールの心）という言葉がある。野球の醍醐味は，投手が全力で投げるボールを打者が全力で打つところにある。ここでは，その心を教えるために，野球のコーチングには何が必要なのだろうかについて考えたい。

KEYWORD　「打ち勝つ」か「守り抜く」か　ルールの熟知　指導者を超える

1　ベースボールと日本野球はどこが違うのか？
―「打ち勝つ」か「守り抜く」か―

　アメリカの「ベースボール」と日本の「野球」の違いについては，佐山和夫氏の著書『ベースボールと日本野球 −打ち勝つ思考，守り抜く精神−』に詳しく書かれている。それによると，ベースボールは元々が子どもの遊びだったタウンボールから発展し，アレキザンダー・カートライト氏によって細かいルールが作られて大人のゲームに成長した。アメリカでは「大リーガーといっても，要は，草野球の中でもっともうまい人のことだ」という名言がある。タウンボールは元々「打つゲーム」であり，投手は打者の打ちやすいところに下手投げでボールを投げ（pitch），それを打つことからゲームが始まった。これが，投手を「pitcher」と呼ぶ所以でもある。そして，このことから審判は投手に対して「ちゃんと投げろ！」という意味を込めて，ストライクではなくボールのカウントからコールするアメリカ流のボールカウントのコール順についてもその理由が明らかとなる。

　一方，日本野球は，アメリカから1872（明治5）年，エリート集団である第一大学区第一番中学（後の一高，現・東京大学）でアメリカ人教師ホーレス・ウイルソン氏が生徒に教えたところから始まった。一高の学生はのちに国家を担うという意識を持っており，野球というスポーツに「自己開発への精神的な効果」を求めた。そして，さらに「勝利至上主義」と「精神主義」が結びつき，「守り勝つ」ことが主体となる日本野球の原型を作り上げていった。日本でボールカウントのコール順がストライクから始められるのも，守備のチームに「これだけ有利だぞ」ということを示すためであるといわれている。

　このように，ベースボールと日本野球には根本的な部分で大きな違いがある。それがよいか悪いかではなく，このような背景を知っておくことは，野球をコーチングするうえで大切なことではないだろうか。

2 ルールを知ろう

　野球は，単純にいえば「投手の投げたボールを打者がフェアグラウンドに打ち返して走者をホームに返すゲーム」である。その単純なゲームが，公認野球規則(Official Baseball Rules)という文庫本サイズで250ページを超える細かなルールにより規定されている。ルールブックには，言語の定義や道具・球場の大きさなどの規定をはじめ，実に微に入り細を穿った内容になっている。しかもそのルールは毎年少しずつ変化しており，例えば2007年度版では投手がロジンバッグを置く場所（投手板の後方，打者から見えないところ）の規定といった非常に細かいところまで指摘されている。これは，もともと英語版であるルールを日本語に訳す段階で生じているさまざまな解釈の違いや，国際的に広まっていることに対していわば「日本ローカル」なルールとなっている部分を国際標準に変更しようという流れから起きていることである。このような変化への対応やルールの熟知は，指導者にとって大変重要なことである。
　例えば「公認野球規則7．10項（アピールアウト）」には次のような例が記載されている。

【問】一死走者一・二塁，打者が右翼へ大飛球を打ったとき，安打になると思った二塁走者はフライが飛んでいる間進塁し続け，右翼手がこれを捕らえたにもかかわらず，二塁走者はそのまま本塁を踏んだ。しかし一塁走者は捕球されたのをみて一塁に引き返そうとした。右翼手は一塁へ送球，一塁手は一塁走者が帰塁するより先に，塁に触球して，アウトにした。二塁走者は，一塁走者が一塁でアウトになるより先に，本塁を踏んでいるが，その得点は認められるか？

【答】守備側が二塁でアピールしない限り，二塁走者の得点は認められる。しかし，守備側は，アピールによる第三アウトの成立後であっても，このアウトよりも有利となるアピールアウトを先の第三アウトと置きかえることができるから，二塁でアピールすれば，リタッチを果たしていない二塁走者はアウトになり，得点とはならない。

　この場合，「第三アウトの置きかえ」を知っているか否かが，失点につながるか防げるかといった大きな変化につながる。そのため，コーチングをする際には「ルールを選手に徹底させる」ということも大切なことである。

3 野球は投手が8割 〜投球フォームについて

　前述の通り，日本の野球は「守り勝つ」野球が主流である。そして，守り勝つためには「投手力が勝敗の8割を決める」とよくいわれる。そのため，現在出版されている野球の指導書は基本的に投手について多くのページが割かれている。図1は，指導書に書かれている内容を示したものである。投手について書かれていることは，(1)投げ方(主にストレート)，(2)ボールの握り方(ストレートや変化球)，(3)牽制球，(4)フィールディング，(5)トレーニングやコンディショニング(ストレッチ，食事を含む)である。それぞれについては数多く出版されている指導書に詳しい解説をまかせるとして，ここでは一冊の書物に書かれた興味深い内容について述べる。すぐに読み終えることができる内容

なので，投手に限らず野球をプレーしている人はぜひ読んでみてもらいたい。

その本とは，渡辺俊介選手が記した『アンダースロー論』である。著者は，千葉ロッテマリーンズで活躍している現役投手であり，その活躍の秘訣についてわかりやすい言葉で簡潔に述べている。その中で，投げ方のことを述べている箇所に，「良い投手は体幹を捻っていない」(工藤投手や黒木投手との会話の中で)，「速く動かすのではなくて，無駄を減らす」(クイックモーションについて)，「腕のしなりを後ろで出してしまったら，もう前ではできません」(後ろを大きくという通常行われる指導に対する疑問)など，オーバースロー，アンダースロー問わずあらゆる投手に参考になることが書かれている。

4 みんな遠くに飛ばしたい！ ～そのためには股関節

野球を始めた頃，なにが楽しいかといえば，やはりバッティングで「遠くに飛ばす」ことではなかっただろうか。ホームランを打つことは，いくつになっても野球人にとっての夢であり，そのために努力をするといっても過言ではないだろう。日本野球のように勝利至上主義になると「フライを上げるな。ゴロを打て」，「(右打者は)右打ちをしろ」ということがとかく強調されがちだが，それらは「そういう打撃がきっちりできると，引っ張った時に本塁打も打てるよ」という考え方で練習をすると，少し違った気持ちで練習に取り組むことができるだろう。

その右打ち(右打者はライト方向，左打者はレフト方向)だが，これがうまくできると打球の質は格段によくなってくる。数年前にプロ野球読売ジャイアンツの阿部慎之助捕手が開幕から絶好調で本塁打を量産したシーズンがあった。その時，ある番組の中で「強いショートゴロを打つ練習をしていたら，自然とレフト方向に飛ぶようになり，ホームランが打てるようになった」と語っていた。このように，同じゴロ打ちでも目的が違えば効果もまったく異なるものになる。一度，練習の目的をじっくり考えてみてはどうだろうか。

右方向に強い打球を飛ばすためにポイントとなるのは，「股関節の使い方」と「右手(左打者は左手)の押し込み」であると筆者は考えている。右股関節と右手でボールをしっかりとつかまえにいき，インパクト時にぐっと押し込む。ただバットを振り回して強くぶつけるだけでなく，この「一瞬の押し込み」ができるかどうかが，とても大切なポイントである。

5 指導者を超える選手 ～「目的を考える」ことについて

前項で述べた，「目的を考える」ことについて少しだけ考えを述べてみよう。最近の若者は，よく「目的，理由がないと行動しない」といわれる。つまり，無駄なことをしたくないという気持ちが強く，失敗を恐れて，よく分かっていない新しいことに手を出すことが少ない。練習の指示を出しても，「その目的はなんですか」とまず指導者に尋ねるし，曖昧な返答では動かない。確かに指導者が「目的を明確に示す」ことは非常に大切であり，そのため指導者はしっかりとしたチームのビジョンを持ち，それに基づいた練習メニューを考える必要がある。しかし，ここで考えてもらいたいことは「人から

与えられた目的をこなすのはそんなに楽しいのだろうか」ということである。指導者が選手に伝えるメニューや目的を「そういうもの」としてこなそうとする選手ばかりでは，結局，選手は「指導者の考えたとおりの選手」の域から脱することはない。選手には，「指導者の考えを超えた」ところでぜひ勝負してもらいたい。そのためには，指導者の考える目的を理解して実行すると同時に，選手自身がその目的を超えたところで一工夫する必要がある。

　指導者の役割とは，このような「指導者の考えを超えることのできる」選手を育てることなのではないかと考えている。

参考文献
・佐山和夫『ベースボールと日本野球』中央公論社，1998．
・日本プロフェッショナル野球組織『日本野球連盟，公認野球規則』(非売品)，2007．
・渡辺俊介『アンダースロー論』光文社，2006．

Questions

設問1.　「打ち勝つ野球」と「守り抜く野球」のどちらに面白さを感じるか？その理由を述べなさい。

設問2.　自分の行っているスポーツのルールの中で，とても複雑なルール（例えば，野球のインフィールドフライ）について，1つ解説をしなさい。

設問3.　練習場面等で「指導者の考えを超えて」工夫したことについて，述べなさい。

Column ●ジャイロボールとはどういうボールか？

　ここ数年，「ジャイロボール」という新しい(?)変化球が野球界で話題を呼んでいる。2007年初頭，松坂大輔投手(ボストン・レッドソックス)がメジャーリーグに挑戦する際，「松坂はジャイロボールを投げるのか」と大きな話題となった。ジャイロボールとは，ボールの回転軸がボールの進行方向と同じで，球速の減速率が小さいといわれている。力学的に考えると，ボールが投手の指を離れてから0.4秒で捕手に到達する場合，無回転のボールは91cm落下する。回転軸が進行方向に対して90度，つまり「バックスピン」でボールが投げられると，ボールに浮力が働いてボールの落差が小さくなり，いわゆる「伸びのあるボール」となる。これに対してジャイロボールは，ボールの回転軸が進行方向と同じになるため，浮力が働かずほぼ無回転のボールと同程度の落差を示す。実際，ジャイロボールと呼ばれる回転のボールは，松坂投手武器であるの「縦スライダー」や山本昌投手(中日ドラゴンズ)の「スクリューボール」など，落ちるボールによく見られる回転である。近年，漫画などの影響により「ジャイロボールこそ最高のストレート」という認識が野球少年の間で広まっているが，「ストレート」という観点からいえば，昔も今もきれいなバックスピンをボールにかけてやることが非常に重要であり，ジャイロ回転のボールは「鋭く落ちる変化球」の1つとして認識した方がよいようである。

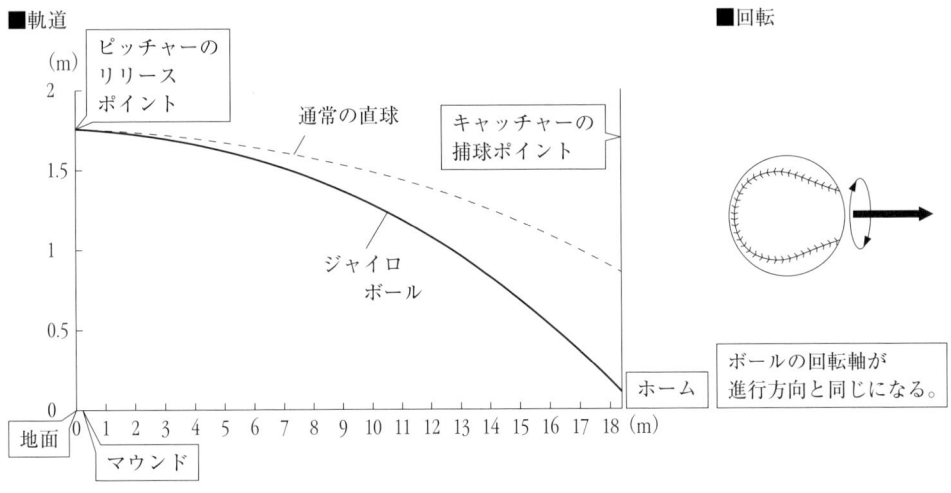

●図　ジャイロボールの軌道とボールの回転

(高橋　佳三)

第**3**章 スポーツと情報戦略

TARGET 1 スポーツにおける情報戦略の役割

オリンピックや世界選手権などの国際大会では，各国のスポーツ情報戦略活動が活発化している。スポーツ情報をどのように集め，加工し，そして，どのような形で再びスポーツ・フィールドへ還元すべきなのだろうか。スポーツは今や情報戦略の時代を迎えている。

KEYWORD スポーツ情報戦略　インフォメーション　インテリジェンス

1 スポーツ情報戦略とはなにか

「情報戦略」と聞くと，どのようなイメージを持つだろうか。

「007，スパイ，盗聴，秘密結社，暗闇……」のように，なにかと物騒なイメージをわれわれは一般的に抱きがちだが，それは「情報戦略」をあまりにも狭くとらえているといわざるを得ない。例えば，国家政治に位置づく「情報戦略」とは，「理念や目的，目標を達成するために，あるいは，そのための諸政策・活動を企画・開発するために，情報を戦略的に収集・分析・提供すること」とされ，その根底には「国民の幸福を導くために，情報は活用されなければならない」という理念が横たわっている。現代は，情報が氾濫している時代といわれて久しい。その「情報」は，われわれの生活と切っても切り離すことができない関係にあり，人々の幸せのために有効に利用されなければならない。

スポーツ・フィールドにおける「情報」の戦略的活用，つまり「スポーツ情報戦略」は，昨今のスポーツ情勢の高度化にともなって大きな発展を遂げてきた。スポーツ・フィールドにいる意思決定者（監督やコーチ，その他の関係者など）が正しく，理にかなった判断と決断をするためには「情報」は必要不可欠であることはいうまでもない。彼らは，スポーツ活動に有益な「情報」に飢えていると表現してもよいくらいだ。そもそも，スポーツ・フィールド自体が，有益な「情報」の提供を待ち望んでおり，その「情報」は，より高次であればあるほど，スポーツ・フィールドにとって有益であるのかもしれない。

2 スポーツ・インテリジェンスという発想

さまざまな場面における意思決定者が正しい判断を下すために「より高次の情報」を機能的に利用することが，情報戦略の真髄であるといえる。この「より高次の情報」を，ここではインテリジェンス（intelligence）と呼ぶ。ちなみに，インテリジェンスとは「インフォメーション（information：情報）を収集，加工，統合・分析・評価・解釈した結果

スポーツ・フィールド　　　　　　情　報　　　　　　高次の情報

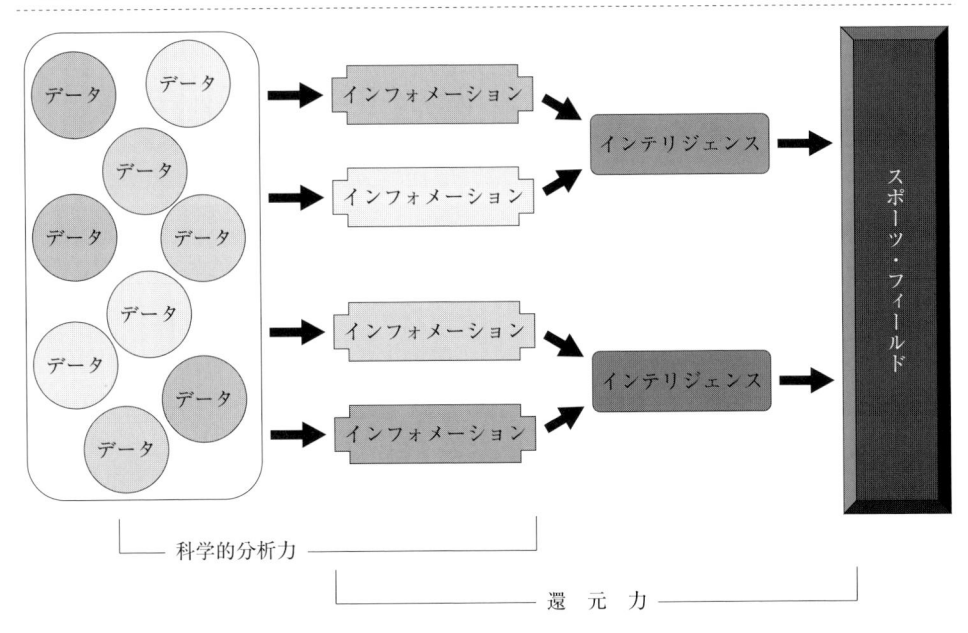

●図1　スポーツ情報戦略のプロセス

としてのプロダクト(産物)のこと」であり，インフォメーションとは「観察，報告，噂，画像および他のソース(資源)を含むあらゆる種類のマテリアル(材料)であって，未だ評価・加工されていないもの」をさしている。

　これをスポーツの場面に置き換えてみよう。競技力向上のために「スポーツを科学する」ことは，もはや避けられない。さまざまなスポーツデータは，高度な測定機器(実験器具やVTRなどを含む)によって収集され，緻密に分析されることによって「より高次の情報」へと加工される。すなわち，これを「スポーツ・インテリジェンス」と位置づけることもできる。したがって，「スポーツ・インテリジェンス」とは，これまでのスポーツ・サイエンスで獲得してきた「叡智＝より高次の情報」を意味しているともいえよう(ちなみに，これは次節にある「マシント(測定によって得られるインテリジェンス)」に相当する)。

　図1に示すように，さまざまなスポーツデータを最先端の科学的分析力によってインフォメーションへと加工し，そのインフォメーションをインテリジェンスへと高め，スポーツ・フィールドに対して有益に還元していく。これがスポーツ情報戦略のプロセスである。

3　情報戦略の要素と資源

　ここで，もう一度「情報」について整理してみよう。いわゆる「情報」を発信する場合，次の6つの要素を，あらかじめ十分に考えておかなければならない。それは，(1)メッセージ(伝えたいこと)，(2)ターゲット(情報を受信する対象)，(3)コンテンツ(情報の内容)，(4)オペレーション(タイミングや媒体など，情報の出し方)，(5)ソース(情報の出

所），(6)エフェクト(情報の影響力)である．これらの要素の違いによって，情報を有効活用しようとする情報戦略の在り方もおのずと異なってくる．

また，情報戦略は，次の5つの資源を想定している．それは，(1)ヒューミント(Humint：Human Intelligence：人的情報から得られるインテリジェンス)，(2)シギント(Sigint：Signal Intelligence：会話や記号の傍受によるインテリジェンス)，(3)イミント(Imint：Imagery Intelligence：画像や映像によるインテリジェンス)，(4)オシント(Osint：Open Source Intelligence：ニュース・メディア等によって公開されているインテリジェンス)，(5)マシント(Measint：Measurement & Signatures Intelligence：測定によって得られるインテリジェンス)，である．

図2に，びわこ成蹊スポーツ大学が有する国際競技力向上に寄与する情報戦略資源を示した．これは，国際競技力向上に向けた(1)ヒューミントと(4)オシントを中心にまとめられている．今後，このような情報戦略資源はますますその規模を拡大していくであろう．その結果，「情報戦略」の発展が，大学の発展に大きな影響を与えるようになっていく．

4 スポーツ情報戦略コミュニティの構築

2007年4月にびわこ成蹊スポーツ大学は，競技スポーツ学科に「スポーツ情報戦略コース」を新たに立ち上げた．そのコンセプトは「スポーツ・フィールドで得られたさまざまなデータを，最先端の科学的方法で分析し，有益な情報を正しく還元(フィードバック)すること」にある(図3)．このコンセプトの下，国立スポーツ科学センターと仙台大学との間に「スポーツ情報戦略コミュニティ」を構築し，国際競技力の向上を主目

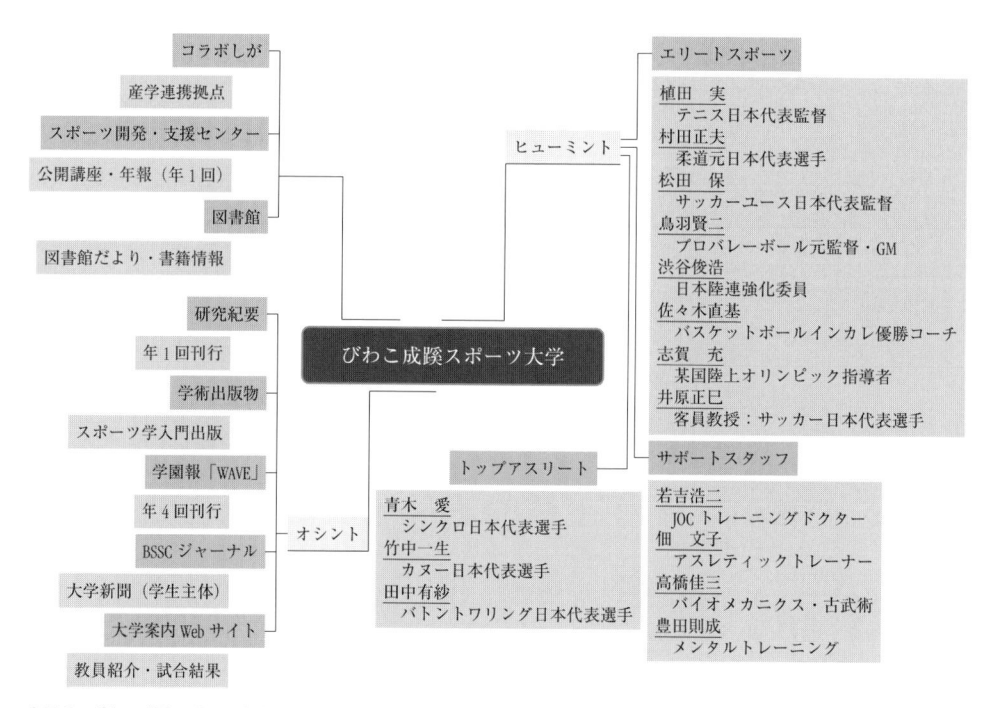

●図2　びわこ成蹊スポーツ大学の情報戦略資源

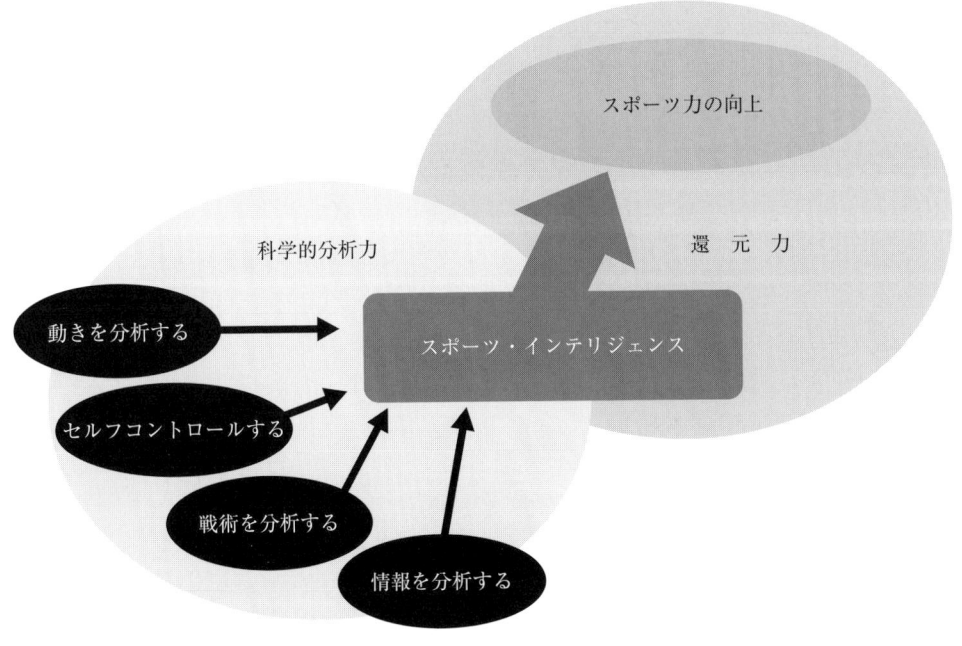

●図3　スポーツ情報戦略コースの挑戦

的に，今後のスポーツ情報戦略の在り方について先駆的な役割を果たすことができるように動き出している。今後，三者間での情報交換はもちろんのこと，共同研究や共働成果が期待されている。

参考文献
・豊田則成，「アスリートが語る人生の物語」『現代経営学研究所紀要』(神戸大学大学院経営学研究科)第15巻3号．pp22-35．2007．

Questions

設問1．　「スポーツ情報戦略」とはどのように定義できるか述べなさい。
設問2．　情報戦略の「要素」とは，どのようなことか述べなさい。
設問3．　情報戦略の「資源」とは，どのようなことか述べなさい。

Column ●アスリートのキャリアトランジションってなに？

　アスリートのキャリアトランジションとは，「アスリートの引退にともなう新しい自分づくり」を意味する。アスリートにとって「引退」は，いつか必ず直面しなければならない，大きな心理社会的発達課題である。「引退」は，アスリートが自分を再構築するプロセスでもあり，その渦中にあって彼らは深刻な問題と対峙しなければならない。彼らは，外的には「職業獲得の困難さ」に直面し，内的には「自分らしく生きることの難しさ」と直面することになる（豊田，2007）。そのようにとらえると，キャリアトランジションは彼らにとって発達的な危機（developmental crisis）であり，個人を成長させる好機にもなりうる。

　アスリートのセカンドキャリア（第二の人生ともいう）という言葉も，昨今，社会的に定着しつつある。諸外国に目を向けてみると，オーストラリアのACE（Athlete Career and Education Program：1992-）やアメリカのCAPA（Career Assistance Program for Athlete：1993-）など，アスリートのセカンドキャリア支援に対して先進的な取り組みがなされてきている。これに追随して，わが国においても2002年にはJリーグキャリアサポートセンターが，そして，2004年にはJOCセカンドキャリアプロジェクトが，それぞれ独自の支援プログラムを立ち上げた（図）。2006年にはJBC（日本ボクシングコミッション）が引退したボクサーの健康状態についての追跡調査を立ち上げたのと同時に，引退後のボクサーの就職支援に乗り出した。ボクサーとしてのキャリアがその後の人生にも活用できるという施策の実現は，アスリートのキャリアトランジション問題が社会に広く認識されるようになったことを意味している。これらの支援プログラムが，アスリートへのセカンドキャリア紹介・斡旋のみならず，アスリートに対する心理的支援に重点を置いていることはいうまでもない。

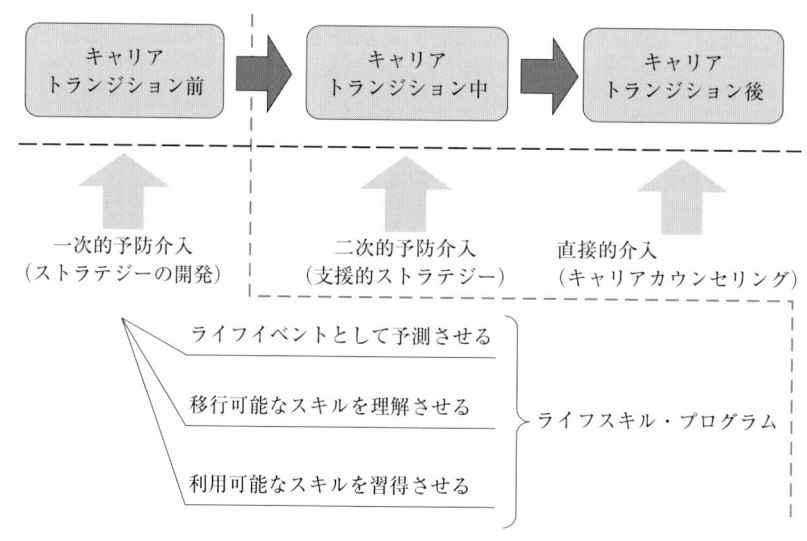

●図　アスリートのキャリア支援プログラム

（豊田　則成）

2 動作分析とスポーツバイオメカニクス

スポーツバイオメカニクスを学ぶと，スポーツの動作を「客観的に観察できる」「技術を評価できる」「適切なトレーニング方法を考案できる」といったように，さまざまな能力を養うことができる。選手はもちろん，指導者にとっても，ぜひ学ぶべき学問であろう。

KEYWORD 動作分析　競技力向上　動作の最適化　総合領域

1 スポーツバイオメカニクスとは

「スポーツバイオメカニクス」と聞くと，なんだか耳慣れない，難しい学問のように思われるかもしれない。実際，難しく定義をすると「スポーツにおける運動，人，用具，施設の振る舞いを力学的観点から研究するスポーツ領域の一つ」といわれる。反対に，簡単に定義すると「人や道具は運動中どう動いているかを，ビデオカメラやその他の機材を用いて計測し，分析しようとする学問」である。

ビデオカメラやその他の計測機器が発達していない1800年代後半，マイブリッジ(Edweard J Muybridge, 1830-1904)は12台のカメラを並べて馬の走動作を撮影し，トロット中にすべての脚が宙に浮いていることを確認した。これが世界最初の動作分析といわれている。また，マレー(Etienne J Marey, 1839-1904)は空気圧を利用した力量計や空気圧式の地面反力計を独自に開発して動作分析と力の測定を行った。バイオメカニクスでは，運動の速度や角度などの分析を「キネマティクス(kinematics, 運動学)」，その運動が出現するための力(関節トルク，筋電図，地面反力など)の分析を「キネティクス(kinetics, 運動力学)」と呼ぶ。つまり，マイブリッジは世界最初のキネマティクス的分析を，マレーは世界最初のキネティクス的分析を行ったといえよう。それから約1世紀の時を経て，現在では高速度ビデオカメラや地面反力計，筋電図計などを用いた動作分析が，世界中で行われている。そして，これらの手法をスポーツの動作分析に応用したのが，「スポーツバイオメカニクス」という分野である。

2 スポーツバイオメカニクスの研究例

スポーツバイオメカニクスの研究において，スポーツの現場と研究の連携がもっともとれているスポーツ種目は，陸上競技であろう。1990年代初頭まで，日本の陸上競技短距離(スプリント)界は，その記録面で世界の一流スプリンター(陸上競技の短距離走者)に比べて大きく劣っていた。その原因を探るために，日本陸上競技連盟では研究班を設置し，1991年世界陸上東京大会において100m走の動作分析を行った。トラックの横に

10台以上のカメラを設置し，世界の一流スプリンターの走動作を分析したところ，日本人選手と外国人選手の動作には非常に大きな違いがあることを突き止めた。それは，日本人選手は「足が地面に着いた後に膝を大きく伸ばして脚を大きく後方に蹴り出していた」のに対して，外国人選手は「後方への蹴り出しが小さく，脚が前方に倒れ込むように走っていた」ことである。この研究以降，日本人選手（朝原宣治や末續慎吾選手など）が世界のスプリント界の中でもめざましい活躍をしているところを見ると，この研究は日本人選手のレベルアップに大きく貢献したといえるだろう。

また，野球の投球において，ボールの速い投手は遅い投手に比べて，手首の速度が最大になった後に指先で大きな力をボールに加えていたことが分かった（図1）。このことから，球速を大きく（速く）したければ，握力，特に「指の力」を大きく（強く）することが重要なことが示された。

このように，スポーツバイオメカニクスの研究方法を用いて動作分析を行うことにより，スポーツのパフォーマンスの向上について有用な示唆を導き出すことができる。

毎秒1000コマでリリース時の指先の動きを撮影した。ボールの速い投手は遅い投手に比べて，リリース直前まで指で大きな力をボールに加えていた。このことから，握力というより「指の力」を強くすることが，ボールを速くするためには必要であることが示された。

●図1 野球のピッチングにおける指先の動き
（高橋佳三ほか「野球のピッチングにおける手および指の動きとボール速度増加の関係」『バイオメカニクス研究4』pp.116-124, 2000.）

3 パフォーマンス向上へのスポーツバイオメカニクスの貢献

図2は，「動作の最適化ループ」（阿江，2002）と呼ばれる，選手の技術を向上しようとする時に，スポーツバイオメカニクスの果たす役割を端的に表したものである。まず，コーチは「運動の客観的な観察」を行う。まだ映像撮影技術の発達していなかった時代には，動作はコーチの目によって観察されていたが，今日では高速度カメラなどの発達により，選手の動作をより細かく捉えることができるようになっており，ここではバイオメカニクス的な手法（高速度カメラ，筋電図，地面反力計など）が非常に有効に活用される。

次に「動作の比較と評価」を行う。これは，例えば，世界一流の選手とコーチングを行う選手の動きの違いを比較・評価するといったことである。そして，比較と評価を行った後に「動きを制限する要因や技術的な欠点についての究明」を行い，「この選手は何が原因で一流選手と同じような動きができないのか」ということを考えていく。ここでは，バイオメカニクス的な知識が総動員され，例えば走っている時に，「骨盤の動きが一流選手に比べて悪く，これが制限要因となって脚のエネルギー交換がうまくいっていないのではないか」というように考えていく。

制限要因や技術的欠点が分かると，それを元に「トレーニング法のデザインと選択」を行い，実際に「動作の変更とトレーニング」を行う。そして，トレーニング前後の動作を再び客観的に観察して評価を行い，……という具合に，このループをぐるぐる回し

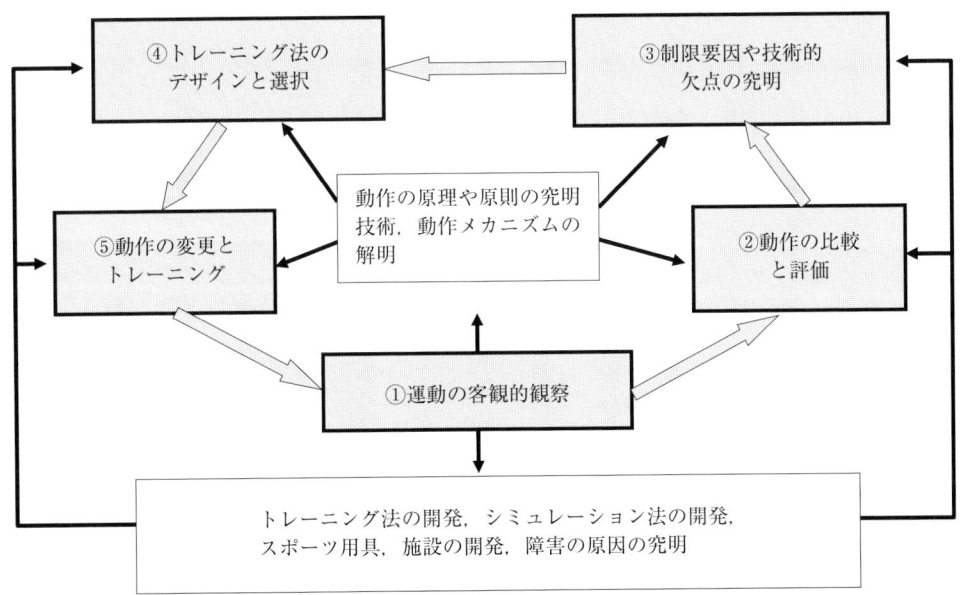

```
┌──────────────┐         ┌──────────────┐
│④トレーニング法の│ ←─────  │③制限要因や技術的│
│  デザインと選択 │         │  欠点の究明   │
└──────────────┘         └──────────────┘
       ↓         ┌─────────────────┐        ↑
┌──────────────┐ │ 動作の原理や原則の究明│ ┌──────────────┐
│⑤動作の変更と │ │ 技術，動作メカニズムの│ │②動作の比較  │
│  トレーニング │ │ 解明          │ │  と評価    │
└──────────────┘ └─────────────────┘ └──────────────┘
       ↓              ↑                ↑
                ┌──────────────┐
                │①運動の客観的観察│
                └──────────────┘
                       ↑
        ┌─────────────────────────────┐
        │ トレーニング法の開発，シミュレーション法の開発，│
        │ スポーツ用具，施設の開発，障害の原因の究明    │
        └─────────────────────────────┘
```

スポーツバイオメカニクスは，さまざまな場面でパフォーマンス向上のために貢献することができる．

●図2　動作の最適化ループ
(阿江通良ほか『スポーツバイオメカニクス20講』朝倉書店，2002)

ていくと，選手のパフォーマンスが向上していくことになる．

　このように，スポーツバイオメカニクスを学習するということは，動作を客観的に観察し，動作の原因を究明し，改善方法を考え，新しい運動を創造していくという，選手やコーチにとっては非常に有効な能力を養うことにつながるのである．

4 ｜ スポーツバイオメカニクスを活用した指導の一例

　元アメリカ・メジャーリーグで活躍した，ノーラン・ライアン(L.Nolan Ryan)という投手がいる．この投手は，入団当初から非常に速いボールを投げていたが，コントロールが悪かった．ある年のシーズンオフにトレードに出されたのだが，移籍先で投手コーチのトム・ハウス(Thomas Ross House)と出会う．トム・ハウスは，スポーツバイオメカニクスや生理学，栄養学などの知識が豊富で，さまざまなアプローチを彼に施した．その中で，当時(1980年代)まださほど普及していなかった動作分析を行い，投球動作中に頭が大きく一塁側に流れるため，コントロールが定まらなかったことを突き止めた．さらに，その原因が脚の筋力不足にあることを突き止め，当時としては非常に珍しいウエイトトレーニングを導入し，脚力を中心に身体を鍛えた．その結果，頭が一塁側に流れることがなくなり，コントロールが安定しただけでなく，力を無駄なくボールに伝えることができるようになり，球速も増した．

　また，ノーラン・ライアン投手はある時，トム・ハウスに，「トム，脚を高く上げるとよりよいボールが投げられるようだ．コンピュータに入力してみてくれ(Tom, I throw harder when I lift my leg higher. Go put that in your computer!)」といった．トム・ハウスは，コンピュータ・シミュレーションを行ってノーラン・ライアン投手が脚を6インチ(約

15センチ)高く上げると位置エネルギーが3％増加し，球速が2マイル毎時(3.2キロ毎時)増加する，という結果を算出した。これが，ノーラン・ライアン投手の「膝が顔の高さまで上がる投球フォーム」(図3)を生んだのだろう。これらの結果，ノーラン・ライアン投手は「ライアン・エクスプレス」と呼ばれる剛速球を武器とした投手として活躍し，メジャーリーグ史上随一の「ノーヒット・ノーラン7度」，「5,174奪三振」という輝かしい成績を残すに至ったのである。

　このように，スポーツバイオメカニクスを上手にパフォーマンス・アップのために利用すると，選手としてすばらしい活躍ができるようになる可能性がある。選手を指導する立場に立った時には，必ず役に立つ学問といえるだろう。

●図3　ノーラン・ライアンの投球フォーム

5 スポーツバイオメカニクスは総合的学問

　これまで述べてきたように，スポーツバイオメカニクスはスポーツのパフォーマンス向上に非常に大きく貢献できる可能性を秘めた学問である。しかし，これだけを学べば簡単にパフォーマンスが向上するかといえば，なかなかそうもいかない。人の動作について考えるためには解剖学や生理学を学ぶ必要があるし，データを解釈して選手に伝えるためには運動学やコーチ学を学ぶ必要がある。さらに，数学や物理の知識があれば，バイオメカニクス的な考え方をより理解しやすくなるだろう。このように，スポーツバイオメカニクスは総合領域であり，さまざまな知識を持つことで非常に柔軟な考え方ができるようになる。スポーツバイオメカニクスを学びたい人には，ぜひ幅広い視野を持っていろいろなことを学んでもらいたい。

参考文献
・阿江通良，藤井範久『スポーツバイオメカニクス20講』朝倉書店，2002．
・Tom House, *The Pitching Edge*, Human Kinetics, 2000．
・高橋佳三『古武術 for SPORTS』スキージャーナル社，2006．
・高橋佳三『古武術 for SPORTS 2』スキージャーナル社，2007．

Questions

設問1． スポーツ活動において，これまでどのような技術指導を受けてきたか述べなさい（例えば，野球の投球で「前でリリースしなさい」といわれた）。

設問2． 設問1で答えた技術指導を比較し，より有効に身体を動かすにはどのようにしたらよいだろうか述べなさい（例えば，手だけ前に出しても力が入らないので，身体全体を前傾させる）。

設問3． 設問2で答えた動きの提案の中で，どのような点を分析すべきだろうか述べなさい（例えば，身体を前傾した時の踏み込んだ脚が発揮している力を分析したい）。

Column ●古武術にパフォーマンス向上の秘策あり！？

　2002年，桑田真澄投手（当時巨人）がシーズンの最優秀防御率賞を獲得し，「その陰に古武術（の効果）あり」ということで，古武術が一躍脚光を浴びた。

　古武術とは，明治維新以前の武術を総称したもので，「柔道」「剣道」など細分化された現代武道と区別するために「古武術」と呼ばれている。桑田投手のほかに，女子バスケットボール元日本代表の濱口典子選手や，卓球全日本女子チャンピオンの平野早矢香選手が古武術をスポーツに取り入れて成功を収めている。筆者も，2003年から古武術研究家の甲野善紀氏に古武術を師事し，古武術をスポーツに応用する方法を模索している。

　それでは，古武術の何がスポーツに応用できるのだろうか。

　桑田投手が注目を浴びた時，「ためない，蹴らない，捻らない」という言葉がキーワードとして頻繁に語られた。これは，身体をひねり，強く地面を蹴って大きなパワーを発揮するという当たり前のような身体の使い方を否定したものである。しかし，それで本当に大きな力を発揮できるのかという疑問を持つ人は多い。

　結論からいえば，古武術（的な身体の使い方）はスポーツに非常に役に立つ。何がどのように役立つかを説明するためには紙面が足りないが，「ためない，蹴らない，捻らない」というキーワードは，身体を筋力にまかせて部分的に用いるのではなく，全身が協調した，どの部位にも極度の負荷のかからない動きを示しており，これができるとまず身体への負担が格段に軽減する。また，全身が協調するので非常に小さな努力感でも驚くほど大きな力を発揮できるようになる。スポーツなどでどうしても行き詰まりを感じている人などは，ぜひ取り入れてみてはどうだろうか。

（高橋　佳三）

第3章 スポーツと情報戦略

3 TARGET

技術分析における情報の活用

現在のチャンピオンスポーツでは，技術を分析することが当たり前になってきている。しかし，そもそも技術とは何だろうか。そして，情報はどのように活用したらよいのだろうか。本章ではこの疑問にお答えし，パフォーマンスを向上させるための情報活用術を学びたい。

KEYWORD　技術　動作　映像　測定

1 技術と技術分析

技術とは「身につけたい動作」「理想的な運動」，さらには「身体による動作」と定義される。さらに，技術に影響を及ぼす事柄には，競技年齢(発達段階)，筋力，バランス，タイミング，運動の正確性，連続性などがある。つまり，技術を分析するということは，われわれの身体から生じる動作(運動)を筋力やバランス，タイミング，正確性などの多面的な観点から判断し，理想的な方向へ動作(運動)を導くことである。

2 技術分析における映像活用の流れ

①――ビデオ撮影のポイント

技術修正のアイテムとしては，ビデオを使った映像分析が一般的である。ビデオを使用することで多くの技術情報を得ることができるが，ここでは研究論文を書くためのビデオ撮影でなく，選手に技術分析を効率よく考えてもらうという観点で紹介したい。

撮影する際のポイントとしては，まず，ある一つの運動技術(動作)の全体が把握できるように撮ることがある。例えば，走る動作では身体の一部分に焦点をあてて撮影するのではなく，身体全体が把握できるように全身を対象に，運動の全体像がわかるように足の接地から次の足の接地までの局面を撮るようにする。この時，動作を画面一杯に撮影すると周りの状況との比較ができないため，撮影後に見返した時に状況を把握しにくい映像になってしまう。そのため，撮影対象は画面の半分，もしくは2/3程度の大きさで撮影しておくと，周囲の環境的情報と照らし合わせながら見ることができる。

また，もう一つ考慮したいことは，選手が必要とする情報を提供するということである。選手は運動する際に自分の身体の内側から動作を把握している。これは自分の体を3次元的にいろいろな角度から見ていることになる。つまり，人によって自分が感じている動作アングルが違うのである。そこで選手が必要な映像アングルを提供することで，選手の主観的な動作イメージとビデオ映像を一致させ，両者の違いをより鮮明にさせるようにする必要がある。

②──撮影された映像を見るポイント

映像を見て技術分析をする場合，次のような順番がよい。まず，動作(運動)全体を観察する。次に，部分に焦点をあてる。最後に，動作(運動)全体を再度観察する。この3段階で映像を見ることが大切である(図1)。

次に，各々の映像分析における観察ポイントを紹介する。最初の「全体観察」では，技術のよさを見つけること，運動のリズムや全体性を把握すること，という2つがポイントとなる。ここでは特に，映像を見ながら動作技術のリズムや全体性に違和感のある部分(動作)を把握するように観察する。

次に，2回目の「部分観察」では，「全体観察」で違和感や問題点と思われる部分の動作技術に焦点をあてて，映像のチェックを行う。部分的な問題動作がどのようになっているかを明確にする。

①動作(運動)全体を観察する

②部分に焦点をあてる

③動作(運動)全体を再度観察する
　＋焦点の部分の役割・修正を考える

●図1　技術分析における映像の見方

最後に，3回目の「全体観察」では，「部分観察」で動作技術の問題点が明確になったことにより，全体の中で問題技術がどのような働きをしているのかを再度チェックし，修正プランを考えることが必要になる。

この時に，最初に「よい点」を把握したが，この技術や運動のよい部分が，マイナスにならないよう技術修正を考えることを忘れないようにする。そのために，1回目の観察でよい点を見つけてから，問題点の把握をするという手順が重要な意味を持つことになる。また3回目では，問題とされる動作技術の前動作に着目して，技術修正を加えるとよい。つまり，問題点(動作)は前の動作(局面・動作)に影響を受けていることを理解しながら動作を観察する。このような映像の技術分析をすることによって，現在の技術のよさと問題点が明確になり，さらに優れた選手，コーチを育成していくことが可能になるであろう。

3　理想的な技術には体力が必要だろうか

技術と体力は密接な関係にある。例えば，理想的な走り方(技術)を追求する場合，走る技術に結びついて筋力や筋持久力などの体力的な要素が必要になってくる。走るためにドリルばかりを練習として行っていても体力が低ければ，速く走ることも，理想的な技術で走ることも難しいということである。つまり，〈理想技術≒体力要素〉のバランスを考えながら技術を分析する力が重要である。そこで技術に結びつく身体的要素を定期的に測定することが，技術分析をするうえで重要な情報源となる。

競技種目によって技術・パフォーマンスに必要な身体的要素は異なるが，一般的な体

●図2　A選手の脚パワーの変化
(DJ　indexとは，跳躍高を接地時間で割った指標である。主に脚の発揮するパワーや身体能力の指標となる。)

力テストに加えて，筋力測定，ジャンプテストなどを加えて継続的に測定することで技術を修正するための情報を得ることができる。ここではジャンプのテストを継続的に行った結果を紹介する（図2）。図に示した選手は，走りの接地の際に膝が曲がるというマイナスの特徴を持っていた。そこでジャンプ測定(DJ・RJ10)を行ったところ，その結果が著しく低い値であった。このことから選手は脚パワーが不足していることが一つの原因であると認識し，その強化を図った。その結果，図2に示すように脚発揮パワーは伸び，走る際の技術も変わるという結果を示したのである。

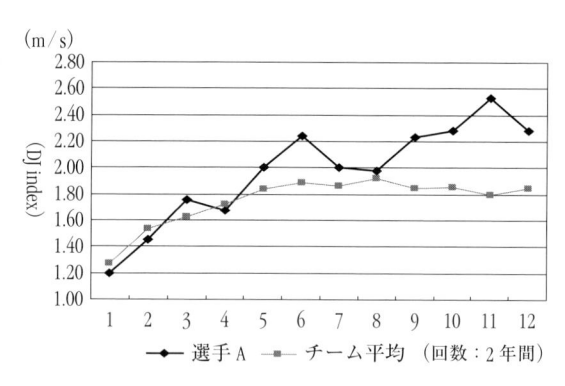

このように技術と体力は密接な関係にあり，継続的な体力(身体)の不足情報を得ることによって，体力(身体要素)から技術修正を考えるという視点がある。

4　技術の向上には，技術情報の選択が必要

技術という言葉には多くの周辺情報が結びついてくる。また，選手も技術情報を必要以上に収集するケースや，コーチが多くの情報を選手に与えるケースがしばしば見られる。これは一見，知識や指導方法の引き出しが増えたように感じられるが，多くの情報の中にはまったく異なる内容を含む場合もある。そのため，情報は精査する必要性がある。特に，選手においては競技年齢が上がるにしたがって自分に必要な情報か，そうでないかを判断する能力もつける必要がある。

これは最初に「多くの技術情報に耳を傾ける」，次に「その技術情報を自分で行う(ある期間)」，そして「身体やトレーニングに合いそうなものを残す」，最後に「合わない情報を切り捨てる」という過程を少しずつ踏むことで技術情報の選択能力がついてくる。

最後に，選手やコーチは情報を取捨選択する能力をつける必要がある。そして，多すぎる情報，もしくは多い情報に惑わされることは，情報を持たないことと同様の意味であるということを肝に銘じておきたい。

Questions

設問1．技術分析とはどんなことだろうか述べなさい。
設問2．映像の見方として，どのような方法が効果的だろうか述べなさい。

Column ●スポーツにおける意識と無意識

「意識しろ！」
トレーニング場では，このような言葉をよく耳にする。しかし，意識するとどのようなトレーニング効果・変化があるのだろうか。

例えば，筋力トレーニングでは自分が使っている筋肉・動作を意識する場合とそうでない場合では，筋肉の放電量が変わる（図：軽い負荷ほど主導筋を意識すると筋放電の変化が大きい）。このことを先生やコーチは経験的に知っているため，選手に意識の重要性を説くのである。

また，スポーツの世界では選手が動作を変えたいと思うことがある。例えば何年間も同じ運動をしてきた選手が，コーチに「この部分の動きを変えてみよう！」といわれて，変えようとするがなかなか上手に動かないことがある。今まで自然（無意識）の動作だったものを，急に意識して変えようとすることから「ぎこちなさ」が生じるのである。このような場合，動作を意識するということが動作修正の手がかりになる。多くの場合，修正したい動作を意識するよりも，前の動作局面から修正したい部分を意識することによって，変化の手がかりを見つけることができる。このようにトレーニング段階では，力発揮・動作修正という観点から『動作の意識化』がキーポイントになる。

試合においては，プレーや動作を過剰に意識するとマイナスになることが多い。意識したプレーは相手に予測されやすく，意識しすぎた動作は流れを止めるのである。むしろ無意識に判断して行うプレーや動作の方がよい結果を得ることが多い。スポーツ選手のインタビューで『試合中のことはよく覚えていません』という言葉をよく聞くことがある。まさに試合中のことをよく描写し，無意識のプレーや動作であったことを示している。

スポーツの世界はトレーニングで意識化し，体に技術を沁みこませる。一方，試合ではプレーや動作を意識しない，自然に技が出せるようになるまで高める（自動化）。このように選手たちは『意識化（トレーニング）→無意識化（試合）』という2つを上手く使い分けているともいえる。どちらも大切で，上手に使い分けられる選手が勝利するのである。

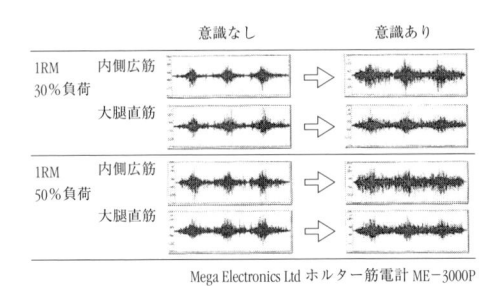

●図 意識あり・なしでの筋肉の放電量

参考文献
・Sport medicine No.84 ブックハウスエイチディ p.8 2006．

（志賀　充）

第3章 スポーツと情報戦略

TARGET 4 戦術分析における情報の活用

勝負の世界に「絶対」はない。しかし，勝利する確立を高めることは可能である。「数回」から「何度も！」に，「偶然」から「必然」にすることができるのである。ここではサッカーを例に戦術分析の意義と実際の分析と活用の事例をみる。

KEYWORD 戦術と分析　情報活用　フィードバック

1 スポーツにおける戦術

何も知らなくてもスポーツはできる。また楽しいものである。しかし，競技スポーツとして，向上することを追及するならば，そのスポーツを知ること，その特性を理解することが重要になる。

例えば，サッカーにおける戦術には，「個人戦術」，「グループ戦術」，「チーム戦術」，「ゲーム戦術」と大きく分けて4つに分類される。そしてその中に「攻撃の戦術」と「守備の戦術」がある。そして，その攻撃・守備において「プレーの原則」があります。また，刻々変化している試合の状況・局面として，(1)攻撃，(2)守備，(3)攻撃から守備に変わる時，(4)守備から攻撃に変わる時，このような「4つの重要な局面」から構成され，サッカーのゲームは成り立っている。

2 戦術の分析方法

①──ゲーム分析

試合を見て"あの選手は足が超～速い""たくさん点を取る強いチームだ"と感じ，「だから，気合では負けないように！」だけでは相手より優位に立つことは難しい。なぜなら，"気合"だけで足の速い選手を遅くすることは無理であり，また，なぜこのチームは点をたくさん取ることができるのかが解らなければ，得点を減らすことは難しいからである。

ゲーム分析では，「探し方」を知らなければ何も観ることができません。分析の「目的」や「種類」を理解して，「ゲームを見る」から「ゲームを分析する」へ，組織化してゲームを観ることが必要になる。

②──フォーメーションの分析

フォーメーションの変遷を，歴史的な観点から見ると，さまざまな変化をとげて今日に至っている。また，今もこれからもなお変化していくだろう。なぜなら，この変化は

サッカーのフィジカル，テクニックの向上，インテリジェンスの獲得や，ルール等の変化によるものだからである。当然これからも，これらの要素は変化や発展を続けていくだろう。

フォーメーションについて分析してみると，主にサッカーのポジションには，(1)守備のライン，(2)中盤のライン，(3)攻撃のライン，がありゴールキーパーの前から順に3つのラインで構成されている。それぞれの人数についてはそのチームコンセプト，コーチの考え方，選手の質等が決定要因となる。

どのフォーメーションが「強いか！」「勝てるか！」を議論することよりも，それぞれのフォーメーションの特徴を理解すること，コーチのサッカー哲学を持つこと，いま目の前にいる選手の特徴や，チーム状況をよく知ることが重要になってくる。

3 勝つための情報活用

①——映像情報の活用法

同じ映画を見ても人によって感想や評価は違うことが多い。なぜなら，それぞれに見方，感じ方が違うからであり，自分が見たい部分，興味ある部分を見る傾向があるからである。また，同じ映画をもう一度見ても，その時の感情や置かれた状況・気分によって違ってくる。最初に見てなかった，見えてなかった部分が見えてきたりする。

サッカーのゲームを見る際にも同じことがいえるのである。一度見ただけでは，多くの情報・局面を観ることができないのである。また，その時の試合の状況・心理的影響等によって大きく見方が変わってくるのである。一人のコーチの「主観的・感情的な目」から数人の「客観的な目」を持って分析することが必要になってくる。

ゲームを見る時，一度に「一つのもの」しか私たちの目は観ることができない。だからこそ，試合やトレーニング等をビデオに撮っておくことで，見えてなかった状況，違う角度や立場，複数回，見たい情報を整理して，客観的な分析の目で見ることが必要になってくる(図1)。なぜ，「成功したのか！または上手くいかなかったのか？」を見つけることができるのである。

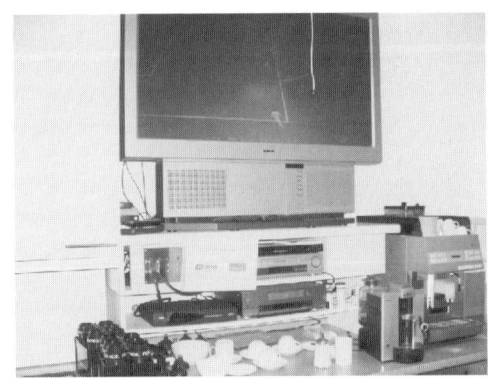

●図1　欧州プロサッカーチームの分析機器

②——情報の取捨選択

情報をなぜ収集するのだろうか。一つの理由として，「判断基準を持つ，あるいは戦術上の決定を下す」ということがある。そこで，できるだけ多くの情報を収集することになる。また，同時にできる限り「客観的な情報収集」が必要になってくる。

次に自分にとって，また，チームにとって，必要な情報を整理(取捨選択)作業が必要になる。「戦術上の決定を下す，判断する」段階である。必要な要素として，(1)自分の選手やチームの能力，(2)相手の選手やチームの長所や欠点，(3)戦術的選択における利

益とリスク，そしてそのための前提条件　等を客観的に考察していかなくてはならない。そのことにより，「不確実性の排除」や「精神的安定」を得ることになる。それがよい状態でゲームに挑むことに繋がる。

③——分析データのフィードバック

　選手たちはあまり人の話を聞かない。聞けない。映像も長い時間集中して観ることができない。よってコーチが分析し考えた戦術論も，時間をかけた分析ビデオ等も，そのままの状態で提示しては不十分である。なぜなら，戦術的なことを，コーチと同じレベルで考えている選手はあまり多くはない。そのため，時間的制限や，選手たちが集中して聞きやすい環境，理解しやすい言葉，表現が必要になる。そのような工夫により，単なる「伝える」コミュニケーションから，本当に相手が理解する，「伝わる」コーチングになる。つまり，戦術を分析した結果を選手・コーチに十分に理解させるためにスタッフにもコミュニケーションスキルが求められるのである。

　また，スポーツは「身体の動き」と「脳の理解」がセットになってよいパフォーマンスが生まれる。戦術論や分析映像を見るだけでは不十分である。実際にグランドの上で行われるトレーニングがとても重要になる。それでも，ほとんどの場合，上手くプレーできない。なぜなら，技術的・身体能力的な問題が影響したり，相手との相対的な力関係も大きくかかわってくるからである。そのため，よいパフォーマンスを実際のプレーで生み出すには，トレーニングによる反復しか手段がない。そのため，コーチが明確なビジョンを持った中で，トレーニング作成・実践を行いながら，「身体の動き」と「脳の理解」を高めていくことが求められる。

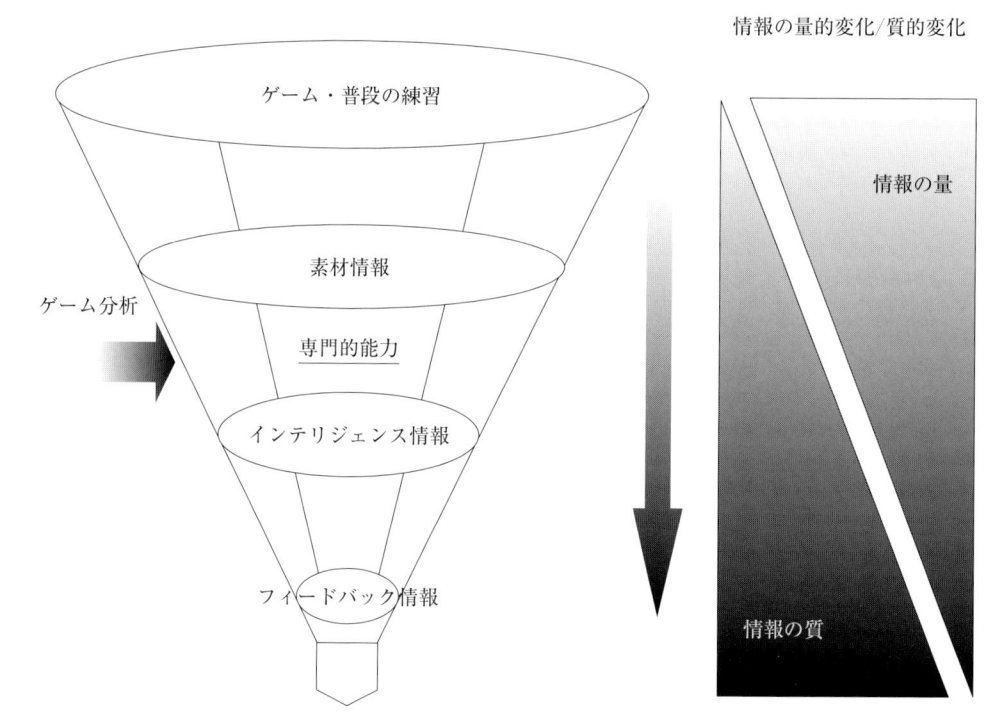

●情報処理とフィードバック　（日本サッカー協会　資料より）

Questions

設問1. ゲームをどのような観点から、分析すればよいか述べなさい。
設問2. 情報の処理についてどのようなことが分かったか述べなさい。
設問3. 得られたデータを活かすために、どのような工夫ができるか述べなさい。

Column ●日本選手は何故MFに名選手が多いのか

　1993年Jリーグ（プロリーグ）が発足し、プロやW杯を夢見る少年たちの中から中田英・小野・稲本・中村俊などMFの選手がヨーロッパのプロで活躍しだした。しかしFW・DF・GKのポジションではレギュラーとして活躍している選手はいないといってよい。その原因についていくつか挙げてみたい。

■格闘技が嫌い

　両ゴール前の格闘が必要なポジションであるGK・DF・FWは、テクニックの他に強いハートとたくましい体格が必要である。体格的にコンプレックスをもつ日本人の多くは、ダーティに身体を張って戦うことをできるだけ避け、身体接触の少ないMFでテクニシャンとしてプレーするタイプが多くなっている。

■プロの歴史が浅い

　サッカーはゴールを競うゲームである。勝利を決めるヒーローは常にゴールを奪うFWであり、その逆にゴールを阻止するGKでありDFである。シュート技術が最も価値あるテクニックであり、シュートストップが同じように大切な技術であることをプロの歴史がその国の子供たちに教えてくれる。日本では二人で練習する時、ほとんどの少年は対面キックか1対1のボールの奪い合いをする。サッカー大国ではGKとFWまたはDFとFWのゴールを置いての1対1のシュート練習をする。この違いは大きい。

（望月　聡）

第3章 スポーツと情報戦略

TARGET 5 スポーツとこころ

「こころ」の問題と切り離してスポーツに取り組むことはできない。有史以来，さまざまなスポーツシーンにサイコロジーは有益な知見や方法を提供してきた。すなわち，「からだ・運動」と「こころ」の接点を探求する学問が「スポーツ心理学」なのである。

KEYWORD　こころ　心理的問題　メンタルトレーニング　スポーツカウンセリング

1 スポーツ心理学

「こころ」とは，実は有機的にこの世には存在していない。つまり，「心臓」や「肺」など，人間の臓器は人体に機能的に配置されているが，「こころ」は物体として実在していないのである。しかし，人は誰しもその「心」を意識することができる。『ない』ものをあたかも『ある』かのごとく，そして，確かに『ある』ものとして「こころ」は扱われる。

この「こころ」とスポーツは密接な関係にある。このことは誰もが理解できるだろう。この両者の間をつなぐ役目を果たすのが心理学(Psychology)なのである。

図1に示すように，スポーツ心理学の関連領域には，運動行動そのものの有する課題を追究する運動心理学，教育心理学や心理学の課題や理論を体育事象に適用する体育心理学，精神健康の改善や促進を目的とした実践的取り組みの中で派生する課題にたずさわる健康運動心理学などがあり，共有する基盤を持ちながらも，それぞれ独自の成果を有している。このことは，スポーツ心理学が追究しようとする領域が多岐に渡ることを裏付けている。現在では，運動の制御，運動技能の学習，運動技能の指導，発達と運動，指導者の影響力，動機づけ，参加と離脱，パーソナリティ，メンタルヘルス，メンタルトレーニング，スポーツカウンセリングといった専門領域があり，それらは時代の流れとともに変貌を遂げてきている。

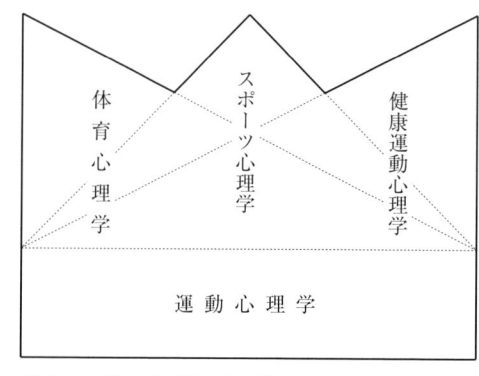

●図1　スポーツ心理学の位置づけ（杉原，2000年に加筆）

2 パフォーマンス向上をめざすスポーツメンタルトレーニング

スポーツ選手が日常的に取り組むパフォーマンス向上のプロセスには，「あがってし

まう」「思った通りに動けない」「チームメイトとウマが合わない」「なかなかやる気が出ない」など，さまざまな心理的問題が散在していることは想像できるだろう。その解決には，スポーツ心理学の研究成果を十分役立てることができる。また，最近ではスポーツメンタルトレーニング(sport mental training)という言葉は，広く世間に定着している。

このスポーツメンタルトレーニングは「即効薬」ではない。トレーニングと名がつく限り，ある程度の時間と労力を必要とする。すなわち，「スポーツ選手や指導者が競技力向上のために必要な心理的スキルを獲得し，実際に活用できるようになることを目的とする，心理学やスポーツ心理学の理論と技法に基づく計画的で教育的な活動」であり，心理スキルトレーニング(psychological skills training)と呼ばれることもある。その技法には，ゴールセッティング(目標設定)，リラクセーション，バイオフィードバック，注意集中，イメージ(ビジュアライゼーション)，情動コントロール，暗示などがあり，おおよそ，【アセスメント】⇒【トレーニング・プログラムの決定】⇒【トレーニング・プログラムの実施】⇒【アセスメント】といった手続きで実施される(図2)。その効果としては，認知行動の変化，競技意欲の向上，あがり防止，不安・緊張のコントロール，集中力のアップ，自信の向上，チームワークの向上，心理的コンディショニングなどがあり，個々の有する実力発揮をめざして有機的に，計画的に取り組まれる。

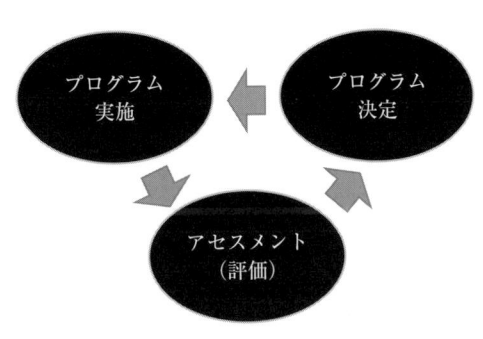

●図2　メンタルトレーニングの流れ

3 こころの問題の解決をめざすスポーツカウンセリング

また，スポーツ選手が直面している心理的問題に対する解決策は，スポーツメンタルトレーニングばかりではない。スポーツカウンセリング(sport counseling)も有効な方略である。

スポーツカウンセリングでは，心理的課題・問題の解決のためにスポーツにかかわる人に対して「専門的な訓練を受けた者(スポーツカウンセラー)」が，心理的な接近法により援助していくことをさす。そこでは，スポーツカウンセラーとの治療的人間関係をベースとして，クライエント(client：スポーツ選手)は自己成長を果たしていく。例えば，「あがってしまう…，なんとかしたい」と訴えるスポーツ選手に対して，スポーツメンタルトレーニングは先述した心理技法の修得を中心として解決を図るが，スポーツカウンセリングの立場からはそのレベルでの人間理解にとどまらない。全人格的で，解釈的な理解を試み，個々の課題の克服に取り組んでいく。スポーツ選手の中には，運動部活動での不適応，スポーツ傷害，食行動異常，競技引退など，彼らにとって非常に深刻で，難解な問題を呈する場合もある。彼らは，さまざまな心理的訴えをともなって，自身の心理的課題や問題に直面化していくのである。そして，そこで経験する「危機(crisis)」は，彼らがそれをきっかけとして成長・成熟していくためのチャンスでもある。

また，スポーツ選手がそのような重大な危機に瀕した際，スポーツカウンセラーのよ

うな援助専門家は,自身が実践する心理的援助の「質」を問われなければならない。多くの援助を施すこと,すなわち援助の「量」のみが優先されるべきではない。クライエントが呈する心理的問題には固有の意味があり,その意味をクライエントの語りの中から共感し了解していく作業は,実に多くの労力を要する。その骨折りにこそ,個人の内面に接近し,援助していく術(すべ)を見出すことができるのである。

参考文献
・中込四郎『アスリートの心理臨床』道和書院,2004.
・中込四郎ほか『スポーツ心理』学培風館,2007.

Questions

設問1. スポーツ心理学とはどのようなものか述べなさい。

設問2. スポーツメンタルトレーニングとスポーツカウンセリングの違いは何か述べなさい。

Column ●ケガからの復帰とこころの成長

スポーツ選手にとって「ケガ」は，ある種避けがたい経験でもある。彼らにとって「ケガ」は大きな喪失体験であり，「からだ」ばかりでなく「こころ」までも傷つける。だからこそ，「ケガ」を克服していく体験は，スポーツ選手の「こころ」の成長を促すのである。

「ケガ」によって長期にわたる運動停止を余儀なくされ，リハビリテーションを経て復帰してくるスポーツ選手からは，時に「ああ大きくなったな」「なんか大人になったな」といった実感を得ることがある。なかには「ケガが自身を成長させてくれた」と語る者もいる。そんな時，「ケガ」の経験を通じて「彼らの心の中では何が起こっているのだろうか」といった素朴な疑問を持たずにはいられない。そこには，「ケガ」による「喪失」ばかりでなく「獲得」といった視点から負傷選手を捉えることの大切さを垣間見ることができる。

興味深い知見がある。スポーツ選手のケガの経験について手記分析を行った結果，彼らはある一定の内面の変化を辿ることが明らかとなった（図）。すなわち，【違和感】⇒【受傷】⇒【否定的感情の顕在化】⇒【否定的感情の潜在化】⇒【肯定的態度の獲得】といった心理プロセスを彼らは経ていた。受傷後に直面する一時的な精神的崩壊の中にあって，【否定的感情の顕在化】が心的緊張を緩和し，その後，【否定的感情の潜在化】により自己の内面を深めていく。この自己の内面の深化を図ることによって，彼らは「ケガによる心理的成熟」を果たしていくのである。その後の【肯定的態度の獲得】は，そういった自己の内面の変化に裏付けられた結果であり，まさに「ケガによって獲得した成果」でもある。このように負傷選手の「こころ」を詳しく知ることは，スポーツ・リハビリテーションにかかわる人々に有益な知見をもたらすことにもつながる。

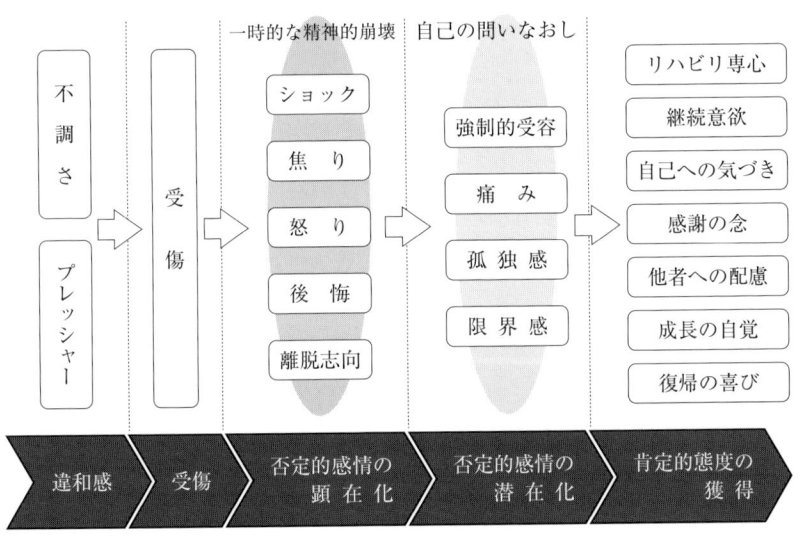

●図　学生アスリートの受傷体験にともなう心理プロセス　（豊田，2007）

（豊田　則成）

第4章 スポーツとビジネス

スポーツとメディア —スポーツジャーナリズムの役割—

TARGET 1

メジャーリーグのイチロー，サッカーの中村俊輔ら欧米を舞台に活躍する日本人選手のニュースは，新聞，テレビ，インターネットを通じてお茶の間に届く。「見る」「知る」「考える」。スポーツを情報でサポートするのが，現代のスポーツジャーナリズムである。

KEYWORD 活字メディア　世論　放映権

1 公正な情報伝達がメディアの使命

　ルネサンスの三大発明のひとつ，グーテンベルクによる活版印刷は，その後の産業革命など技術革新を経て19世紀に世界に広く普及した。日本でも情報伝達の手段として現在の新聞の礎が築かれ，1872年に毎日新聞の前身になる「東京日日新聞」が創刊され，続いて朝日新聞など今日の日刊紙といわれる新聞メディアが全国に広がった。創刊当初から新聞は「言論の自由」を掲げ，真実を公正敏速に報道するという大原則を打ち立てた。その基本姿勢には速報性，記録性，批判性の三つが大きな要素となり，政治や経済，社会のニュースだけでなくスポーツ，文化などあらゆる分野にわたって紙面に反映されている。

　日本は世界でも有数の新聞大国といわれ，日刊紙の発行部数を比べると，中国が9,660万部，インドが7,870万部，日本は6,970万部で3位（図1）である。人口の多い中国，インドは別にして，日本は世界でも突出した発行部数を誇る。一方，米国は5,330万部，次いでドイツが2,150万部であり，これらの欧米先進国を抜いている日本の新聞発行部数は，インターネットなどが普及したとはいえ，国民が情報源として新聞に根強く依存している表れでもある。新聞の購読部数が急速に伸びたのは，1960年代以降のことである。アジアで初めての東京オリンピック（1964年）が開催され，日本の高度成長とともに新聞が伝える情報は，国民の暮らしに豊かさをもたらし，余暇という言葉も生まれた。スポーツを例にとっても東京オリンピックで金メダルを獲得した日本の女子バレーは「東洋の魔女」として一世を風靡し，新聞，ラジオ，テレビのメディアが伝えた快挙は，ママさんバレーに代表されるバレーボールブームを巻き起こした。世論という言葉がしばしば使われるが，オリンピックを機に民間のスポーツクラブが誕生し，スイミングクラブが全国に普及したのも，マスコミが伝える情報が世論

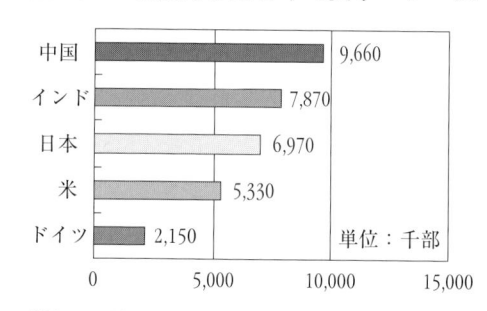

●図1　国別の日刊紙発行部数（世界新聞協会，2006）

中国　9,660
インド　7,870
日本　6,970
米　5,330
ドイツ　2,150

単位：千部

となり，その創生に大きな役割を果たした。

2 メディアの役割を考える

　メディアのリーダーとして君臨してきた新聞は，情報伝達という本来の使命だけでなく高校野球をはじめマラソンや駅伝，バスケットボールやアメリカンフットボールなど大会そのものを主催することでスポーツの普及にも大きく貢献した。さらにテレビの普及でメディアがより深くスポーツイベントにかかわるようになった。1984年のロサンゼルスオリンピックは，組織委員長に就任した実業家のピーター・ユベロス氏が導入したスポンサー制度参入の初のオリンピックとなった。近代オリンピックの精神でもあったアマチュアリズムは非現実的な過去の思想として葬られ，商業主義の導入に積極的な国際オリンピック委員会(IOC)のサマランチ元会長の提唱したプロ選手参加のオリンピックに大きく変貌した。莫大なテレビ放映権料をIOCに支払う米国のテレビ局は，自国のゴールデンアワーに合わせた競技スケジュールを提案し，開催都市のオリンピック組織委やIOCは，テレビが持つ放映権という切り札に屈することが多くなった。視聴者の関心を集める「見るスポーツ」が最優先され，商業主義で姿を変えたオリンピックは，映像の魔力によってCMに登場するような人気選手やスーパースターを次々と送り出している。2004年のアテネオリンピックで競泳100m，200m平泳ぎで金メダルを獲得した北島康介選手はレース後のテレビインタビューで「チョー気持ちイイ」と喜びを爆発させたが，この言葉がその年の流行語大賞に選ばれるなどメディアは競技という本質以上に側面の話題，それも大衆受けするニュースを提供する傾向が強くなった。とくに1946年の登場から急成長したスポーツ紙は全国紙と一線を画したスポーツ報道で娯楽性に富んだ「見せる」新聞として若者やスポーツ好きの読者層を開拓した。プロ野球やサッカーなどメジャーな競技のほか，ギャンブルや芸能といった幅広いジャンルにも活路を見出したスポーツ紙は，プロ野球の人気チームやサッカーの日本代表といった特定の競技をターゲットに紙面を割り，ときには正確性，正当性を欠いたスキャンダラスなニュースが紙面を派手に飾ることもある。そのために，全国紙，スポーツ紙，テレビ，ラジオを含めてスポーツ報道のあり方がしばしば問われ，選手の中にはサッカーの中田英寿元日本代表選手のように「事実が伝わらない」を理由にマスコミを敬遠する選手も少なくない。2006年夏の全国高校野球選手権で優勝した早稲田実業の斉藤佑樹投手はハンカチ王子の愛称で国民的な

●図2　国民的アイドルとしての扱いを受ける高校生アマの石川遼選手。その後，2008年プロ選手になる。(サンケイスポーツ，2007年11月30日付)

アイドルになり，男子ゴルフでは高校生アマの石川遼選手(図2)はハニカミ王子としてお茶の間の人気をさらった。新聞，テレビ，雑誌のレポーターが若者を追っかけ，さながらタレントのごとく扱われる。プロボクシング界では亀田兄弟の傍若無人の振る舞いがテレビや活字メディアをにぎわし，試合の放映権を持つテレビの報道姿勢が問われた。視聴率の獲得や駅やコンビニエンスストアで売られる新聞の販売競争が招く営利優先の傾向が強くなった近年のメディアは，ジャーナリズムの根本思想である「公正さ」から大きく逸脱し，メディアの作り上げる虚像が，メジャーとマイナー，「勝ち組」と「負け組」など競技や選手間の格差を産み出す要因にもなっている。

3 ■ 情報の洪水

インターネットの普及でこの10年，われわれの生活には，洪水ともいえるほど多種多様な情報が猛烈な勢いで飛び込んでくるようになった。新聞や雑誌といった活字メディアをはじめ，テレビ，ラジオに加えてインターネット，携帯サイトの登場で，ニューメディアの時代を迎えた。映像のテレビ，思考の活字メディア，スピードのインターネットなどメディアの役割が細分化され，スポーツに限らずあらゆる情報は，受け手自身が選択しなければならなくなった。例えば，急速な勢いで増えているブログやホームページ(サイト)は，スポーツ界ではもう当たり前のような情報伝達手段になり，世界中からアクセスできる。スペインサッカーの人気チーム，レアルマドリードやバルセロナは，新聞やテレビよりも早く，ホームページでクラブのニュースを提供する。かつてはマスコミを通じて流れていた情報は，クラブ所有の公式サイトで他メディアよりも早く世界中に発信される。2007－2008年シーズン開幕前の8月，フランス代表のFW，アンリ選手移籍の第一報は，バルセロナのクラブ広報が公式サイトで発表した。スペインのメディアはこのサイトを見て世界中に発信したが，スペイン語が理解できれば日本にいてもクラブのサイトにアクセスすると，新聞やテレビよりもいち早く自分の手でニュースをキャッチできるということになる。ニューメディア時代をどう生きるかをテーマに朝日新聞の元論説主幹，中馬清福氏は『新聞なんていらない？ ─記者たちの大学講義─』(朝日新聞社出版，2005)の中で「情報が無秩序に真偽の判定が難しいまま流され続ける時代になると，その中からどれを最高のもの，もっとも必要なものとして取得するか，これがとても大事でいかに選択するか。選択する際の判断力と眼力。確固とした基準も必要になる」と述べている。世界でいろいろな変化が起きる。テロがある。戦争がある。地震が起きる。そんなとき，われわれは何から情報を得るべきだろうか。映像だけでは分からない事象もあれば，速報性のインターネットだけでも不十分なものもある。新聞，雑誌の情報を得ないとすべての実相がつかめないこともある。政治や経済，国際問題も社会で起きる事象もスポーツの出来事もすべてあふれ出てくる情報を受け手のわれわれは，それぞれのメディアの利点，得意分野と不得手な分野を見極めてうまく使いこなすことが何よりも大切なのである。

参考文献
・朝日新聞　スポーツ面スポーツフロンティア　(2007年11月10日付)

Questions

設問1. 活字メディアの要素にはどんなことがあるか述べなさい。
設問2. 商業主義化で変貌したオリンピックの問題点とはどのようなことか述べなさい。
設問3. 日刊紙，スポーツ紙，テレビ，インターネットといったメディアの利点とは何か述べなさい。

Column ●スポーツ漫画はスポーツ好きを増やすのか？

　興味深いデータがある。日本サッカー協会の小学生の選手登録は1981年に11万人だったが，1988年には2倍以上の24万人に達した。この急増を後押ししたのが，漫画家の高橋陽一氏が1981年から7年にわたって連載したサッカー漫画「キャプテン翼」である（図）。

　日本代表の守護神，川口能活選手は小学生の頃，「うまくなりたい」一心で漫画に登場するゴールキーパーの若林君や若島津君にあこがれて練習に励んだという。1980年代以前のスポーツ漫画は「巨人の星」に代表される根性もの（スポ根）が主流で，ストーリーも非現実的で読む者には実現不可能な夢でしかなかった。非現実から現実の世界を描写したキャプテン翼の登場は，サッカーをより身近なスポーツとしてとらえることで子供たちや若者の共感を呼んだのである。バスケットボールでは高校生が主人公の「スラムダンク」が人気になり，10代の競技登録者が急増した。いじめられっ子がボクシングと出会って成長する「はじめの一歩」は，いじめという社会問題と向き合い，剣道漫画では少年時代に「六三四の剣」を愛読し，剣道に励んだという米国選手が本家の日本人選手を破って世界一に輝いた。このように，漫画は競技人口を左右し，主人公へのあこがれが，ときには一流選手を育む動機になる。新聞，テレビ，インターネットのメディアと違ってスポーツ漫画には，日本人の創意工夫，自由な発想にあふれている。大の漫画好きで元外相の麻生太郎氏は「漫画は日本が育て，世界に誇る文化」と公言する。「キャプテン翼」にあこがれてサッカーを始めたジダンやトッティの例を出すまでもなく，日本のスポーツ漫画は，国際貢献という分野で最大の文化功績を挙げているともいえる。

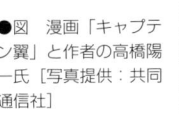

●図　漫画「キャプテン翼」と作者の高橋陽一氏［写真提供：共同通信社］

（的地　修）

第4章 スポーツとビジネス

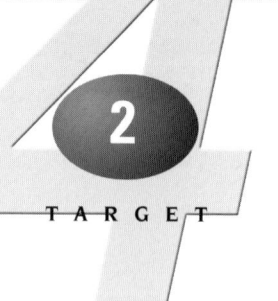

2 スポーツマネジメント

スポーツをプロダクトとしてとらえ，ヒト，モノ，周辺環境などをコーディネートするのがスポーツマネジメント。スポーツを詳細に分類することで，より効率よくマネジメントすることができる。

KEYWORD　プロダクト　参加型サービス　観戦型サービス　スポンサーシップ

1 サービスとしてのスポーツ

1984年のロサンゼルスオリンピックを境に，スポーツ組織と企業とのビジネス関係が大きく進化してきた。その結果，さまざまなスポーツ関係者が従来では触れることがなかったようなビジネスの概念を理解する必要に迫られるようになってきた。その一つがプロダクト(製品)という概念である。プロダクトとは，可視的な「グッズ(モノ)」と非可視的な「サービス」あるいは両方を意味するものである。また，スポーツは，するスポーツ，見るスポーツ，支えるスポーツに分類することもできる。スポーツをプロダクト(ここではサービス)としてとらえ，それを詳細に分類することで，どのような人材，情報，周辺環境が必要とされるかを理解し，これらをコーディネートすることがスポーツマネジメントである。

2 スポーツ・プロダクトに求められるマネジメント

スポーツマネジメントを理解するには，スポーツ組織が作り出すプロダクトの中身を理解する必要がある。スポーツ組織が作り出しているプロダクト(サービス)は，2つに分類できる。1つは「コンシューマー・サービス(消費者サービス)」といって，情報をほとんど必要とせず，また，専門的知識も要しない決まりきったサービスのことである。例えば，民間のフィットネスクラブにおいて，その場所と器具をただ「貸して」，そこでフィットネス器具やアパレルを小売りしているならば，それはコンシューマー・サービス(消費者サービス)を行っているのである。それに対して「ヒューマン・サービス(専門家によるサービス)」がある。これは多くの情報と知識を用いて，顧客をある方向へと向けていかなければならない。フィットネスクラブにおける新しい会員への最初のフィットネステスト(診断)や，具体的な指導のようなものがプロフェッショナル・サービスの例である。

それでは，スポーツをする，見る，支えるに分類しながら，各々のプロダクトに求められるマネジメントを解説する。

①──するスポーツに求められるマネジメント

　スポーツマネジメントを学ぶ者がもう1つ理解しておきたいことがある。それは，顧客のスポーツへの参加動機の違いである。すなわち，楽しみの追求であるとか，最高のもの(一流)への追求，技術の向上，または健康増進，美しい体の追求などである。

　これらの参加動機の分類をもとに「するスポーツ」(参加型サービス)は，表1で詳解する6つのカテゴリー((1)消費者の楽しみのためのサービス，(2)消費者の健康フィットネスを維持するためのサービス，(3)スキル向上のためのサービス，(4)最高のものを追及する者へのサービス，(5)専門家による健康フィットネスを維持するためのサービス，(6)専門家による治療のためのサービス)に分けることできる。

● 表1　するスポーツ(参加型サービス)における分類（Chelladurai, 1994）

消費者サービス	楽しみのためのサービス (Consumer－Pleasure Service)	顧客の要望(スケジュールを組んだり予約をしたときの)に応じて，施設や器具を利用できるようにしたり，いろいろな種類の競争を組織したり行ったりする。このサービスの基本前提は，顧客は自らやる気を持っており，主として体を動かすことに楽しみを見出していることである。
	健康・フィットネスのためのサービス (Consumer－Health/Fitness Service)	顧客自身の体型や健康を維持したいという要望を満たすために活動場所を貸したり小売りしたりすること。顧客は自分で何がしたいのかわかっており，責任をすべて負っている。
専門家によるサービス	スキル向上のためのサービス (Human Skill)	さまざまなスポーツや体を使った活動の技術を教え学ぶこと。このサービスには作戦の知識であるとかスポーツのテクニック，ティーチングやコーチングの専門的な応用，リーダーシップやコミュニケーションスキルが必要とされる。
	最高のものを追求するためのサービス (Human Excellence)	顧客を，ある選ばれた活動(例えば水泳やバスケットボールなど)において最高のものを追求するように導き，指導することである。
	健康・フィットネスを維持するためのサービス (Human Sustenance)	エクササイズやフィットネスのプログラムを，定期的に，優れたリーダーシップと社会的サポートのある専門家のガイダンスと監督の下に，企画・実行すること。コンシューマー・ヘルスフィットネスの顧客とは対照的に，このカテゴリーの顧客は組織化されたグループ内での活動に加わり，経験ある専門家の指示に従うことを好む。
	リハビリ・美容のためのサービス (Human Curative)	ダイエットや健康に問題のある人のためのリハビリとして，またはスタイルをよくしたい人のための身体を動かすプログラム(例えば，心臓病のリハビリ，リラクゼーションまたはストレス解消，そして体重を減らすためのプログラムなど)を計画し提供することである。

②──見るスポーツに求められるマネジメント

　スポーツ組織が作り出す2つ目のプロダクト(製品)は，「見るスポーツ(観戦型スポーツ)」である。「参加者による素晴らしい演技」「競争」「競争時における予測のつかない結果」または「人々のあるスポーツ，チーム，そして選手に対する忠誠心とファン心理」，これらの要素を加味して作り出されるのが，見るためのスポーツ(観戦型スポーツあ

るいはスペクテイタースポーツ)である。プロスポーツの主な目的は，大衆に対して楽しみを与えることによって，利益を産むことだ。プロ野球，Ｊリーグサッカーはまさにそのよい例である。それに対して，プロではないがアメリカの大学スポーツであるアメリカンフットボールのように１試合で10万人の観客を動員するような巨大なイベントを運営するスポーツもある。プロスポーツやアマチュアスポーツの区別に関係なく，見るスポーツには，スポーツ組織がもたらすエンターテイメントとしての重要な要素として，「観衆が予測不可能でハラハラ・ドキドキさせる内容」や「人に感動を与える試合展開や競技性の高さ」などが必要である。そのような観点からは，サッカーのワールドカップや各種スポーツの世界選手権(図1)，オリンピック大会などで行われる開会式そのものも，スポーツ大会におけるエンターテイメント要素の一つとして重要な位置を占めている。それぞれの国際的な大会では，それぞれのスポーツ組織や組織委員会が契約するプロフェッショナルなマネジメント会社によって企画，運営，そして管理がされているのが現状である。

●図１　1991年の東京大会に続き，２回目の日本開催となった「世界陸上2007 大阪」

③——支えるスポーツに求められるマネジメント

　３つ目のスポーツのプロダクト(サービス)は，スポンサーシップサービスである。従来は，一般に「スポンサー＝寄付者」と曖昧に解釈されていたが，スポーツのビジネス化とともにスポンサーシップの定義も大きく変化した。そこで，現在使われているスポーツ・スポンサーシップの定義をしっかりと覚えておこう。「スポーツ・スポンサーシップとは，スポーツにかかわる個人または組織と，スポンサーとなる企業等が相互の利益を求め合うビジネス関係である」(Howard & Crompton, 1995)。すなわち，スポーツ組織や個人が金銭等の支援を企業から受け取る代わりに，企業はその見返りとしてそのスポーツ組織におけるビジネスの機会を提供されることとなる。この場合も，代理人やマネジメント会社が仲介役として入り，スポンサーシップの交渉にあたっていることが多い。

3　これからのスポーツマネジメントに求められるもの

　これまでの３つのプロダクト(サービス)に加え，これからのスポーツには「ソーシャルアイディア(社会的な考え方)」と呼ばれるものが求められる。スポーツは身体を動かすことで，人々を健康にさせ，また生き生きとした社会を実現できるというように考えられ，ドイツやカナダなどでも大きな社会運動に利用されてきた。これらはスポーツ政

策という分野にも当てはまるプロダクト(サービス)である。スポーツマネジメントでは，このソーシャルアイディアというサービスをいかに効果的に，効率よく，普及させるかというさまざまな研究が行われている。具体的な例として，総合型地域スポーツクラブを日本中に普及させるという文部科学省の施策(ソーシャルアイディア)に関する研究が挙げられる。また，女性とスポーツの推進についてもこのソーシャルアイディアの一つであり，1994年に出された「ブライトン宣言」(スポーツ界における男女平等宣言)は具体的なソーシャルアイディアの道具として用いられた。

　このように，スポーツマネジメントとは「スポーツ・サービスの効率的な生産と交換のための資源，テクノロジー(技術)，プロセス(過程)，人材，そして状況に付随するもののコーディネーション」(Chelladurai, 1994)である。スポーツマネジメントを学ぶことは，よりよいマネジャーになることにも通じるともいわれている。これからスポーツにかかわっていく人々には，これらのマネジメントの知識を学び，ヒト，モノ，周辺環境などを効率よくコーディネートすることが求められている。

参考文献
- Chelladurai, P. Sport Management : Defining the Field. *European Journal of Sport Management*, 1 (1) : 7–21. 1994.
- Howard, D.R. & Crompton, J.L. Nature of the Sponsorship Exchange. *Financing Sport* (pp.225–226). Fitness Information Technology, Inc. 1995.
- 日本オリンピック委員会(2004)　http://www.joc.or.jp/womansports/pdf/womansportsreport2004.pdf

Questions

設問1．スポーツをプロダクトとしてとらえるとどのように分類できるか述べなさい。

設問2．参加型サービスを消費者型とプロフェッショナル型に分類すると何が得なのか述べなさい。

設問3．代理人やマネジメント会社のスポーツへのかかわりとはどのようなものか述べなさい。

Column ●女性コーチ（リーダー）はなぜ少ないのか？

　日本オリンピック委員会（JOC）の女性スポーツ委員会が発表した日本のスポーツ界の女性コーチの比率は21.8%（2004年）であった。日本のスポーツ組織全体の意思決定者（役員）の女性の比率は，さらに低く，およそ平均6%であった。

　この数値は，国際オリンピック委員会が1996年に定めた数値目標である20%を大きく下回っている。どうして，女性のリーダー的立場の人たち（コーチを含む）が少ないのだろうか？

　それには，選手数が大きく影響しているはずである。同調査によると，女性の競技者は全体のおよそ3割であった。すなわち，コーチとなる可能性のある女性競技者自体の数が少ない。そして，もう一つは，女性競技者がコーチというポジションに就きたいと思っている人が少ないことである。スポーツでは1年中，練習や遠征合宿，試合が計画されており，コーチという職業が日常生活（家庭生活）を犠牲にしながら行うという仕事でもあるため，結婚，家事，育児，介護など女性が直面する社会的なハードルをどのように乗り越えるかといった問題が重なるからである。優秀な女性競技者が活躍する時代にはなったが，次は優秀な女性のコーチ（リーダー的立場）の存在を認める時代が早くやってくることが望まれている。

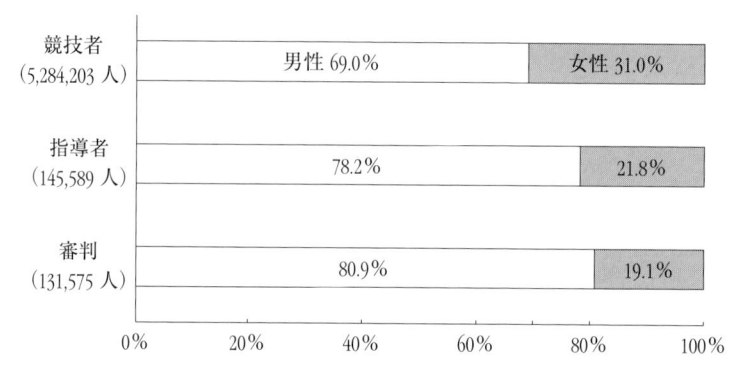

	男性	女性
競技者（5,284,203人）	69.0%	31.0%
指導者（145,589人）	78.2%	21.8%
審判（131,575人）	80.9%	19.1%

●図2　スポーツ指導員・審判の男女別登録人数（（財）日本オリンピック委員会，2004）

（小笠原　悦子）

第4章 スポーツとビジネス

3 スポーツマーケティング

スポーツは，多くの人々の注目を集め，巨額のお金も動くため，華やかに見える。しかし，観客が少なかったり，会員が減ったりと，問題を抱えているスポーツ組織も少なくない。これらの問題を解決するためには「スポーツマーケティング」が不可欠である。

KEYWORD スポーツ消費者　ニーズ　マーケティング

1 スポーツ市場の現状

スポーツは，われわれの生活には不可欠なものとなってきた。テレビでは毎日のようにスポーツ中継があり，ニュース番組内でのスポーツに割く時間が増え，新聞のスポーツ関連ページ数も増え，スポーツに関する情報を目にし，耳にする頻度が高まった。「昨日は○○が勝ちましたね」，「最近ジョギングを始めまして」などと，スポーツの話をすればコミュニケーションも取りやすく，スポーツはわれわれの共通の話題である。

人々のスポーツへの興味，関心が日々高まることにより，1990年代のバブル経済崩壊以降にその煽りを受けて規模を縮小してきたスポーツ産業市場も，ようやく回復の兆しが見え始め，スポーツビジネスの発展が期待されるようになってきた。すでに，「するスポーツ」をビジネスとするフィットネスクラブ市場は，1980年代後半の第一次成長期以来の再成長を見せている。

また，見るスポーツをビジネスとするプロ野球では，アメリカメジャーリーグの球団へ移籍して年間10億円以上を稼ぐ日本人プレイヤーが出現して注目を集める一方で，国内でも年間延べ約2,120万人（2007年シーズン）の観客がスタジアムへ足を運んでいる。Jリーグでも，J1とJ2を合わせて，延べ約787万人の観客を集めている。ちなみに，もっとも観客を集めているプロ野球球団は阪神タイガース（1試合平均43,669人：2007年）で，Jリーグでは浦和レッズ（1試合平均46,667人：2007年）である。浦和レッズのように年間収入が80億円にもなるJクラブが現れたことは，日本のスポーツビジネスが成長してきた証であろう。

このように，スポーツをする人，見る人が増え，ますます注目を集めるスポーツ産業は順風満帆のかのように見える。しかし，「観戦チケット収入が少なく，経営難のプロスポーツチーム」，「競技人口が増えず，人気のないマイナースポーツの競技団体」，「退会者が多く会員が増えない，赤字経営のフィットネスクラブ」，そして「参加者が少なく，その必要性が疑問視される地域のスポーツイベント」など，さまざまな問題も多く潜んでいる。これらの状況において何が必要かといえば，マーケティングである。

2 スポーツにおけるマーケティング

スポーツマーケティングは,「交換過程を通してスポーツ消費者のニーズと欲求を満たすためにデザインされたすべての活動」と定義されていることからもわかるように,どこか難しく堅苦しい印象があるかもしれない。しかし,簡単に言えば,マーケティングとは「売れる仕組み」をつくることである。前述の例に当てはめれば,「観戦チケットが売れる仕組み」「競技者が増える仕組み」「会員が増える仕組み」,そして「参加者が増える仕組み」をつくることと考えると,身近に感じられるのではないだろうか。その仕組みを作るために,プログラム開発,サービス改善,価格設定,広告・宣伝などの諸活動を行うのである。

これらのマーケティングに関するさまざまな諸活動を行う前に,まず必要になるのが「顧客のニーズ」を最優先に考えるという「マーケティング志向」の理解と導入である(図1)。「第一に相手が何を求めているのかを考える」という点では,恋愛と同じであり,そう考えるとマーケティングは決して難しいことではない。スポーツマーケティングとは,顧客のニーズを第一とする考え方を基本にして,スポーツ消費者(する人,見る人)のニーズに合ったスポーツサービスを提供し,その対価を得るという関係をより効率よく築くことである。しかしながら,果たして私たちの身近なスポーツにおいて,「スポーツをする人」「スポーツを見る人」のニーズがどれぐらい考慮されているだろうか。

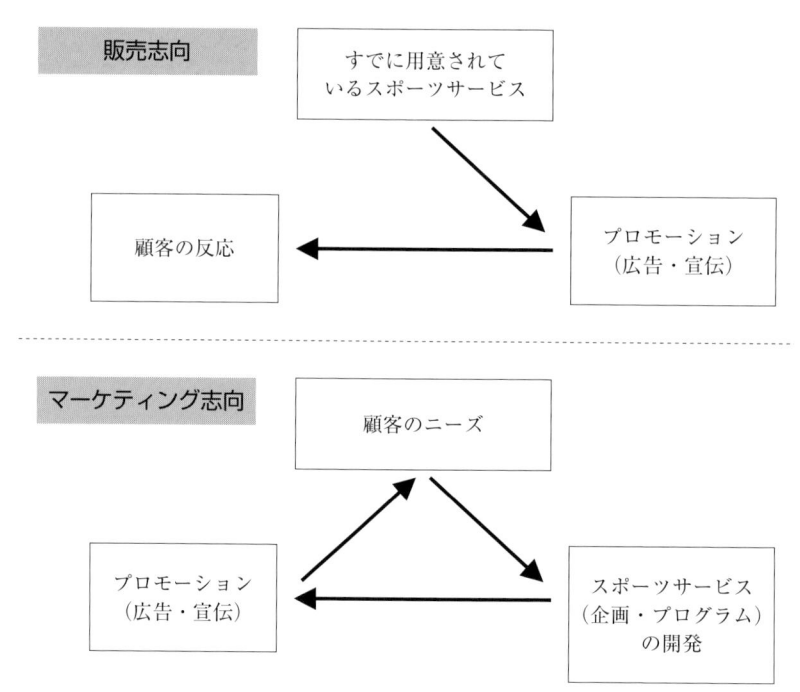

●図1　マーケティングと販売のちがい
(ジョン・クロンプトン,チャールズ・ラム(著)原田宗彦(訳)『公共サービスのマーケティング―アメニティ・サービス事業戦略テキスト』遊時創造,1991.に加筆)

3 スポーツ消費者の多様なニーズに応える

これまでのスポーツイベントやスポーツ教室では,「今まで通り実施しよう」「これしかできない」など,図1に示した販売志向のようにサービス供給側の都合を優先しているケースが少なくない。スポーツに対するニーズが多様化する中で,このような顧客のニーズを無視した方法では,観客が集まらなかったり,参加者が減ったりするのは当然の結果である。

図2の写真は,アメリカメジャーリーグのアトランタブレーブスのホームゲーム中に撮影したものである。これは,スタンド最上階に設置されたアトラクションで,子どもたちがベースランニングを体験したり,ピッチャーマウンドの感触を確かめたりできる場所である。子どもたちは試合観戦そっちのけで長蛇の列を作り,順番に打席でヒットを打つ真似をして,全力でベースを駆け抜けることを楽しんでいる。

決して安くはないチケット代金を支払っているにもかかわらず,試合を見ずに遊んでいる。どうもスタジアムへ足を運んで求めるニーズは,単に野球を見ることだけではないようである。スポーツ観戦を通してチームとの一体感を感じることができたり,ストレスが解消できたり,友人との交流ができたり,また家族で楽しい時間を過ごすことができたりする。

これは,スポーツをすることに対するニーズについても同様である。スポーツクラブへ行って身体を動かすことにより,技術の向上や健康維持はもちろん,ストレス解消,社交,そして自己実現など,さまざまなニーズが満たされる。このような,スポーツ消費者の多様なニーズを知り,理解することが,ファンや会員の獲得に向けての第一歩なのである。

●図2 スタンドに設置されたアトラクションで遊ぶことを楽しみにスタジアムへ足を運ぶ子ども達も多い。(撮影:松岡)

4 スポーツマーケティングを実践するために

観客が増える,あるいはイベントの参加者やクラブ会員が増える仕組みをつくるためには,スポーツ消費者のニーズに合ったプロダクトを提供することが必要であることがわかっても,実際のスポーツ現場ではそうは簡単に上手くいかないようである。前節で解説されているように,見るスポーツもするスポーツもサービスであるため,常にその質が変動する無形の財である。つまり,スポーツはその場で作られ,その場で消費される「ナマ物」であるため,スポーツマーケティング担当者がコントロールできない不確定要素が多く,この特徴が集客や会員獲得を困難にしているということは事実である。

しかし,もっとも大きな問題は,マーケティングの必要性の理解に止まり,マーケティング志向の導入と具体的な活動の取り組みに,今一歩踏み出せないことである。「こ

のチームの観客はせいぜい5,000人程度である」「このイベントは毎年100人程度しか集まらない」「こんな小さな町のスポーツクラブの会員数が500人を超えるわけがない」などと，最初から決めつけてチャレンジしない。あるいは，ファン，会員や参加者などのニーズに合った新しい取り組みが必要であるにもかかわらず，今まで通りの企画やプログラムを実施せざるを得ない何らかの事情があり（実際には言い訳に過ぎないのだが），改善できない。どちらにしても「仕組みづくり」を諦めているケースが多く，非常にもったいない。

●図3　カレッジフットボールの強豪チームのホームゲームでは，10万人が1つのボールの行方を追う（撮影：松岡）

　状況を激変させて，スタジアムを満員にすること，また，まちのスポーツ参加者を激増させることは不可能であろうか。当然ながら，ニーズに合致した「仕組み」をつくることができれば，十分に可能である。

　アメリカには，大学生のスポーツに10万人の観客が集まるという，日本では想像できない試合がある（図3）。NFL（プロ）の方が技術レベルははるかに高いにもかかわらず，大学のアメリカンフットボールの試合に熱狂する人は多い。チケット入手も困難で，価格は5,000円以上になるものもある。このようにニーズがあれば，大学スポーツであっても人が集まる。

　日本国内にも，Jリーグ開幕当初に人口45,000人のまちで15,000人の観客を集めた鹿島アントラーズ，1試合平均観客数を2年間で5,376人も増加させた北海道日本ハムファイターズのような，多くのスポーツ組織が参考にすべき成功事例が現れている。スポーツ消費者の心理や行動を理解し，ニーズを満たすための新しい取り組みに一歩踏み出すことができれば，劇的な変化も可能であろう。

参考文献
- Mullin, B. J., Hardy, S., & Sutton, W. A. Sport marketing (*3rd ed.*). Human Kinetics. 2007.
- 松岡宏高「スポーツサービスを供給する」山下秋二ほか編『図解スポーツマネジメント』(pp.34-37)，大修館書店，2005．
- 松岡宏高「概念装置としてのスポーツ消費者」原田宗彦編著『スポーツマーケティング』(pp.67-89)，大修館書店，2008．

Questions

設問1. スポーツ消費者（見る人・する人）のニーズを具体的に挙げてみよう。
設問2. 興味のあるスポーツ組織（チームや団体など）にとって，スポーツマーケティングが必要であるかどうかについて考えてみよう。

Column ●阪神ファンが負けても負けてもやめないのはなぜ？

われわれは，お金を支払ってモノを購入したり，サービスを受けたりしている。そのモノやサービスの質が悪く，期待はずれであったり，不快な思いをしたりすると，それ以降はその消費を控える。つまり，その商品を買うのを止めたり，その店に行くのを止めたりする。例えば，好んで通っていたカフェに，無愛想な新人店員が勤め始めたとしよう。何度か不快な経験を重ね，ついには口喧嘩をしてしまった。その結果，「2度と行くもんか！」となるだろう。

このような私たちの通常の消費行動とは異なった行動を取っているのが，スポーツチームの熱狂的なファンである。ファンたちは，質の悪いプレイによって応援しているチームが試合に負けると，一時は不満や怒りを示す。しかし，「もうやめた！」とはならず，次の試合にはまたやってくる。そこには，チームへの愛着が存在するようである。このようなファン心理をチームロイヤルティ（忠誠心）やチームに対するコミットメントなどと呼んでいる。このようなスポーツファンの心理や行動を探るのもスポーツ学の面白いところである。

最近こそ強いが，1985年以来，2003年までの18年間も優勝を味わうことができず，苦い思いをさせられてきても，スタジアムへ足を運んで応援し続けた阪神タイガースのファンのロイヤルティは計り知れないものである。

●物心がついた頃には，すでにチームへのロイヤルティが形成されている！？　（撮影：松岡）

（松岡　宏高）

第4章 スポーツとビジネス

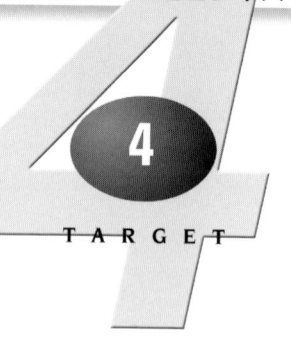

企業スポーツとビジネス

現在，企業は「スポーツが経営資源としてどのような価値をもたらしているのか」を自問自答しながら，（企業）スポーツを抱えている。企業にとってのスポーツ支援は，さまざまなメリットが考えられる。今後，企業スポーツが歩むべきビジネスモデルはどのようなものなのだろうか。

KEYWORD　CSR　メセナ活動とフィランソロピー

1 企業を取り巻く環境

企業を取り巻く経済環境は，バブル景気崩壊後1990年代後半の最悪の景気後退（リセッション）を脱し，ようやく好転の兆しを見せはじめている。2002年1月を底に景気は回復基調に向かい，戦後最大の好景気であった"いざなぎ景気"を超えたとも言われている。しかしながら昨今の企業は，連日のように新聞・テレビで報道されている食品業界の偽装問題に代表されるように，コンプライアンス（法令遵守）違反や，不適切きわまりないリスクマネジメントなどが取り沙汰され，社会的責任や使命を追及されている。

企業マネジメントでは利潤追求のみならず，むしろコンプライアンスの厳守，あるいは社会貢献の重要性が声高に叫ばれている。近年そのためには，その会社で働く従業員一人ひとりが健全な精神で，不安なく働ける職場の環境づくりが重要視されている。その背景には，IT（情報技術）の急速な発展などによる社会環境や労働形態の大きな変化が存在する。職場環境の変化により，社員の一体感の喪失や道徳観の低下，さらにはモラール（従業員の士気）の低下まで引き起こされ，問題視する企業が増えている。IT化が進む一方で，利益獲得のための経営資源の選択と集中，合理化や省力化は，人員削減や福利厚生施設などの排除にもつながっている。このことは必ずしも働く従業員にとってモラルやモラールの向上につながらず，むしろ逆の状況を招いているといっても過言ではない。

2 企業スポーツの価値とその変遷

企業スポーツは，第1次世界大戦の戦争景気を背景に，労働者の健康増進やストレスの解消等，労務政策や福利厚生の一環として機能していくこととなる。

第2次世界大戦後には，高度経済成長を支えた日本的経営企業にとって，スポーツチーム所有支援には（1）福利厚生の一環，（2）その当時の代名詞であった実業団スポーツチームの所有価値として，社員の忠誠心や求心力を高め職場の士気高揚や一体感の醸成，（3）企業名や企業自体の広告宣伝効果，といったメリットが考えられていた。これ

らのメリットを内包した企業スポーツは，高度経済成長を支えた日本的経営における組織の活性化として多くの企業で採用され，学校体育とともに日本の競技スポーツを支えていくことになっていく。

1960〜70年代に多くの団体競技スポーツにおいて，日本一を競う日本リーグが開催された。サッカーのJリーグの前身といえる日本リーグは，1965年に第1回大会が開催された。また，バレーボールの日本リーグ(現Vリーグ)は，1967年に男女各6チームの参加によって開催された。男子は主に製鉄業，女子は主に繊維業の企業チームで構成されていた。これら日本のトップリーグは，形や名称を変えて長年に渡り継続している(表1)。

現在でも国内トップレベル競技者(以下，競技者)の多くは，企業のスポーツチームに所属して活動を行っている。企業は，多くの競技者の生活を支援するとともに，安定した練習環境を与えるなど，競技力向上に大きな役割を果たしてきている。しかしながら，バブル景気崩壊以降，企業が自社の所有しているスポーツチームを休部や廃部にしてしまう動きが見られる。(株)スポーツデザイン研究所(2007)によれば，1991〜2007年までの16年間に313もの企業チームが休廃部に追い込まれるなど，解散が相次いでいる。こうした企業のスポーツ離れがわが国のスポーツの発展，とりわけスポーツの国際競技力向上，国内スポーツの振興に与える負の影響は深刻な問題となっている。

このように企業スポーツは，バブル景気崩壊とともに軽視されてしまったことから，それまで持っていた企業スポーツの価値の陳腐化が起きている。すなわち，社会の関心やメディアの価値観において，企業スポーツがそのコンテンツとして満たされなくなってきたと言えるのではないだろうか。

●表1　主な企業スポーツのリーグ組織(日本リーグ)の変遷

競技	開催年	現行リーグ名称
ソフトボール	1968	日本ソフトボールリーグ
バスケットボール	1967	bjリーグ（日本プロバスケットリーグ・男子）/2004〜
		日本バスケットリーグ（男子）/2007〜
		Wリーグ（女子）/1998〜
バレーボール	1967	Vリーグ/1996〜
ハンドボール	1976	日本ハンドボールリーグ
野球	1927	都市対抗
		職業野球連盟（現プロ野球）/1936〜
ラグビー	1960	日本ラグビー選手権大会
		ジャパンラグビートップリーグ/2002〜
アイスホッケー	1966	日本アイスホッケーリーグ
		アジアリーグアイスホッケー/2003〜

3　企業スポーツの新たな価値の創造

欧州企業においては，企業のブランドエクステンション，あるいは商品ブランドにスポーツ支援という文化的価値を持たせることによって，他社との差別化や競争力を発揮

させることを企業戦略のひとつとしていることがうかがわれる。フィランソロピー(慈善的な支援活動)が存在していた過去の経緯から，スポーツ文化支援も他文化同様にメセナ活動(企業の社会貢献)として位置づけがなされている背景がある。

一方，日本の企業スポーツは，企業が文化としてスポーツを育てるのではなく，メリットがあるから企業がスポーツを活用していくという立場となっていた。すなわちスポーツは経営のひとつのツールという機能しか果たしていなかったといえるのだろう。

日本の企業とスポーツとの関係は，新たな局面を迎えている。今後よりよい関係を築いていくことが，日本のスポーツ振興には欠かせない大きなファクターになっている。

21世紀に入ってから企業におけるトレンドは，CSR(Corporate Social Responsibility：企業の社会的責任)を軸とする経営となってきている。企業は利益の追求だけでなく，社会や環境などの要素にも責任を持つべきであるという考えに立脚し，顧客・消費者・従業員や株主などステークホルダー(利害関係者)すべてに対して経営の透明性の説明責任を果たし，理解を得られなければ企業の持続的発展は望むことができないというものである。このCSR機運の高まりは，企業スポーツ再生の足がかりになる可能性が大きい。なぜならば，スポーツ自体が持つ絶対的な価値は，社会の健全な成立に欠くことができない，もしくは欠くべきではないと万人が理解できるものであるからである。スポーツには，実に多くの社会的機能が含まれており，スポーツは継続性のある文化であって，人がよりよく生活をしていくためには欠かせない大切なソフトである。さらには，ルールに則って行うスポーツマンシップは，倫理観を企業内や社会へ醸成するには極めて有効的であるという考え方もできる。また，スポーツを観客として参加した人にとり，そのエンタテイメント性から発するエキサイトメントは，人々の心の活性化を生むことになり，人と人との心を結び付けることもできる。これらのことは，まさにスポーツが多くの社会的機能を内包していることを示している。

すなわち，企業は社会との共生を力強く推進していくために，これらのさまざまな機能を活用することによって，CSRで問題になっている社会的側面をスポーツが担える可能性がある。

ただし，そのスポーツに携わった競技者等は，スポーツで得ることができた多種多様なスキルを用いて，企業あるいは社会にとって有能かつ有力な人財になっていくことが必要で，長年の努力や試行錯誤で培ったノウハウを会社や社会へ役立てる責務を有するとも言える。今後は競技者自身も意識改革が必要であり，スポーツ界と社会や地域あるいは企業内での意識乖離があってはならない。それには競技者を教育している指導者の育成も不可欠であり，さらには支援している外郭団体，競技団体などの統一意識でのガバナンスを求めたいところである。スポーツ界に身を置く者は，企業がスポーツの持っている資産価値を自らの社内において十分に把握し，意義を認知，活用できるようにイニシアチブをとって啓蒙しなければならない使命感を持ってほしい。そして，企業がスポーツを通じてその文化と価値をあらゆるステークホルダーに向けて発信しCSRを実現し，さらに企業スポーツを通じてそれらの向上と地域社会の発展に同時に寄与することで社会や地域の支持が得られる。そのような過程で，企業がそのスポーツを支援していることが公になっていくということが健全な形である。

21世紀型の企業スポーツは，スポーツ文化の発展で社会貢献を成すことを第一義とす

ることを経営戦略として位置づけるべきであろう．スポーツへの支援活動は，企業の景気に左右されるものではなく，継続し続けなければならないことである．なぜなら，スポーツとは，人々がよりよく健全な社会生活を営むうえで必要不可欠なソフトであるからである（図1）．

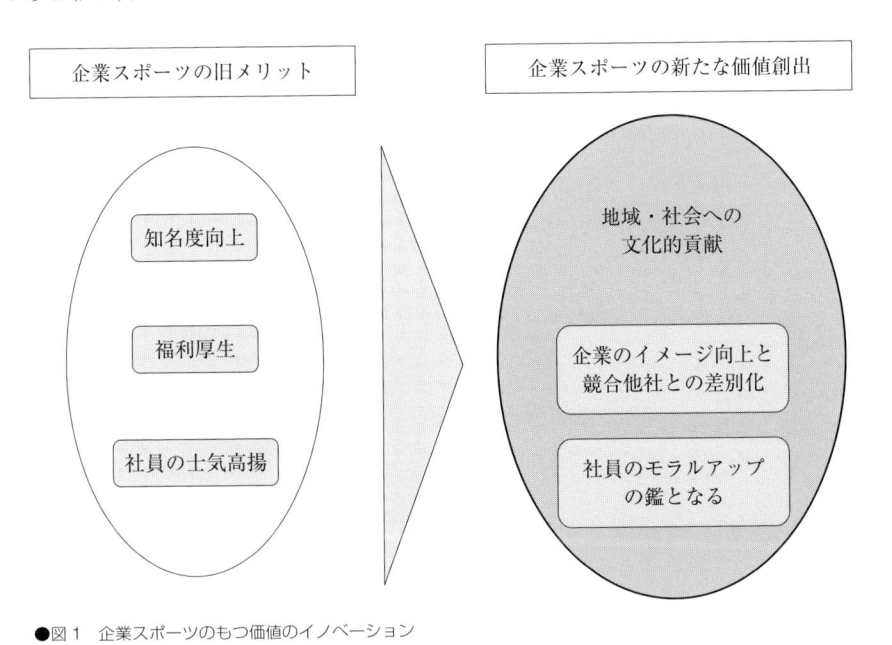

```
┌─────────────────┐              ┌─────────────────────┐
│ 企業スポーツの旧メリット │              │ 企業スポーツの新たな価値創出 │
└─────────────────┘              └─────────────────────┘

      ╭─────────╮                      ╭─────────────╮
      │ 知名度向上 │                      │  地域・社会への  │
      │         │                      │   文化的貢献    │
      │         │         ▶            │             │
      │ 福利厚生  │                      │ 企業のイメージ向上と│
      │         │                      │ 競合他社との差別化 │
      │ 社員の士気高揚│                    │             │
      │         │                      │ 社員のモラルアップ │
      ╰─────────╯                      │  の鑑となる    │
                                       ╰─────────────╯
```

●図1　企業スポーツのもつ価値のイノベーション

参考文献
・鳥羽賢二，清水紀宏「企業によるスポーツ支援活動のマネジメント」『体育・スポーツ経営学研究』第21巻 pp.57-65, 2007.
・横川浩「新しい企業行動とスポーツ」 世界陸上シンポジウム基調講演（2006年10月31日）

*Q*uestions

設問1.　スポーツが持っている資産価値とは，どのようなものか述べなさい．

設問2.　スポーツが持っている資産価値が社会へ及ぼす影響とはどのようなことだろうか述べなさい．

設問3.　企業や地域社会にスポーツ文化をこれまで以上に認知してもらうには，どのような手段があるか述べなさい．

Column ●Vリーグの未来は？

　男女国内バレーボール競技の最高峰を競うVリーグは，1996/1997シリーズまでで前身の日本リーグ開催以来40年もの長きにわたり継続している。残念ながら，女子の黄金時代を築いた日立製作所や男子のフジフィルムなど，日本の代表選手を多く排出した名門チームが解散を余儀なくされた。しかしながら，現在も参加しているほとんどが企業チームである。それらで構成されているVリーグは，企業チーム数が減少しているため，このままの大会運営では衰退が危惧される。サッカーのJリーグは，バブル経済の余力も借りて大きくテイクオフできたが，他競技のトップリーグは，参加企業やスポンサー収入の減少に悩まされながら，数少ない上位チームだけのハイレベルなリーグ戦に集中することで，継続しているのが実情と言える。

　そのような背景の中，Vリーグは3年前にリーグ自体を独立させ「有限責任中間法人日本バレーボール機構（通称Vリーグ機構）」を設立させた。設立前には日本協会やチーム代表者との喧々諤々の議論を交え，新たな船出をした。過去の大会運営は，すべてを日本協会へ任せていたものを，リーグ参加各社の代表により独立して大会を運営していくこととしたのである。Vリーグ機構は，5つの理念「ファン重視」「常に発展」「成果の拡大」「世界に挑戦」「地域に密着」の下，改革を実施している。例えば，シーズンオフに各チームの現役選手たちによる小中学生や家庭婦人愛好者を対象のバレーボールクリニックを全国で展開している。また，社会貢献活動として各選手が脊髄バンクの登録者となり，試合会場内でバレーファンへの脊髄バンク支援呼びかけを実施している。さらには，企業スポーツ色を出すのに，テレビ放送では対戦チームのゼネラルマネージャー（チーム部長）2名が社を代表し，解説を担当するなどを実施している。また，すでに韓国リーグのトップチームとの日韓トップマッチを開催している。

　これらの新たな活動によって，地域や社会全体から支持されるリーグの繁栄を期待し，アリーナスポーツとして再び国民が注目する華々しいVリーグになってもらいたい。

●Vリーグ・ファイナル戦のアリーナは，たくさんのバレーボールファンで埋めつくされた。

（鳥羽　賢二）

あとがき

　2007年春,「学術の推進」を目的に本学において学術委員会が設置された。その取り組みの一つに,本書の出版がある。学内における出版に向けた打ち合わせの当初,「スポーツ学とはなにか?」という素朴な,しかし本質的な問いかけに対し,それぞれの学問領域から,その内容について活発な議論を交わした。その議論の盛り上がりに,われわれはスポーツ学の可能性を再度,強く感じた。

　本書の構成は,本学の教育組織にほぼ準じており,まとまりのある形でその内容を構築することができた。特に,授業を担当する専任教員全員が執筆に当たることができ,本学のめざすスポーツ学を網羅することができたのではないかと自負している。

　私見であるが,研究者の道に進んで20数年,実践的スポーツ科学者をめざし,自分なりに取り組んできた。しかし,実際のスポーツ現場に立ち,選手やコーチを前にして,科学的データが本当に役立つものなのか,それが真なのか,度々,疑問を感じてきたことも事実である。同じようなことを経験された研究者は少なくないはずである。

　これからのスポーツにたずさわる人間は,主体は教育者(指導者),研究者,もしくは実践者なのかもしれない。しかし,それらすべての要素が常に同居することを意識することも求められるであろう。そう思うと,"スポーツを学び問う者＝スポーツ学者"が取り組む学問としての"スポーツ学"が,この21世紀の時代に強く求められる。そして,われわれはスポーツと自然と人間をリンクさせ,心豊かに生きる術(すべ)としてのスポーツ学の発展に貢献することを望んでいる。そのきっかけとして,本書がスポーツ文化の創造に少しでも貢献できれば嬉しい限りである。

2008年7月
編集委員を代表して
びわこ成蹊スポーツ大学
若吉　浩二

スポーツ学のすすめ

Ⓒ Biwako Seikei Sport College 2008　　　　　　　　NDC780/viii, 214p/24cm
初版第 1 刷発行　2008 年 8 月 1 日

編　者	びわこ成蹊スポーツ大学
発行者	鈴木一行
発行所	株式会社 大修館書店
	〒101-8466　東京都千代田区神田錦町3-24
	電話03-3295-6231（販売部）03-3294-2358（編集部）
	振替00190-7-40504
	［出版情報］http://www.taishukan.co.jp
装丁・本文デザイン	内藤創造
写真提供	共同通信社、アフロフォトエージェンシー
印刷所	壮光舎印刷
製本所	三水舎

ISBN978-4-469-26666-5 Printed in Japan
Ⓡ本書の全部または一部を無断で複写複製（コピー）することは、
著作権法上での例外を除き禁じられています。